인간이 버리고, 줍고, 묻어온 것들의 역사

쓰레기, 문명의 그림자

쓰레기, 문명의 그림자
인간이 버리고, 줍고, 묻어온 것들의 역사

지은이 | 카트린 드 실기
옮긴이 | 이은진·조은미
초판 1쇄 발행 | 2014년 2월 20일
초판 2쇄 발행 | 2015년 6월 10일

펴낸곳 | 도서출판 따비
펴낸이 | 박성경
편집 | 신수진·유명자
디자인 | 이수정

출판등록 | 2009년 5월 4일 제2010-000256호
주소 | 서울시 마포구 월드컵로28길 6(성산동, 3층)
전화 | 02-326-3897
팩스 | 02-337-3897
메일 | tabibooks@hotmail.com

인쇄·제본 | 영신사

*잘못된 책은 바꾸어 드립니다.

값 18,000
ISBN 978-89-98439-08-8 03900

Histoire des Hommes et de Leurs Ordures
: Du Moyen Age a nos jours

인간이 버리고, 줍고, 묻어온 것들의 역사

쓰레기, 문명의 그림자

카트린 드 실기 지음 | 이은진·조은미 옮김

따비

19세기 가장 번성한 동업조합 중 하나인 넝마주이가 사용하던 갈고리.
프랑스에서는 물건을 찍어 올릴 때 쓰는 갈고리를 은어로 비프라 했기 때문에
넝마주이를 비팽이라 불렀다.

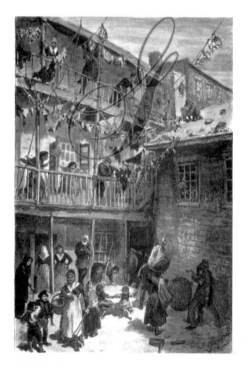

영어에서 넝마주이를 뜻하는 '래그 피커'는 해진 천을 가리키는 rag에서 유래된 단어다.
주로 이탈리아계 이민자로 이루어진 넝마주이들이 아일랜드계였던 도매상한테 되팔았다.
1871년 뉴욕 풍경. (작자 미상)

프랑스에서 쓰레기수집이라는 직업을 가리키는 이름은 로크티에르, 파티에, 드릴리예, 시포니에 등 다양하게 바뀌었지만, 대부분 낡은 헝겊을 뜻하는 단어에서 나왔다. 예전에는 낡은 헝겊이 종이의 재료로 쓰여 가장 큰 수집대상이었던 탓이다. (Eugène Atget 사진)

1820년대 스웨덴의 여성 죄수들이 분뇨통을 운반하는 모습
(작자 미상)

20세기 초,
가정의 생활쓰레기를 내다버리는 여인들의 모습.
(Heinrich Zille 그림)

제1차 세계대전 직후까지, 유럽에서 도시의 쓰레기를 치우는 것은 마차의 몫이었다.
도시에서 집집이 수거한 오물은 쓰레기마차에 실려 도시 외곽의 농가나 오물처리 공장으로 향했다.
(작자 미상)

중세의 의사들은 쓰레기에서 나오는 악취를
흑사병의 원인으로 돌렸으나 거리에서 쓰레기를 없애라는 명령은
실제 영향력을 발휘하지 못했다. (작자 미상)

로마 테베라 강 근교의 몬테 테스타치오.
고대 로마에서 수백 년 동안 약 530만 개의 버려진 암포라가
쌓여 만들어진 쓰레기 동산이다. 고대의 쓰레기더미가
현대 고고학자들에게는 연구의 보고가 된다.

제2차 세계대전 당시 영국 정부가 물자 절약을 독려하기 위해 만든 포스터들.

프랑스 남부 앙트르센에 있는 유럽 최대의 쓰레기처리장.
매일 70∼100량의 기차가 1,200톤의 도시쓰레기를 이곳에 쏟아붓는다.

피에르 신부가 제2차 세계대전 직후 가난한 사람들의 주거공간을 확보하며 만든
엠마우스 공동체는, 고물수집을 통해 공동체의 재정을 꾸려왔다.

프랑스의 장피에르 코 장관이 들고 다녀 유명해진
서류가방 코코. 음료수 캔이나 통조림 포장용기로
커버를 만든 재생상품이다.

2007년 파리 근교에 세워진 소각시설. 폐기물분리 시설과 소각로를 땅속에 파묻고
지붕과 벽면을 녹색으로 뒤덮어 시각적, 후각적 공해를 최소화했다.
또한 쓰레기를 소각할 때 발생하는 에너지를 지역난방과 전기공급에 사용한다.

인도의 비정부기구 컨서브에서는
빈곤층 여성이나 넝마주이들이 수집한
폴리에틸렌 봉투로 가방을 만든다.
뉴델리의 쓰레기가
난디타 샤우니크의 디자인을 입고
유럽의 고급 부티크로 수출되는 것이다.

차례

　뉴욕에 센트럴파크가 있다면 서울에는 어떤 공원이 있다고 꼽을 수 있을까? 친구들과 갑론을박하다, '현재로선' 상암동 하늘공원이 최고라는 데 중지를 모았다. 아마도 서울 숲, 청계천, 남산 등의 막강한 후보들과 달리, 쓰레기매립지였던 난지도의 상전벽해와 같은 탈바꿈에 무의식적으로 가산점을 주었던 모양이다. 아름다운 곳이야 본디 감동을 주지만, 아픈 상처가 있던 곳의 재생 또한 그에 못지않은 감동을 준다. 1980년대만 해도 그 지역 일대에서는 바람에 묻어오는 악취로 코를 싸매야 했지만, 2013년 가을에 본 하늘공원의 억새동산은 꿈처럼 아름다웠고, 언덕 아래 들어선 야영장은 가족과 젊은이들이 즐겨 찾는 도심 속 '치유' 캠프로 자리매김했다. 많은 환경단체와 시민, 행정당국의 노력으로 이루어진, 이 책에 등장해도 좋을 만한 자원 순환의 행복한 사례다.

쓰레기. 쓰레기는 언제나 인간 삶의 흔적으로서 그림자처럼 우리를 따라다니지만, 누구도 그에 마땅한 역사적 기록과 학문적 관찰, 정책과 행정, 대중적 실천을 포함한 총체적 고찰을 하지 않았다. 농학자로서 유기농, 생물량 에너지, 쓰레기처리 분야의 전문가인 카트린 드 실기는, 여태껏 아무도 하지 못한 일을 빼어난 솜씨로 이 한 권의 책에서 경쾌하게 풀어냈다.

인간과 쓰레기의 공생 연대기를 풀어가는 전반부는 마치 한 편의 드라마를 보는 듯 흥미진진하다. 무심코 버리고 신경조차 쓰지 않던 쓰레기라는 이 인간 행위의 잔재가, 어떤 과정을 거쳐 회피와 경멸의 대상에서 오늘날 거대한 산업이 되었고, 인류의 미래를 결정하는 잣대가 되었는지를 극적으로 보여준다.

이어서 천덕꾸러기 쓰레기가 다시 우리에게 되돌려주는 미덕을 차례차례 보여준다. 가난한 이들의 생계, 동식물의 먹이, 조명과 냉난방의 에너지원, 아이들의 장난감, 어른들의 예술품이 된 쓰레기는 우리의 자세에 따라 재앙이 될 수도, 밝은 미래가 될 수도 있음을 보여준다. 이제 쓰레기는 회피의 대상이 아니라 지속 가능한 '윤리적' 처리와 재활용을 통해 생활에 활기를 더해주는 소중한 제3의 자원이 되었다.

특히 이 책의 뒷부분에는 쓰레기가 수많은 예술가에게 영감의 원천이자 실질적 재료가 되었던 사례를 소개한다. 신문지, 부서진 의자, 노끈, 고장 난 시계, 폐차, 빈 캔, 폐타이어와 같이 버려진 오브제들로 창작한 현대미술의 걸작이 얼마나 많은가. 이는 쓰레기가 공짜 재료이기 때문만은 아닐 것이다. 그 안에 인간의 삶의 흔적이 담겨 있는 까닭이지 않을까. 전문가뿐 아니라 일반인에게도 폐품을 이용한 창작행위는 큰 즐거움의 원천이다.

쓰레기와 예술의 상관관계를 언급하다 보니 몇몇 다큐멘터리 영화가 떠오른다. 먼저 루시 워커Lucy Walker 감독의 〈웨이스트 랜드Waste Land〉. 이 영화는 브라질 출신의 세계적인 미술가 비크 무니즈Vik Muniz가 브라질 최대 쓰레기처리장에서 쓰레기를 주우며 살아가는 카타도르Catador들과 함께 기거하면서 쓰레기를 소재로 공동으로 창작하는 과정을 보여준다. 예술이 무엇이냐고 묻는 작가에게 어느 카타도르는 대답한다. "예술이요? 쓰레기죠." 쓰레기를 뒤져 밥벌이하던 밑바닥 인생 카타도르들이 이런 창작과정을 통해 '쓰레기가 예술이 되는' 기쁨을 맛보고 새로운 희망을 품게 되는 과정이 큰 감동을 주는 걸작이다. 프랑스 출신 윈드서핑 세계챔피언이자 사진작가인 마르탱 에스포지토Martin Esposito가 프랑스 남부 쓰레기처리장에 살면서 쓰레기의 충격적 실태를 보여주는 〈슈퍼 트래시Super Trash〉는 젊은 감독의 힘 있는 다큐멘터리로, 칸영화제라는 화려한 영화축제의 이면을 말없이 증언하고 예술과 환경의 상관관계를 보여준다. 이처럼 쓰레기는 여전히, 또 앞으로도 많은 예술가에게 창작의 영감과 재료를 제공할 것이 틀림없다.

이 책이 다루는 시공간의 범위는 중세부터 현재까지 세계 각국, 특히 저자의 나라인 프랑스가 많은 부분을 차지하는데, 저자는 10여 년에 걸친 개정, 증보 작업을 통해 쓰레기 문제와 그 해결을 위한 전 지구적 노력을 최대한 충실하게 그리고 다양하게 소개한다. 이 지점에서 우리는 한 가지 아이러니와 맞닥뜨린다. 프랑스, 특히 파리는 '벨리브Velib', '오토리브autolib' 등 여러 가지 친환경정책으로 유명해서 관련 정책의 콘셉트를 다른 나라에 수출할 뿐만 아니라 세계 각국에서 사례를 조사하려고 프랑스를 방문하기도 한다. 그러나 프랑스는 세계에서 원전의 존도가 가장 높은 나라 중 하나다. 이 아이러니 앞에서 실로 우리는 할 말을 잃고 만다. 그럼에도 카트린 드 실기는 쓰레기문제에 관한 한 철저한 고증과 조사를 바탕으로 누구나 알기 쉽고 또 실천하기 쉽게 쓰레기 이야기를 잘 풀어냈다.

인류만큼이나 해묵은 동반자였던 쓰레기에 특별한 관심을 두지 않아도 시민으로서 크게 잘못하거나 모자라지 않던 순박한 시절이 있었다. 압축성장과 과소비가 미덕인 시기를 지나면서, 우리는 어느 순간 분리수거나 쓰레기종량제 같은 단어에 익숙해졌고, 세 끼 식사와 한 번의 분리수거를 실행하는 일상이 자연스럽게 몸에 뱄다(그렇다고 믿고 싶다). 인류의 미래 따위에는 전혀 신경 쓰지 않는 사람일지라도, 우리 모두 다 같이 인류에 이바지할 방법이 한 가지 있긴 있다. 쓰레기 줄이기가 바로 그것! 쓰레기가 많아지고 그것을 잘못 처리하면 환경이 오염되고, 환경이 오염되면 기후변화가 가속하고, 결국 기후변화가 인류의 모든 것을 다 바꿔놓을 수 있기 때문이다. '설국열차'가 단지 영화에서만 무한궤도를 달리라는 법은 없다.

오랜 벗인 우리 두 사람이 처음 이 책을 번역한 것은 사실 오래전 일이다. 그러나 세상일이 그렇듯 여러 사정으로 출간이 미뤄지다가, 도서출판 따비에서 흔쾌히 출간을 결정했다. 우리는 그 사이 나온, 같은 책의 개정증보판을 재번역하는 드문 경험을 했고, 이제 곧 빛을 보게 될 것이다. 원서와 번역서를 둘러싼 저간의 사정은 앞서 말한 긴 설명 없이도 이 책의 의의와 유효성을 입증하는 것이 아닐까 한다. 다락방에서 찾아낸 오래된 좋은 책처럼 이 책도 많은 사람에게 필요한 책이 되기를 바라며, 길어진 번역을 너그럽게 기다려준 도서출판 따비의 박성경 대표에게 감사드린다.

2014년 2월

옮긴이 이은진, 조은미

들어가는 말

쓰레기의 역사는 인류의 역사 그리고 문명의 역사와 뒤섞여 있다. 선사시대 사람들은 동굴 바닥에 오물을 버렸다가 공간이 비좁아지면 새로운 거처를 찾아 떠났다. 그 후 정착생활을 하게 된 인류는 오물을 땅에 묻거나 돼지 같은 가축의 사료로 활용하면서 잔재를 처리하는 수고를 자연에 맡겼다. 그러나 도시화가 진행되고, 점점 덜 유기적으로 변해가는 쓰레기 탓에 결국 자연스럽던 물질의 순환은 중단됐다. 이제 잔재는 쓰레기déchet*가 되었다.

거의 1,000년 동안 서구 도시들은 이루 말할 수 없이 더러웠으므로 시민은 썩어서 악취를 풍기는 오물과 뒤섞여 사는 법을 터득해야만 했다. 사람들이 현관문이나 창문으로 내던진 오물

---

* déchet는 16세기에 등장한 단어로 '가치를 잃다'를 뜻하는 동사 'déchoir(추락하다)'에서 나왔다.

은 공공도로 위에 쌓였고, 이따금 도시 외곽의 처리장으로 옮겨졌다. 급격한 인구증가로 도시가 팽창하면서 도시는 이전 세대가 쓰레기ordure*를 내다버렸던 외곽으로까지 그 경계를 넓혀나갔다.

시정책임자들은 도시민이 배출한 쓰레기 때문에 생기는 문제에서 벗어나고 싶었다. 그러나 주거밀집 지역에서의 미화 작업은 주민의 끈질긴 무관심에 부딪혔다. 이는 특히 파리에서 극심했다. 파스퇴르가 질병의 전염방식을 발견한 후, 쓰레기는 위생학자와 그 신봉자들의 공격에 더는 버틸 수 없었다. 쓰레기를 천덕꾸러기처럼 취급하여 공공도로에 아무렇게나 버려두는 것이 금지되었고, 과학과 기술은 도시위생 방법을 연구하는 데 집중했다. 도시에는 식수장치와 하수도 직결식 수세장치가 서서히 갖추어졌고, 더불어 쓰레기 수거와 처리 역시 체계적으로 이뤄지기 시작했다.

산업혁명은 쓰레기제거 문제를 더욱 심화하였다. 점차 늘어나던 쓰레기더미는 생산, 소비, 폐기의 순환주기가 짧아지면서 기하급수적으로 증가했다. 소비자 대부분이 유행에 따라 옷을 사 입고, 잡동사니를 사들이고, 각종 설치기기를 빈번하게 교체함으로써 수백 년 동안 이어온 농경사회의 재활용규칙을 포기한 채 무관심한 습관을 선택했다.

---

* 쓰레기를 뜻하는 'ordure'는 라틴어 'horridus(꺼칠꺼칠한)'에서 파생된 12세기 고대 프랑스어 'ord(더러운)'에서 나왔다.

생산자와 상인은 제품 회전율의 가속화를 부추겼다. 그들은 더 성능 좋고, 더 세련된 새 모델을 끊임없이 제안하면서 먼저 구매한 물건을 순식간에 헌 물건으로 만들어버렸다. 이것이 가능했던 이유는, 지금과 같은 풍요의 사회에서는 소비의 역할이 실질적인데다 사람들에게 일종의 안도감과 다양한 감정까지 제공해주기 때문이다.

프랑스인의 1일 평균 생활쓰레기*는 약 1킬로그램으로 40년 전보다 두 배나 늘었다. 이제 사람들은 웬만하면 물건을 고쳐

---

* 이 번역어는 옮긴이가 채택한 것으로, 한국에서 쓰는 공식용어는 '생활폐기물'이다. 폐기물은 '생활폐기물'과 '사업장폐기물'로 나눌 수 있는데, 전자는 사람의 일상생활에 수반하여 발생하는 쓰레기·분뇨 등을 가리키며, 후자는 사업활동에 수반하여 발생하는 오니汚泥·폐합성수지·폐유·폐산·폐알칼리·폐고무 등을 말한다. 공동주택 소유자는 생활폐기물 배출자로서 종량제폐기물, 연탄재, 재활용가능품, 대형폐기물, 기타 생활폐기물로 나누어 다음 각 호의 기준에 따라 보관하거나 배출해야 한다.
① 종량제폐기물 : 구청장이 제작하여 공급하는 관급규격봉투에 담아 묶은 후 지정된 장소 또는 용기에 배출. 다만, 폐기물처리업자가 수거하는 지역에서는 해당 업자가 공급하는 규격봉투 사용
② 연탄재 : 수집·운반이 쉽게 철재나 플라스틱 등 별도 용기에 담아 배출
③ 재활용가능품 : 따로 정한 배출요령에 따라 구청장이 지정하는 시간·장소에 배출
④ 대형폐기물 : 배출 전에 배출자의 주소·성명·물품명·크기·수량 등을 담당동장 또는 폐기물처리업자에게 신고하거나 관할구 홈페이지를 활용하여 신고하여야 하며 신고된 일시·장소에 배출
⑤ 음식물쓰레기 등 젖은 생활폐기물을 배출하는 자는 수집·운반이 쉽도록 물기를 제거한 후 배출
⑥ 기타 생활폐기물 : 배출 전에 배출자의 주소·성명·폐기물의 종류·배출량 등을 구청장 또는 폐기물처리업자에게 신고하여야 하며, 특수규격봉투에 담아 구청장 또는 폐기물처리업자가 지정하는 일시·장소에 배출
특별자치도지사, 시장, 군수, 구청장이 생활폐기물을 수집·운반·처리 하는 경우 지방자치단체의 조례가 정하는 바에 따라 폐기물처리업자에게 수집·처리 업무를 대행하게 할 수 있으며, 수집·운반·처리 수수료는 조례로 정하여 징수할 수 있도록 하고 있다. 근거는 폐기물관리조례 및 폐기물관리법이다. ― 옮긴이

쓰지 않고 별 고민 없이 버리고서 다시 산다. 라이터, 펜, 면도기, 양말, 시계, 가재도구 등이 그렇다. 일회용품처럼 되어버린 물건은 일정 기간이 지나면 못 쓰는 것으로 간주한다. 물건이 낡아서 쓰지 못하면 더 빠른 속도로 쓰레기가 된다. 이렇게 소비를 위해 생산하고, 생산을 위해 소비하는 구조는 기술의 진보와 산업의 역동성을 촉진한다. 경제제도에는 성장을 담보하기 위해 가능한 한 많이 버리게 하고, 또 낭비를 부추기는 필연성이 존재한다. 이에 분개하는 사람들도 있지만, 폭식증에 걸린 생산과 소비의 증가세를 멈추게 하기에는 역부족으로 보인다.

유럽연합에서 생활쓰레기는 전체 쓰레기의 10분의 1 미만, 위험폐기물의 100분의 1 미만을 차지할 뿐이지만, 날마다 이 문제에 직면하는 결정권자인 각국 당국과 시민은 여기에 특별한 관심을 쏟는다. 서구국가에서는 쓰레기처리가 이미 주요산업 가운데 하나가 되었다. 이 시장은 세계적으로 매출이 늘어나면서 번창해가는 중이다.

물밀 듯이 쏟아지는 생활쓰레기는 진짜 골칫거리다. 프랑스는 해마다 생활쓰레기 2,200만 톤, 정원쓰레기와 대형폐기물 600만 톤을 처리해야 한다. 이 쓰레기를 한꺼번에 내다버리려면 길이가 1만 4,000킬로미터에 달하는 초대형 기차 2대가 필요한데, 기차의 기관실은 상하이에, 차량은 베이징과 모스크바에, 꼬리 부분은 파리에 걸쳐지는 기차라야 한다. 매달 프랑스 수도 파리에서 거둬들이는 쓰레기를 쌓으면 몽파르나스Montparnasse 타워* 정도의 부피가 된다. 2007년에는 쓰레기의 약 40퍼센트 이상을 소각장에서 처리했고, '저장센터'로 불리는 쓰레기처리장으로 들어간 것이 40퍼센트, 나머지 20퍼센트만을 재활용하거나 퇴비로 만들었다.

주민 1인당 하루 쓰레기배출량이 평균 2킬로그램에 달하는 미국의 상황은 더욱 심각하다. 1987년 봄, 쓰레기 3,000톤을 실은 한 미국 선박이 쓰레기처리장을 찾아 뉴욕 항과 멕시코 만 사이를 헤매다닌 파란만장한 이야기는 당시 쓰레기문제의 심각성이 어느 정도였는지 잘 보여준다. 이 선박은 50일 동안 바다 위를 떠다니면서 수치스러운 선적물을 받아달라고 애원했지만, 가까이에 있던 여섯 주가 모두 거절하는 바람에 결국 출항지로 되돌아와야 했다. 뉴욕 근처에 있던 세계에서 가장 큰 쓰레기처리장이 문을 닫아버린 지금, 뉴욕 시의 1일 쓰레기처리는 마치 군사작전을 방불케 한다. 수십 대의 대형트럭이 400킬로미터 이상 떨어진 곳으로 줄지어 폐기물을 운송해가는 진풍경을 연출하기 때문이다. 21세기 말까지 캘리포니아 주와 뉴욕 주의 쓰레기처리장은 완전히 포화상태에 이를 전망이다.

개발도상국 주민이 내다버리는 쓰레기배출량은 서구보다 훨씬 적어서 하루에 500그램 정도에 그친다. 그러나 가난으로 빚어진 기발한 궁여지책이 쓰레기의 집중적인 재활용도를 높이고 있음에도, 쓰레기는 여전히 도시를 뒤덮어 물과 흙을 오염하고

---

* 높이 210미터로 파리에서 가장 높은 건물. 서울의 63빌딩(63시티)과 비슷한 크기 — 옮긴이

여러 질병으로 주민을 위협한다. 음식물쓰레기가 쌓이면 가난한 사람, 돼지, 개들이 한꺼번에 우르르 달려들어 살아남기 위해서 뭐라도 먹을 게 없는지 파헤쳐놓는다.

2005년, 지구의 인구는 1900년보다 네다섯 배 많은 65억이었다. 2050년에는 80~90억까지 늘어날 것으로 인구통계학자들은 예측한다. 그때 가면 사람들 대부분은 개미집처럼 우글거리는 대도시에서 살게 될 것이다. 이들은 점점 더 많은 쓰레기를 배출할 것이고, 앞으로 쓰레기처리장 근처에 살게 될 주민의 반감은 더욱 커질 것이며, 불안에 따른 반발 또한 거세질 것이다. 이들은 영미인들이 이른바 '님비NIMBY*' 또는 '바나나BANANA**'라고 부르는 이상한 증상의 피해자들이다.

'쓰레기 담당관리들'과 '쓰레기 전문가들'은 질문을 던지고, 쓰레기통을 검토하고, 그것을 낱낱이 해부할 뿐만 아니라 각 쓰레기에 적합한 운명을 주제로 논쟁하고, 묘안을 짜내려고 다양한 경험에 의존하면서 새로운 처리법을 궁리해낸다.

이 모든 쓰레기를 어떻게 처리하고 어떻게 재활용해야 할까? 악마적인 요소와는 어떻게 싸우고, 경이로운 요소는 어떻게 재활용해야 할까? 역사를 돌아보면 관리들은 때마다 문제의 심각성을 인식하고 문제를 해결하려고 노력했음을 알 수 있다.

새로운 생산기술과 쓰레기처리 기술의 출현, 그리고 모든 분

---

* Not In My Back Yard(우리 집 마당은 절대 안 돼)의 약어
** Build Absolutely Nothing Anywhere, Near Anyone(우리 집 근처에는 아무것도 짓지 마)의 약어

야에서 나타나는 과거와 현재에 걸친 수차례의 재활용은 희망 가득한 전조다. 이러한 혁신이 이루어지면 우리는 쓰레기처리에 충분한 적응능력을 갖추게 될까? 과연 인간은 이 현대의 재앙을 물리치고 21세기에 새롭게 도전하게 될 것인가?

이 책에서는 생활쓰레기가 겪어온 모험과 우여곡절 그리고 그 행과 불행을 들려주고자 한다. 또한 자신이 만들어낸 폐기물에서 벗어나려는 인간의 노력을 증언한다. 동시에 부유한 산업국가와 빈곤하다고 알려진 국가 양쪽 모두에서 일어나는 어떤 움직임, 즉 쓰레기를 유용한 자원이나 놀이대상으로 바꾸려는 인간적 상상력과 창의성을 보여준다. 이 이야기 속에서 쓰레기는 도시를 삼켜버리겠다고 위협하기도 하고, 사람을 죽이기도 하고, 도시풍경을 바꿔놓기도 한다. 포도밭에 새 기운을 불어넣거나 우리가 사는 집을 따뜻이 데워주기도 하고, 수백만 극빈자의 생존을 보장하거나 수많은 '일용직'을 창출해내기도 한다. 또 돼지들을 살찌우거나 아이들과 놀아주기도 한다. 어떨 때는 감옥에 갇힌 이들의 고독을 달래주거나 광인과 예술가들에게 영감을 불어넣기도 한다. 쓰레기는 그렇게 한바탕 축제를 벌인다.

1장

도시와 쓰레기의
싸움

갈리아 지역(현재의 프랑스 지역)에 고대 로마인이 들여온 위생관념과 습관은 프랑크족의 침입으로 사라져버렸다. 이 '야만인' 정복자들은 도시를 청결히 하는 데에는 눈곱만큼도 관심이 없었다. 메로빙거 왕조 당시, 가장 심한 경멸의 표시는 '거리의 썩은 내 나는 진흙'을 적의 얼굴에 집어던지는 것이었다. 584년, 실페릭Chilpéric 1세가 암살당하자 공트랑Gontran과 프레데공드Frédégonde는 브뤼노Brunehaut 여왕의 사절단한테 실제로 그렇게 했다. 당대인과 샤를마뉴 대제 때의 사람들은, 말하자면 똥통에 살았던 셈이다. 모든 것을 '길거리로' 또는 '강으로' 내던지는 것이 일반적인 관행이었다. 사람들은 뻔뻔스럽게도 쓰레기와 배설물을 거리에 내다버렸고, 거기서 뿜어나오는 악취 속에서 함께 살아가는 수밖에 없었다.

중세의 도시 사람들은 "물 조심!", "머리 조심하세요!" 하고 외친 후 대문과 창문을 통해 쓰레기와 배설물을 아무렇게나 내던졌다. 그렇게 소리쳐 경고한다고 해서 거리를 오가던 사람들이 불행을 피할 수 있는 건 아니었다. 당시 길 가던 사람들이 오물 벼락을 맞는 일은 비일비재했다. 밤 산책에 나섰던 루이 11세는 어느 대학생이 던진 요강 물을 머리에 맞았지만, 죄인을 나무라지 않고 오히려 밤늦게까지 공부하던 학생을 격려하고자 금일봉을 내렸다고 한다.

사람들은 위정자들의 끊임없는 명령에도 아랑곳하지 않고 이런 오물처리 습관을 오랫동안 지속했다. 졸라는 소설 《대지La Terre》에서 이렇게 묘사했다. "열린 창문 사이로 누군가 오물을 한 통 가득 내던졌다. 똥물이었다. 〔……〕 지나가던 귀부인들은 머리끝부터 발끝까지 완전히 똥물을 뒤집어쓰고 말았다. '대체 이런 짓을 한 놈이 누구야?'" 마르세유나 소뮈르Saumur, 릴쉬르라소르그L'Isle-sur-la-Sorgue 같은 도시에서는 심지어 수십 년 전까지만 해도 아낙네들이 쓰레기와 요강 물을 창문으로 버렸다. 매일 아침 집 앞에 내다버리기 귀찮다는 이유에서였다.[1]

수백 년 동안 서양 도시 대부분은 아주 더러워서 공공당국에서는 관련 규정을 제정하는 등 상황을 개선하려고 많은 노력을 기울였다. 파리는 이런 노력을 보여주는 대표적 사례다. 오늘날 산업국가에서는 오물수거가 보편화되고 정보화됐으며, 그 방식 또한 다양하다. 반면 제3세계의 시골 마을이나 대도시 대부분에서는 부유한 동네의 쓰레기만 수거하고, 빈곤층의 쓰레기는 공공도로에 그대로 버려두거나 위생문제를 일으키는 처리장에 버릴 때가 잦다.

30여 년 전부터 증가하기 시작한 쓰레기는, 프랑스 전체 쓰레기의 3분의 1을 차지하는 포장재의 급증과 더불어 그 구성 자체가 크게 달라졌다. 이 엄청난 폐기물을 치우는 문제는 점점 더 심각해지고 있다. 이에 프랑스 정부는 1975년 관련 법을 제정하여 쓰레기처리 담당부서를 만들었으나, 부서운영 비용이 끊임없이 증가하면서 지역재정이 파산할 지경에 이르렀다. 그러자 그중에서 가장 작은 지역 몇몇은 서로 연합하여 쓰레기 공동 수거 및 처리 부서를 만들기도 했다. 이들 지역은 대부분 쓰레기의 수거와 처리를 직접 시행하는데, 때로는 민간업체에 위탁하기도 한다.

왕정시대의
불결한 도시들

공기도 통하지 않고 햇빛도 제대로 들지 않는 좁고 구불구불한 중세도시의 비포장도로. 중세도로는 사람들의 배설물과 썩은 물, 가정에서 나온 오물, 말똥, 돼지똥, 닭똥 등이 뒤섞인 진흙탕 천지였다. 동네 대부분에 소변기나 똥구덩이가 없었으므로 행인들은 대충 아무 데서나 볼일을 봤다. 효과적인 배수장치 또한 없어서 배설물은 고인 채로 썩어갔다. 가장 왕래가 잦은 도로는 지나다닐 수 없을 만큼 질퍽거리는 오물 구덩이로 변하기 일쑤였다.

물론 비 오는 날에는 석루조에서 떨어지는 빗물이 길을 씻어 주었고, 빗물과 가정에서 나온 온갖 오물이 한데 섞여 길 가운데에 패인 작은 도랑을 타고 하수구까지 흘러내려갔다. 그러나 불행하게도 이 하수구는 막혀 있을 때가 많았다. 그러면 길거리는 어김없이 썩은 내가 진동하는 진창으로 변했다. 파리의 하수구는 모두 센 강으로 집결했는데, 물지게꾼들은 그 강물을 길어다 주민에게 식수로 팔았다. 식수의 위생상태를 걱정하는 사람들도 있었다. 루이 14세의 어의는 1650년 "더는 강물을 마시지 말라."고 권장했다. 무척 현명한 충고였지만, 따르는 사람은 거의 없었다. 다른 해결책이 없었기 때문이다.

중세도시들은 수세기 동안 극심한 전염병의 창궐로 초토화되었다. 특히 1346년에서 1353년까지 유럽을 휩쓴 대흑사병은 수백만 명의 목숨을 앗아갔다. 그뿐 아니었다. 백일해도 창궐해서 1569년에는 왕비의 수석 어의가 죽었고, 1580년에는 파리 시민 수만 명이 목숨을 잃었다. 파리 시립병원이 환자들로 넘치자 몽마르트르와 생마르소 지역에 환자를 수용할 천막을 세우기도 했다. 당시 파리 의과대학은 비위생적인 하수구와 쓰레기처리장을 전염병의 발병원인으로 지목했다.

의사들은 전염병의 확산에 어느 정도 생활쓰레기가 책임이 있다고 추정했지만, 직접적인 원인으로 보지는 않았다. 그들이 문제 삼은 것은 생활쓰레기에서 나오는 유독성 가스였다. '공기 전염설'을 주장하던 의사들은 악취를 풍기는 공기가 피부를 뚫고 인체에 들어와 병을 옮긴다고 주장했다. 앙리 4세의 어의 조제프 뒤셴Joseph Duchesne은 바닷바람이 장기瘴氣*와 충돌하는 바람에 툴루즈Toulouse에 흑사병이 창궐했다고 주장했다.[2] 1666년, 흑사병이 프랑스 북부 도시 아미앵Amiens을 휩쓸자 오물에서 발생하는 악취가 원인이라고 여긴 시 당국은 "유독성 공기를 퍼뜨릴 수 있는 진흙과 쓰레기"를 없애라는 시행령을 내렸다.[3]

그렇지만 일반적인 통념에서는 오물에 몸에 이로운 효능이 있다고 믿었고, 전염병은 별들의 영향으로 생긴다고 여겼다. 의사인 프랑수아 드 쿠르셀François de Courcelles은 "화성, 토성, 목성이 한 줄에 놓일 때 가장 무서운 흑사병이 발생한다."고 단언했다.[4] 의학박사 클로드 파브리Claude Fabri는 "동쪽으로 긴 꼬리를 그리는 유성이나 천구 중앙에 있는 유성의 영향 또한 고려해야 한다."고 진단했다.[5]

계몽주의 시대에 와서도 사람들은 여전히 천하태평으로 쓰레기와 배설물을 아무렇게나 버렸고 이 때문에 파리와 지방도시들은 몸살을 앓았다. '고개를 들고' 걷다가는 언제, 어디서든지 오물투성이 진흙탕에 미끄러질 위험이 있었다.

때로는 건물보수 공사가 상황을 악화시키기도 했다. 가게마다 진열대에 유리막을 설치하면서 물건을 더 깨끗이 보호할 수 있게 되자 상인들이 점점 자신의 가게 앞 청소를 등한시한 것이다. 더러운 거리를 씻어주던 석루조는 건물 벽을 따라 내

---

* 파스퇴르의 병원균 발견 이전에 전염병의 원인으로 간주한 유독성 공기를 뜻하는 말. 프랑스어로는 'misame' — 옮긴이

려오는 홈통으로 대체되었다.[6] 1750년, 루소는 프랑스의 수도를 떠나면서 "아듀, 진창투성이 도시여!" 하고 외쳤는데, 사실 파리는 오래전부터 이 별명을 갖고 있었다. 파리의 옛 이름 '뤼테스Lutèce'는 진흙탕을 뜻하는 라틴어 '루툼lutum'에서 나온 말이다.

프랑스 대혁명 직전, 도시를 감도는 악취가 점점 더 심해지자 작가 피에르 쇼베Pierre Chauvet는 "여러 동네에서 코를 찌르는 악취로 꽃들이 시들어가고 아리따운 아가씨들의 낯빛이 창백해진다."고 한탄했다.[7] 사람들은 역한 악취 때문에 우유와 포도주, 수프가 상한다고 믿었다. 상한 음식은 먼 곳에 갖다버렸지만, 바람이 불 때마다 '부아리voiries(쓰레기장)'라고 부르던 쓰레기처리장에서 질식할 듯한 악취가 풍겨와 온 도시를 뒤덮었다. 유명한 시사평론가 루이세바스티앙 메르시에Louis-Sébastien Mercier는 "시체가 썩는 듯한 냄새를 사방에서 맡을 수 있다."고 썼고, "교회에서 신도들은 악취로 죽을 것만 같고, 가정에서도 얼마나 악취가 나는지 주민은 지속해서 불쾌한 상태"라고 기록했다.[8]

왕은 가고
쓰레기는 남도다!

필리프 2세(1165~1223년)는 밀물처럼 차오르는 쓰레기에서 파리를 구하려고 시도한 첫 번째 왕이었다. 궁중 역사가 리고르

Rigord는 1184년 어느 날, 궁전 창문에 기대서 있던 필리프 2세가 진창에서 올라오는 썩은 냄새로 불편을 느꼈다고 기록했다. 그래서 왕은 파리 시장prévôt*과 부르주아 시민에게 왕명을 내려 수도의 모든 길을 포장하도록 했다.⁹ 그러나 시민은 이 왕명에 조금도 열의를 보이지 않았다. 다만 샤틀레Chatlet 광장을 축으로 십자로 갈라지는 두 개의 주요한 도로가 이 시기에 포장되면서 '카로 뒤 루아carreau du roi' 즉, 포장된 왕도로 불렸을 뿐이다. 파리 시민은 포장도로 건설과 유지를 책임졌고, 시장과 부시장('도로관리관voyer de Paris'으로 불렸다)은 이를 감독하는 역할을 맡았다. 따라서 처음엔 수도의 청결유지가 경찰업무로 간주됐다. 그러나 선의의 노력은 오래가지 않았다. 그로부터 400여 년이 지난 뒤, 파리 거리 대부분은 여전히 포장되지 않은 흙길이었다.

도로에서 오물투성이 진흙탕과 배설물을 치워야만 했던 파리 시민은 그것을 자기 집 정원에 파묻었고, 일부는 소나 당나귀가 끄는 오물마차에 실어 인근 농촌으로 실어날랐다. 그러나 이런 위생적인 정화습관은 시간이 지날수록 조금씩 해이해졌다. 성왕 루이 9세 때의 장 사라쟁Jean Sarrazin 부시장은 앞으로 자신이 '방을 붙일 때'마다 거리를 청소해야 한다고 공표했다. 이 관습은 제2차 세계대전 때까지 프랑스의 많은 지역에서 지속되

---

* 프랑스 혁명 이전의 파리 시장은 왕을 대신하여 사법, 행정, 경찰의 수장 역할 등을 모두 담당했다. ― 옮긴이

었다.

1348년, 흑사병이 파리를 폐허로 만들었을 때, 사람들은 고대 그리스 의사 톡사레스Toxarès의 교훈을 떠올렸다. 그는 도시의 쓰레기를 모두 치우게 한 다음, 포도주로 거리를 소독하게 하여 아테네를 흑사병이라는 재앙에서 구해냈다고 알려진 명의였다.[10] 이에 파리 시장은 주민으로 하여금 자기 집 앞을 쓸게 하고 지정된 장소에 오물을 갖다놓게 하는 방을 다시 붙였다. "오물마차꾼과 똥장군 지게꾼은 모두 지정된 장소로 오물을 운반해야 할 것이며, 이를 위반하는 자는 누구든지 국왕 폐하께 벌금 10솔*을 내야 한다." 그러나 이 규정은 거의 효과가 없었다.

수많은 사람은 여전히 센 강에 쓰레기를 내다버렸다. 파리 시장은 센 강과 그 지류에 분뇨나 오물을 버리는 자는 벌금 60솔형에 처한다는 방을 다시 붙였다. 위반자는 점점 더 무거운 처벌을 받게 되어 맨빵과 맹물만 나오는 금고형에서부터 1395년에는 '교수형'에 처한다는 방까지 나붙었다.[11] 그러나 거리낌 없이 법을 어기는 사람들에게 이런 위협은 아무 소용이 없었다.

쓰레기와의 싸움에 지친 파리 시 공권력은 마침내 항복했다. 1506년, 루이 12세는 왕권으로 직접 수도의 오물수거 업무를 감독하기로 했다. 결국 르네상스기가 시작되면서 진흙쓰레기를 제거하는 전담부서를 창설하였고, 몇 년 후에는 특별세를 거두

---

* 솔sol은 프랑스의 옛 화폐단위로 20솔은 1리브르, 즉 1프랑에 해당한다. — 옮긴이

어 이 부서를 운영하기에 이르렀다. 세금징수가 실제 노역勞役을 대신하게 된 것이다. 곧이어 이 오물세에는 거리에 조명을 설치하기 위한 세금이 추가되었는데, 이는 "야밤을 틈타 범죄를 저지르는 불청객을 수도에서 쓸어내기 위한" 것이었다. 이 세금의 이름은 '오물 및 가로등 세'였다. 각 지역의 경찰은 시민을 모아 쓰레기와의 전쟁에 나섰다. 시민대표를 선출하여 세금징수액을 배분하고 각자 할당액을 징수하도록 하였다. 그러나 이 오물 및 가로등 세는 적대적인 여론에 부딪혀 결국 세상에서 잊히는 신세가 되었다.[12]

이어서 프랑수아 1세가 다시 파리 정화에 나섰는데, 과거의 칙명들을 상기하고 새로운 해법을 제시했다. 그는 쓰레기를 도로변에 무더기로 쌓아두는 대신, 쓰레기통을 쓰라고 명령했다. 1562년, 수도 파리에서만 2만 5,000명의 목숨을 앗아간 흑사병이 창궐하자 왕은 칙명을 내려 청소부가 지나가기 전에 저마다 자기 집 앞을 쓸고 쓰레기통에 오물을 담도록 했다. 그 후엔 종소리로 청소부의 도착을 알려주었는데, 이 관습은 차량을 이용한 오물수거로 확산하면서 1919년까지 계속되었다.

이에 오물의 수거와 운반을 위한 새로운 세금이 생겨났다. 앙리 4세의 재상 쉴리Sully는 '라 플뢰르La Fleur(꽃)'로 불리던 레이몽 브델Raymond Vedel에게 징수를 맡겼는데, 그는 오물수거 사업을 따낸 민간업자였다. 그러나 브델이 세금을 거두려고 하자 그만 폭동이 일어나서 물러날 수밖에 없었다. 그 뒤를 이은 다른 민간업자들 역시 세금 한 푼 거두지 못함으로써 결국 오물수거

민영화는 실패로 끝났다. 체념한 재상 쉴리는 이 세금을 직접 거두기로 했다.[13]

선왕들과 마찬가지로 태양왕 루이 14세는 거리가 여전히 더럽고 악취로 진동한다는 사실을 확인하고 여러 조처를 했다. 1666년 칙령에는 오물수거 시간과 통과구역을 명시했다. 하절기에는 아침 7시, 동절기에는 8시였다. 매일 아침, '메트르 피피 Mâtre Fifi[*]'가 종을 울리고 다니면 쓰레기를 집 앞에 내놓는 시간이었다. 이 시간이 지나면 메트르 피피가 규정을 지키지 않은 주민에게 벌금을 물릴 수도 있었다. 하지만 칙령시행을 책임진 치안감독관 니콜라 들라 레니Nicolas de la Reynie의 지난한 노력에도 '빛의 도시 파리'에는 여전히 쓰레기가 쌓였고, 1697년 신임 치안감독관 아르장Argenson은 "생드니Saint-Denis 지역 주민은 밤낮을 가리지 않고 온갖 오물과 대소변을 창문이나 대문으로 내던진다."[14]라고 보고했다.

도시의 공기정화는 이 시기에 당국의 지속적이고 주요한 현안이었다. 이를 위해 쓰레기 버리기와 물을 이용한 거리청소를 권장했지만, 물은 턱없이 부족했다. 당시 파리에는 급수전이 60여 개밖에 없었는데, 오베르뉴Auvergne 출신의 물지게꾼들이 이 물을 각 가정에 길어다주고 돈을 받았다. 이 급수전이 고갈되면 센 강물이 식수원으로 널리 쓰였다.

---

[*] 당시 청소부의 별칭 — 옮긴이

죄수와 노인들,
거리청소에 내몰리다

ೲ

18세기 후반에 태동하기 시작한 위생관념은 건강과 죽음을 대하는 새로운 인식과 함께 사회에 뿌리내려갔다. 이후 건강하고 청결한 신체 그리고 위생적이고 환기가 잘된 공간은 바른 가정생활의 규칙이 되었다. 오물에 민간요법에서 쓸 수 있는 다양한 미덕이 존재한다는 통념이 사라지면서 오물은 점차 수치스럽고 경멸스러운 것이 되어갔다.

프랑스 대혁명 직전, 거의 60만 명에 이르는 파리 시민이 수많은 말을 동원하여 펼치던 대대적인 거리청소와 오물수거는 콩쿠르*의 주제가 되었다. 콩쿠르에 참가한 베르톨롱 Bertholon 신부는 거지들에게 이 일을 맡기자고 제안했고, 피에르 쇼베는 극빈자와 장애인, 노인을 동원함으로써 지역 당국이 그들을 위해 쓰는 비용을 대신하거나 일부라도 벌충하게 하자고 제안했다. 라부아지에는 극빈자들에게 나귀나 말이 끄는 수레를 배당하고 도로 위의 모든 오물을 거둬들여 처리장으로 가져가게 하자는 안을 내놓았다. 사회개혁자들은 이런 방법으로 쓰레기와 부랑자를 동시에 제거하고자 했다.[15] "청소용 삽으로 사회를 더럽히는 불결한 영혼을 모두 쓸어내어 도시 밖으로 내쫓을 수 있다면, 이 얼마나 행복한 착상이며 또 경찰에게는 이 얼마나 좋은

___
* 국가가 주최하는 논술경시대회 — 옮긴이

일이겠는가!"[16]

이들 안은 다른 유럽 도시의 사례에서 착안하였다. 벨기에 브뤼헤에서는 노인들이 오물을 수거했는데, 수레를 살 형편이 못되는 노인에겐 시 당국이 수레를 제공했다. 스위스 베른에서는 도형수*들이 도시청소를 맡았다. "그들은 쇠사슬에 묶인 채로 아침마다 네 바퀴 달린 큰 수레를 끌고 다니면서 거리를 청소했다. 조금 더 길고 가벼운 사슬에 묶인 죄수들은 여성 죄수들이었다. (……) 여성 죄수 가운데 반은 거리를 쓸었고, 나머지 반은 수레에 쓰레기를 담았다."[17]

결국 다른 많은 도시와 마찬가지로 파리에서도 오물수거는 도시의 진흙이 필요한 농부나 마차꾼이 있는 마차를 소유한 민간업자에게 넘어갔다. '수거담당 청소부retrousseurs'와 함께 마차꾼은 쓰레기를 거대한 처리장에 갖다놓았다. 일부 마을의 쓰레기는 경매로 팔기도 했다. 오물투성이 진창을 거둬들이려고 오물수거 마차 120대를 활용했고, 그 외에 이 오물을 귀중한 비료로 쓰던 인근 농부들의 마차도 이용했다. 1일 1회 오물수거는 가장 번잡한 대로에서만 이뤄졌고, 다른 곳에서는 이틀에서 한달 간격으로 오물수거를 시행했다.

청소부들은 나무로 만든 삽으로 오물수거 마차에 쓰레기를 담았는데, 이 과정에서 행인에게 오물을 뒤집어씌우는 일이 예삿일처럼 일어났다. "시커먼 진흙탕이 사방에 튀고, 입을 벌

---

* 중노동형을 선고받은 죄수 — 옮긴이

린 오물수거 마차는 무더기로 받아들인 쓰레기를 다시 행인들에게 조금씩 튀긴다. 삽, 빗자루, 인부, 마차, 말, 이 모든 것이 다 같은 색인데, 청소부들은 마치 지나가는 사람들에게 모두 같은 색을 입히려는 듯하다. 〔……〕 멈춰 선 오물수거 마차 옆을 맘 놓고 지나가다가는 얼굴에 오물 한 삽 뒤집어쓰기 딱 좋다."[18]

이런 규정 역시 시민의 무관심을 일깨우기에는 역부족이었다. 도시정화를 위한 왕명은 그저 경건한 바람에 지나지 않았다. 1782년, 의사 자크 이폴리트 로네스Jacques Hyppolite Ronesse는 "3세기 전부터 청소에 관한 수많은 칙령, 법규, 공고문이 발표되었지만, 지금처럼 법이 지켜지지 않은 적은 없었다."고 개탄했다.[19] 루이세바스티앙 메르시에는 파리 시민이 쓰레기에 완전히 파묻혀야만 반응을 보일 거라면서 시민의 개인주의를 비난했다. "세금이란 내지 않으면 항상 늘어난다는 것을 경험으로 아는 부르주아는 아주 사소한 세금조차 꼬박꼬박 냈지만, 오물세 납부는 거부했다. 그러나 조금만 기다리면 분명히 이들 부르주아도 쓰레기더미를 더는 견딜 수 없다고 외칠 것이다. 그러고 나서는 청소부의 직접징세에 기꺼이 굴복할 것이다. 내가 보기에 이것은 절대 필연적인 결과다."[20]

프랑스 대혁명기의
거리청소에 대한 저항

&

대혁명 직후 프랑스 전역의 거리와 광장 청소, 진흙탕제거 시행에 관한 첫 번째 법이 발효되었다. 이때부터 이 업무에 필요한 예산을 다른 세금과 함께 징수하였다. 인도청소는 변함없이 주민의 몫이었다. 1799년 파리 경찰청은 모든 파리 시민에게 자기 집 앞의 공공도로를 날마다 청소하도록 공시했다. 길 양쪽에 도랑이 있는 도로에서는 현관문에서 인도 중앙까지, 그렇지 않은 도로에서는 도랑까지 청소해야 했는데, 이 의무는 거의 한 세기 동안 계속되었다. 그러나 청소시간을 알리는 공익요원이 동네를 순찰하는 등 행정당국이 단속했음에도 파리 시민은 이 의무를 지키지 않았고, 민간업자들이 하는 청소가 성행했다. 부르주아 시민은 연간 일정액을 내고 이 고역을 민간업자들에게 맡겨버렸다.

이러한 대청소 시행으로도 파리의 쓰레기를 다 없애지는 못했다. 피에르 쇼베는 다음과 같이 분개했다. "정말 수치스럽게도, 프랑스 상원이 자리 잡은 대도시 파리에서는 걸을 때마다 진흙탕, 쓰레기더미, 사람과 말을 상처 내려고 곳곳에 덫처럼 자리 잡은 깨진 병과 컵들을 볼 수 있고, 죽은 짐승의 주검이 사방에 널브러져 있고, 광견병이 의심되는 떠돌이 개들과 부딪히고, 공원에서도 염소와 돼지 등을 보게 된다. 게다가 포장도로마저 울퉁불퉁하고 기름투성이 진흙으로 덮여 있어서 빨리 가려면 미끄러지고, 조금만 오래 서 있으면 넘어질 수밖에 없다."21

이처럼 시내를 산책하거나 물건을 사러 가는 일이 우리 조상에겐 위험하고도 지저분한 모험이었다. 그래서 가게 안이나 노상에서 영업하는 구두닦이가 성행하였다. 센 강을 보고 있자면 정말 안타깝기 그지없었다. 썩은 채소, 머리카락, 동물의 주검 등 온갖 쓰레기가 떠다니는 강은 차마 눈뜨고 보기 어려울 지경이었다. 이런 쓰레기가 뒤섞인 회색 진흙이 강 우안을 따라 쌓여 있었다. 그것은 "때로는 상당한 양의 유해가스를 발산하는 발효의 본거지였다."22

칙령이행을 뿌리내리지 못한 파리 경찰청은 1859년 공공정화 부문에서 손을 뗐다. 그에 따라 거리청소와 도시오물 수거임무를 파리 경찰청에서 센 현으로 넘기는 새로운 법규가 생겼다. 이 시기에, 조로 구성된 도시미화원들이 이용하는 청소기계가 모습을 드러냈고, 호스로 물 뿌리는 방식이 등장했다. 파리에서는 심각해지던 물 부족 현상이 우르크Ourcq 운하 개통과 파시Passy의 분출식 우물 덕택에 조금씩 해소되기 시작했다. 당시 센 현 지사였던 랑뷔토Rambuteau 백작은 수많은 시가 수도전市街水道栓을 설치하여 19세기 중반에는 약 2,000여 개의 시가 수도전을 가동하였다.23

19세기 중반, 수도 파리의 청소는 대단히 복잡한 일이었다. 직접 청소하기로 작정한 시민, 민간업자들, 그리고 시 당국이 강둑, 대로, 광장, 시장의 청소용역을 맡긴 공기업들까지 같은 도로 위에서 북적거렸기 때문이다. 공기업은 월간 이용제를 제시하기도 했다.[24] 이처럼 청소업무를 나눴음에도, 아니면 오히려 그 때문이었는지는 몰라도, 파리 거리에는 여전히 쓰레기더미가 사라지지 않았다.

지방도시 역시 수도 못지않게 지저분했다. 여행안내서《블루가이드Guide Bleu》*의 전신으로 1862년에 나온《조안 가이드Guide Joanne》1호는 그르노블Grenoble을 소개하면서 "그르노블 주변의 기막힌 자연풍광과 주민 3만 명이 사는 쓰레기로 가득 찬 구역질 나는 거리"를 비교할 정도였다.[25] 로마, 런던, 마드리드도 더럽기는 마찬가지였다. 예외가 있다면 수많은 운하로 이뤄진 네덜란드의 도시들뿐이었다.

도시의 악취로 점점 불안해진 파리 시민은 급기야 오물투성이 진창을 도시 밖으로 치워달라는 탄원서를 위생성에 제출했다.[26] 파스퇴르의 발견에도 악취가 불러일으키는 불안감은 사라지지 않았다. 사람들은 여전히 악취가 인체에 나쁜 영향을 준다고 믿었다. 1880년 여름에 이르자 악취는 더 견딜 수 없을 지경이 되었다. 민심은 술렁거렸고 인도와 시 외곽에 쌓여 있는 오물과 배설물을 규탄하는 여론이 높아졌다. 수도는 "해로운 병균의 온상으로 둘러싸인 탓에 바람을 타고 가장 위험한 병균이 퍼질 수 있었다."[27] 그러나 산업폐기물의 위험성이 이미 현실로

---

* 프랑스의 가장 오래된 여행안내 책자 시리즈 ― 옮긴이

드러났음에도 사람들은 생활쓰레기만을 의심했다. 같은 시기, 뉴욕에서는 여성단체들이 위생조건을 개선하고자 쓰레기와의 전쟁에 나섰다.

여론에 떠밀려 파리 시는 빗자루 청소 의무를 시세市稅로 전환하겠다고 시의회에 요청했다. 모든 주택소유자에게 부과하는 이 시세 요청안은 시의회를 통과하여 1883년 3월 특별세가 마련되었다. 이어서 1884년 4월 5일 법령에 따라 프랑스와 알제리 전역에서 똑같은 세금을 부과할 수 있게 허용하였다. 그 결과 개인은 거리를 청결히 유지해야 할 의무에서 차츰 벗어났고, 시 당국은 그 임무를 도시미화원에게 맡겼다.

파스퇴르의 발견은 위생의 역사에서 결정적이었다. 왜냐하면 그 발견 덕분에 도시위생에 관한 시민의식이 근본적으로 바뀌었고, 공권력이 이 분야에 더욱 본격적으로 개입하였기 때문이다. 그때까지 유럽과 미국 의학자들은 악취, 즉 장기를 전염병의 근원으로 간주해왔으나 악취는 이제 문제가 되지 않았다. 브루아르델Brouardel 교수는 "악취 나는 모든 것은 죽이지 않고, 죽이는 모든 것은 악취가 나지 않는다."고 단언했다.[28] 이후 쓰레기는 그 자체로서, 즉 쓰레기의 악취가 병균을 옮기기 때문이 아니라 벌레와 쥐 같은 직접적인 전염원인의 번식처가 되는 탓에 비난받았다. 쓰레기는 이런 과정을 거쳐 서구 도시에서 배척당하였다.

1883년, 푸벨 지사가
쓰레기통 사용을 의무화하다

오래전부터, 사업가와 재력가들은 생활쓰레기라는 노다지를 캐려고 호시탐탐 노려왔다. 그들은 수거전용 기구를 이용한 생활쓰레기 수거독점권을 따내려고 파리 시 당국에 여러 차례 법안을 제출했다. 이 수거방법은 새롭지 않았다. 이미 1699년에 프랑스 서북부 도시 캉Caen에서는 주민에게 쓰레기를 담을 바구니 사용을 의무화했으며, 100여 년 뒤 리옹Lyon에서는 청소부들의 일손을 덜어주고자 금속양동이로 오물을 거둬가는 시스템을 운영했다.

그러나 이들 사업가가 제출한 법안은 거리에 버려진 쓰레기를 수집해서 먹고사는 넝마주이 수천 명의 이해관계와 부딪혔다. 그들은 넝마주이에게 거리청소와 쓰레기분류를 맡기겠다고 제안했다. 이 안은 1861년에 부결되었지만, 법안추진 세력은 포기하지 않았다. 몇 년 뒤, 프로이센의 파리 공략으로 위생 문제가 시급하게 대두하자 그들은 혼란을 틈타 결국 법안통과를 이루어냈다. 법이 정한 의무적인 쓰레기통 구매는 서민에겐 큰 부담이었으므로 부유층만이 이 새로운 규정을 따랐다. 그러나 수도를 뒤흔든 파리 코뮌을 거치면서 낡은 규정으로 전락하고 만다. 그리고 13년 뒤, 이 규정은 다시 등장했다. 당시 기세를 떨치던 위생주의가 언론과 공립학교에 전파된 탓이었다. 교육부장관 쥘 페리Jules Ferry는 1882년 가톨릭교리 시간을 위생교육 시간으로 대치했다. 이제 위생은 가족의 신성함이나 노동의 소중함처럼 하나의 의무가 되었다. 미국에서도 같은 움직임이 일었다. 위생은 이제 신체적·도덕적 개선의 한 수단으로 여겨 졌다. 평균의 중간계급이 볼 때 도덕적·정신적 순결에 이르는 길은 비누와 수돗물로 닦여 있는 길이었다.

1883년 11월 24일, 외젠 푸벨Eugène Poubelle 지사는 그 유명 한 칙령을 공표했다. 모든 건물소유주는 전용 쓰레기통을 배치 해야 한다는 칙령이었다. 쓰레기통은 쓰레기마차가 지나가기 15분 전 건물 앞 보도에 내놓아야 했다. 한 건물당 쓰레기통 세 개가 의무로 정해졌는데, 하나는 부패물질용, 다른 하나는 종이 와 헝겊용, 나머지 하나는 유리와 도자기 또는 굴 껍데기용이 었다. 쓰레기통의 크기와 용량은 40~120리터로 정해졌다. 대로 변에서는 양철을 두른 목제 쓰레기통이나 철제 쓰레기통의 가 격이 적힌 광고전단을 나누어주었다.[29]

이 칙령은 관리비를 올려야 하는 건물주, 일찍 일어나서 추 가업무를 해야 하는 관리인, 특히 밥줄이 끊기게 생긴 넝마주 이들에게서 격렬한 반대를 불러일으켰다. 게다가 같은 시기, 시의회가 하수도 직결식 수세장치에 관한 규정을 승인했을 때 에도 엄청난 반대가 있었다. 이 결정으로 피해를 보게 된 분 뇨수거업자들과 건물주들은 격렬한 언론 캠페인을 벌여 조직 적인 반대에 나섰다. 그들은 직결식 수세장치야말로 엄청난 물 소비를 가져오고, 농업용 퇴비에 막대한 손실을 주는 끔찍 한 낭비라고 공세를 펼쳤다. 분뇨수거업자들은 매일 밤 몽포

콩Montfaucon*으로 분뇨를 실어나르는 일을 계속했고, 결국 직결식 수세장치는 10년 뒤에 가서야 의무화되었다.

쓰레기통에 관한 규정 역시 엄청난 무관심에 부딪혔다. 낡아서 망가진 쓰레기통은 몇 년 뒤에도 새것으로 바뀌는 법이 없어 다시금 거리 여기저기에 쓰레기가 되어 쌓여갔다. 세 개의 통에 쓰레기를 사전 분리하도록 한 규정은 죽은 문서에 지나지 않았다. 그러나 푸벨 지사의 칙령은 그 본질에서는 성공한 셈이었다. 즉 이제는 조금씩 길이 들어서 쓰레기가 쓰레기통 안으로 들어가게 된 것이다. 입주자들은 쓰레기통을 대문 밖으로 내놓았다 다시 들여놓는 것을 건물관리인에게 맡겼고, 이들은 다시 자원방위병이나 거리의 넝마주이에게 이 일을 떠넘겼다(3장 넝마주이 전성시대 참고). 지방도시에서도 조금씩 수도를 따라 하기 시작했지만, 쓰레기통 사용은 제2차 세계대전에 이르러서야 흔한 일로 정착하였다.

파리 청소는 시와 계약을 맺은 용역기업이 맡았다. 날마다 종소리가 나면 쓰레기마차가 도착했는데, 그 차에는 시에서 고용한 인부 2명과 도로작업원 1명, 비질하는 여자청소부 1명, 그리고 넝마주이 1명이 함께 탔다.

수거가 끝난 쓰레기마차는 덮개를 씌워 파리 성벽을 지나

---

* 현재 발미Valmy 강둑과 에클뤼즈Écluse 거리, 그랑주오벨Grange-aux-Belles 거리에 둘러싸인 장소를 말한다. 중세 파리 외곽의 처형장이었으나 1832년 넓이 10만 제곱미터, 깊이 15미터의 구덩이를 파고 분뇨처리장을 설치했다. 19세기 파리의 급격한 인구증가를 이기지 못하고 1849년 폐쇄되었다. ― 옮긴이

농가나 갓 세워진 오물처리 공장으로 향했다. 이렇게 먼 길을 가다 보면 흔들리는 마차에서 오물이 새어나오기도 했다. 지방에서는 나귀와 소가 쓰레기수레를 끄는 일이 종종 있었다.

암스테르담이나 런던 같은 몇몇 유럽 도시는 거룻배로 오물을 실어날랐다. 연안지대에 사는 주민은 바다에 오물을 버리거나 멀리 떨어진 한바다로 나가서 버렸다. 그러나 이런 식으로 주의해봤자 오물은 다시 파도에 밀려와 모래톱에 쌓이곤 했다. 콘스탄티노플, 마르세유, 뉴욕, 베네치아 같은 해안도시는 오랫동안 이런 방식으로 쓰레기를 처리해왔다. 그 때문에 지중해 같은 몇몇 바다는 지금도 쓰레기로 심각하게 오염돼 있다.

새 시대의 수거방식:
밀폐방식, 전기방식, 기계방식, 로봇방식

"넝마주이업의 위기와 비례하여, 쓰레기재활용이나 싸고 좋은 중고품을 여러 차례 다시 쓰는 데서 오는 가정 경제상의 이익을 점점 더 경시했던 탓에" 쓰레기양은 끊임없이 늘어났다.[30] 위생학자들의 요구는 더욱더 거세졌고, 쓰레기처리는 그만큼 더 첨예한 문제가 되었다. 파스퇴르 본인보다 더 '파스퇴르주의자'였고 통합적인 위생화 제도에 사로잡혔던 위생학자들은 불안한 담론을 펼쳤다. 이런 식으로 쓰레기를 사람의 눈과 손과 코에서 멀어지게 하면서 오물과의 접촉을 최소화하는 '현대적'

기술이 무성하게 쏟아져나왔다.

　20세기 초, 프라하, 빈, 뒤셀도르프 같은 도시에서는 오물운반 때 쓰레기가 새는 것을 피하려고 밀폐식 수거를 시범 운영했다. 이것은 교체할 수 있는 쓰레기통을 이용하는 방식으로, 오물로 가득 찬 쓰레기통은 통째로 수거마차에 싣고, 대신 깨끗하게 씻은 빈 쓰레기통을 주었다. 그러나 시민은 그것이 충분히 위생적이라는 보장이 없다며 이 방식을 거부했다. 사람들은 낯모르는 이들이 버린 쓰레기와 온갖 세균이 들어 있던 쓰레기통을 믿지 못했다. 게다가 이 밀폐 수거방식은 쓰레기통을 두 배로 마련해야 했으므로 비용이 많이 들었다. 무겁고 거추장스러운 쓰레기통을 교환하는 방식은 곧 폐지되었지만, 독일에서만은 오랫동안 유지되었다.

　제1차 세계대전 직후, 쓰레기마차는 파리 풍경에서 사라지고 대신 전기나 휘발유를 쓰는 덤프트럭이 등장했다.[31] 몇 년 후 센 현의 쓰레기수거 차량 1,000여 대 가운데 마차는 60여 대밖에 남아 있지 않았다. 지방에서는 이 신기한 전기식 수거차량을 한참 지켜본 뒤에야 채택했다.

　덤프트럭은 밤 11시부터 새벽까지 파리 시내를 두 차례 돌아다녔다. 셋이나 다섯 명의 미화원이 한팀을 이뤘는데, 그중 한 사람은 넝마주이였다. 넝마주이는 차량 측면에 붙어 다니면서 버려진 물건 중에 부피가 큰 것을 집어 차에 달린 부대 속에 쑤셔넣었다. 당시 미화원은 유난히도 지저분한 고역을 맡아야 했다. 잡다한 오물이 뒤섞인 무거운 쓰레기통을 들어내야만 했다. 제2차 세계대전 직전에는 지붕 덮인 방수 덤프트럭이 등장하면서 쓰레기수거 차량에서 넝마주이를 밀어냈다. 이어 1935년에는 압축방식 덤프트럭(레이시타Rey-Sita 덤프트럭)이 나와 한 번 돌 때마다 더 많은 쓰레기를 싣게 되어 차량과 인력을 대폭 줄이는 효과를 가져왔다.

인도 위에 놓인 쓰레기통은 수거차량이 올 때까지 얌전히 서서 기다렸다. 개인은 거기에 쓰레기를 쑤셔넣거나 1920년 무렵에 등장한 건물의 쓰레기투입구를 통해 쓰레기를 내버렸다. 쓰레기는 종이봉투, 나중에 가서는 비닐봉지(플라스틱 봉지)에 들어 있을 때도 있었다. 전날의 쓰레기로 가득 찬 쓰레기봉투는 대문 앞이나 집결장소에 모였는데, 개나 도둑고양이가 봉투를 찢어버리면 쓰레기가 사방에 흩어져 흉측한 몰골을 보일 때도 있었다. 일부 유럽 도시, 특히 이탈리아에서는 채롱을 맨 청소부가 아파트 계단을 오르내리며 각 가정의 쓰레기를 거둬갔다.

1950년대에 들어서자 시 당국은 쓰레기통을 들고 내릴 때마다 요란한 금속성 소리가 나는 것을 막으려고 가볍고 소음이 적은 고무나 플라스틱 쓰레기통을 쓰라고 권장했다. 때로는 뚜껑이 달린 규격 쓰레기통을 제공할 때도 있었다. 그러나 치우기 어렵고 흐트러진 쓰레기 때문에 골머리를 앓았다. "도대체 제대로 밀폐된 쓰레기통이라고는 찾아볼 수가 없다. 〔……〕 아침마다 엉망진창으로 흐트러져서 내장이 다 쏟아져나오고 음식찌꺼기가 넘쳐나는 쓰레기통이 거리마다 두 줄로 늘어서 있다. 개들은 이 오물을 먹으려고 마음껏 파헤쳐놓는다."[32]

1975년 프랑스 정부는 생활쓰레기에 의한 오염에 대처하고자 다른 산업국가들의 선례를 따라 강력한 조처를 마련했다. 그 이후로 각 지역은 쓰레기처리 담당부서를 반드시 운영해야 하며, 지역 당국의 허가를 받은 시설에서 쓰레기를 처리해야 했다. 주민 500명 이상의 주거지역에서는 적어도 일주일에 한 번은 반드시 쓰레기를 거둬가야 하고, 법에 '쓰레기 불법투기' 근절을 위한 적절한 조치를 시행하도록 규정하고 있다. 또한 지역 당국은 망가진 침대 매트리스, 고장 난 자전거나 냉장고, 기름통처럼 '괴물' 폐기물을 접수하거나 수거하기 위한 대책을 세워야 한다.[33]

　쓰레기수거 방식을 한번 살펴보자. 형광 띠를 두른 제복 차림의 미화원들은 경첩방식 뚜껑과 밑에 바퀴가 달린 쓰레기통을 밀어 덤프차의 뒤에 고정한다. 그러면 덤프차가 자동으로 쓰레기통을 들어 올린 다음, 쓰레기를 비워낸다. 이 방식은 미화원의 노고를 대폭 줄이는 효과를 낳아 지금은 미화원을 '미는 청소부ripeurs*'로 부를 정도다. 이제 미화원은 쓰레기통을 힘들게 들어 올려서 뒤엎고 발로 밟아 다질 필요가 없다. 구식 쓰레기차 대신 조작이 더 쉽고 인체공학적이며 조용하기까지 한 신차가 나온 덕분이다.

　그러나 미화원의 업무는 여전히 위험하고 고통스럽다. 악취와 컨테이너 레버, 흡입구, 적재기의 소음에다 쓰레기를 버리는 사람들의 무시까지 더해져 고통은 더 커진다. 또 쓰레기통마다 바

---

* 쓰레기통을 덤프차 뒤쪽으로 밀기만 하면 된다고 하여 붙여진 이름 — 옮긴이

늘, 날카로운 금속파편, 깨진 유리, 독성물질, 폭발성 가스 같은 위험이 도사리고 있다. 노동조건이 나아졌다지만, 미화원은 여전히 아스팔트의 천민으로 남아 있다. 그들의 자조 섞인 농담을 들어보자. 어느 파리 시 미화원이 신세를 한탄하자, 옆에 있던 동료가 냅다 지른 한마디. "그만해, 징징대면 청소부밖에 안 돼!"[34]

미국 노동통계국은 쓰레기수거 인력을 어부, 광부, 택시기사 그리고 벌목인부와 함께 고위험군 직업으로 분류했다. 쓰레기수거 노동자의 산업재해 사망률은 10만 명당 46명으로 전체 직업평균보다 열 배, 소방관이나 경찰보다 세 배나 더 높다.[35]

일부 주거지역에서는 로봇처럼 움직이는 집게 달린 측면 덤프차량으로 쓰레기를 자동 수거한다. 이 시스템에서는 쓰레기차 운전사가 운전석에 앉아 모든 것을 작동한다. 규격화된 쓰레기통을 집게로 들어올려 비운 다음, 다시 빈 쓰레기통을 인도에 내려놓는다. 1980년대부터 특히 독일, 네덜란드, 스위스, 스칸디나비아, 북미 도시들과 몇몇 프랑스 지역은 이 방식을 채택했다. 그러나 이처럼 한 사람이 조작하는 쓰레기수거 차량은, 인도에 주차한 차량의 방해로 쉽게 작업할 수가 없었다. 실제로 이 수거차량은 농촌이나 교외지역에서만 활용할 수 있다.

쓰레기수거는 이제 중앙통제본부와 컴퓨터에 의해 엄격하게 조직·관리되고 있다. 이 정화작업을 책임진 중앙본부의 가장 큰 목표는, 쓰레기수거의 순환과정을 최적화하여 쓰레기차의 대수를 줄이고 최소시간에 최대 쓰레기를 거두는 것이다. 이를 위해 고려해야 할 주요한 두 가지 변수는 각 건물에서 배출하는 쓰레기의 부피와 시내 자동차통행량의 밀도다. 여기에다 때로는 지역의 특성, 계절별 추이, 고객의 특성이나 수거물질 유형을 고려하여 쓰레기수거 노선을 합리적으로 구축하기도 한다.

컴퓨터에 입력된 쓰레기배출량 통계수치에 따라 매일매일 쓰레기차 운영을 탄력 있게 조절하는 방식 역시 시도해봤지만, 이 방식은 모든 쓰레기차의 노선을 수시로 바꾸어 오히려 미화원의 일을 더 복잡하게 했다. 너무 자주 노선을 바꾸다 보니 미화원이 담당구역을 제대로 파악할 시간조차 부족했고, 덩달아 수거시간이 늦어지고 쓰레기통도 다 챙기지 못하는 결과를 가져왔다.

컴퓨터방식의 쓰레기수거는 부유한 국가에서 일반적이다. 고성능 트럭에 장착된 컴퓨터 장비와 내비게이션, 그리고 위성지도 정보의 체계적인 이용으로 주행거리, 비용, 노동강도, 위험성을 줄이기 위한 지원체제를 개선하고 있다. 사전분리 쓰레기수거의 발전과 더불어 다양한 제도 역시 새롭게 마련하고 있다. 각기 다른 색 뚜껑의 쓰레기통을 대문마다 수거한다든지 사람들이 도시의 공공도로에 놓인 방음 유리병 수거함이나 '분리수거 거점'까지 자발적으로 쓰레기를 가져가서 버리기 등이 있다.

또한 쓰레기차에 의한 오염을 줄이려는 것이 현시점의 대세다. 많은 지자체는 휘발유와 천연가스를 선호하는데, 특히 파리는 경유 대신 이들 연료로 교체하고, 날마다 3,000톤의 쓰레기를 거두는 덤프트럭 주차장을 점진적으로 개축하고 있다. 가스는 냄새와 연기가 없고 이산화탄소가 적게 발생하며 소음도 덜 발생한다. 요즈음에는 전기자동차의 유행을 목격할 수 있다.

그뿐 아니라 유류가격이 상승함에 따라 말을 이용한 쓰레기수 거가 다시 등장한 곳이 있다. 말은 자동차 한 대보다 유지비용이 적게 들지만, 약 15년간 일할 수 있다. 칼바도스Calvados 지역 생 피에르쉬르디브Saint-Pierre-sur-Dives에서는 지역의 종이수거를 페르 슈산 말들한테 맡겼다. 트루빌쉬르메르Trouville-sur-Mer에서는 말들 이 식당의 술병을 거둬간다. 짐수레를 끄는 말들은 평온해서 짧 은 거리에서 빈번하게 멈추는 데 적합하다. 이 지역의 담당국장 인 올리비에 리노는 이 방식의 경제적 효과에 회의적이거나 거 리가 말똥으로 더럽혀지지 않을까 툴툴거리는 사람들에게 이렇 게 반격한다. "굳어 있는 세상에 살아 있는 것을 보태는 것, 그 보다 더 귀한 게 어디 있습니까!"[36] 말을 이용한 쓰레기차량은 점점 더 많은 지역에서 호응을 얻고 있다. 프랑스 국립종마사육 장연합은 쓰레기수거와 도시청소에서 말 활용을 확대하려고 대 형 쓰레기수거 회사와 파트너십을 체결했다.[37]

쓰레기, 땅속으로 버려지다

~

양차 대전 사이 파리 근교 전원도시 샤트네말라브리Châtenay-Malabry에서는 3,000여 호의 가구에 오물처리 개수대를 설치했다. 분쇄기가 달린 개수대의 넓은 구멍으로 과일 껍질, 달걀 껍데기, 고기쓰레기 등을 버렸는데, 이 설비는 수세식 화장실과 유사한 방식인 수압식으로 음식물쓰레기를 처리했다.[38] 미국에 서는 1960년대에 이런 유형의 쓰레기처리가 널리 보급되어 호텔, 병원, 식당, 시장 등에 산업용 분쇄기를 갖추게 했다. 현재 많은 미국 가정은 개수대에 분쇄기를 설치했다.

하수구로 보내진 음식물쓰레기는 그럭저럭 물살을 따라가다 이따금 하수구의 흐름을 막기도 한다. 하수구가 차서 넘치지 않게 하려면 충분히 경사를 이루어야 하고 정기적으로 청소해서 하수구를 잘 뚫어놓아야 한다. 개수대 분쇄기는 하수도관을 막을 위험이 있었으므로 업자들의 기대만큼 폭발적인 반응을 얻지는 못했다. 게다가 그렇게 임기응변으로 버려진 음식물쓰레기는 더 많은 오수와 하수구 진흙을 발생시켰다. 그 결과, 프랑스에서는 하수구에 연결된 개수대를 통해 음식물쓰레기를 배출하는 방식이 거의 확산되지 못했다. 현재는 각 현의 특별허가가 없는 한, 개수대 분쇄기는 이용이 금지된 상태다.

1961년 스웨덴에서 처음 등장한 또 다른 방식은 땅속 도관을 통하여 음식물쓰레기를 배출하는데, 강력한 공기 흐름을 이용해 오물을 실어나르는 방식이다. 프랑스 그르노블의 에시롤Échirolles 구역에서는 '풍력수거'라고도 부르는 압축공기식 수거방식을 채택했다. 이 방식은 하루 세 번, 식사 후 건물 지하갱도에 쌓이는 음식물쓰레기를 커다란 도관 속에서 진공상태로 압축하면서 급속히 빨아들여 중앙집결장치까지 보낸다. 이어

원격조정 방식으로 압축상태를 신속히 푸는데, 이때 강력한 공기가 들어와 도관을 뚫어내고 청소한다. 중앙집결장치에 도달한 음식물쓰레기는 컨테이너 속에 압축·포장되어 처리장이나 소각장으로 보내진다.

바르셀로나에서도 악취와 쓰레기수거 때 발생하는 소음을 피하려고 몇몇 동네에서 압축공기 수거방식을 시작하였다. 아파트의 수직갱도를 통해 떨어진 쓰레기봉투는 갱도에 임시로 쌓여 있다가 중앙집결소로 보내진다. 지하도관은 약 50킬로미터 정도 이어져 있으며, 이 방식을 이용하는 주민은 쓰레기를 사전 분리하고 정해진 시간표를 지켜야 할 의무가 있다.[39]

코펜하겐 구시가지, 모스크바 체르나토보Chernatovo의 주거지역, 뉴욕 루스벨트 아일랜드 등 세계 곳곳에서 이 수거방식을 채택했는데, 특히 스톡홀름의 땅속에는 10만 가구를 연결하는 85개의 지하도관이 그물처럼 뻗어 있다.

'자동수거 방식'으로 불리는 이 방식은 계속해서 지역구 의원들의 관심을 끌고 있다. 프랑스 나르본Narbonne에서는 신도시 전체에 압축공기식 수거를 위한 지하도관망을 구축했으며, 여러 회사가 이 방식을 개선하려고 노력 중이다. 주민은 사전 분리한 쓰레기를 건물 층계참의 수거함이나 단지 내 쓰레기장 또는 공공도로에 갖다놓는다. 이들 수거함이 체로 된 지하도관 입구에 맞물리면 도관 속의 음식물쓰레기는 압축공기에 의해 평균 시속 70킬로미터로 중앙집결장치에 다다른다. 이와 같은 자동수거 방식은 악취를 풍기는 오물통을 도로에 늘어놓은 채 수거차량이 도로를 통행하면서 작업할 때의 불편함을 덜어준다. 신도시와 재개발구역에 적합한 방식이지만, 주요한 수거방식은 아니다. 도로청소부들에겐 여전히 긴 하루의 노동이 남아 있기 때문이다!

2장

돼지와 포도를 위한
진수성찬

야생동물과 가축은 인간이 만들어낸 유기성 쓰레기biodéchet*
를 아주 잘 먹는다. 코요테, 멧돼지, 암소, 염소, 쥐, 바퀴벌레,
지렁이와 다른 많은 동물은 인간이 쌓아놓은 쓰레기의 에덴동
산에서 풍성한 먹잇감을 찾아낸다. 인간은 쓰레기처리를 위해
주로 동물의 식탐을 활용해왔다. 그중 대표적인 방법이 돼지,
가금류, 개와 고양이 같은 동물한테 쓰레기를 먹이로 주는 것
이다. 사실 요리와 식사 후에 남은 찌꺼기를 동물사료로 활용하
는 것은 고대부터 이어져온 보편적 관행이었다.

　도시에서는 동물을 이용해 쓰레기를 치우는 동시에 큰돈 들
이지 않고 육류를 얻었다. 이 관점에서 볼 때 돼지는 고대부터
특별히 유용한 동물이었다. 개는 인류가 아는 가장 오래된 가축
가운데 하나다. 중국과 터키에서 발굴된 유물을 통해 인간과 개

---

* 영어로는 'biowaste'이다.

의 동거 역사가 1만 년 전까지 거슬러 올라간다는 사실이 밝혀졌다. 개는 사람이 남긴 음식찌꺼기를 먹었고, 다른 육식동물한테 해침을 당하지 않도록 사람들의 보호를 받았다. 개는 버려진 쓰레기를 샅샅이 먹어치움으로써 실질적인 공공업무를 담당했던 셈이다. 오늘날 서구 도시에서는 쓰레기를 파헤쳐 먹는 동물을 거의 볼 수 없지만, 제3세계의 쓰레기처리장이나 마을에서는 그 광경을 여전히 목격할 수 있다.

식물 역시 인간이 만들어낸 몇몇 쓰레기를 좋아한다. 농부들은 아주 오래전부터 이 점을 알았다. 유기성 쓰레기와 광물성 쓰레기의 재활용 또한 오랜 경험에서 나온 관행이다. 이미 고대 로마 시대에 사람들은 집 밖에 돌로 만든 통을 놓고 거기에 과일과 채소 껍질을 모아 버렸는데, 그러면 농부들이 정기적으로 거둬갔다. 그 후 유럽 도시 인근에서는 농부들이 생활쓰레기와 말똥, 재 등이 섞인 진흙을 도시의 거리에서 퍼갔다. 이런 식으로 도시는 먹고 남은 식물의 찌꺼기에서 만들어진 기름진 성분을 농촌에 돌려주었다. 이 대체비료는 19세기 말까지 상당히 요긴하게 쓰였지만, 농부들은 당시 '가두gadoue(인분)'라고 부르던 도시 사람들의 배설물은 가져가지 않았다. 그러나 농학자들은 생활쓰레기가 유기물을 많이 함유하고 있다는 점을 계속 강조하면서 생활쓰레기를 농업에 알맞은 형태로 변형할 것을 기업들에 권장하였다. 이렇게 하여 태어난 새로운 생산물은 '퇴비compost'로 명명되었다.

현재 산업국가 대부분에서는 지자체가 거둬들인 생활쓰레기의 10퍼센트 미만 정도만 퇴비로 가공하는데, 퇴비로 생산할 수 있는 부패성 물질은 쓰레기통의 약 20퍼센트를 차지한다. 퇴비는 토양개량에 소중한 자원이다. 따라서 조심스럽게 선별하여 퇴비화한 유기성 쓰레기를 농업에 이용하는 것은 유익한 방식이다. 특히 도시쓰레기의 50퍼센트 이상이 음식물쓰레기로 이루어져 있어 토양 부식이 심각한 빈곤국가에서는 이 방식이 더욱 유익하다.

돼지와 쓰레기의
오래된 공생

고대 중국에서는 돼지를 늘 사람 사는 곳에 함께 있게 했다. 돼지는 쓰레기와 배설물을 먹고 자랐고 그래서 '쓰레기 먹는 짐승ordurophage'이자 배설물을 먹는 분식성糞食性 동물이 되었다. 파라오 시대 이집트에서는 돼지한테 음식물쓰레기를 청소하는 역할을 맡겼다.[40] 이런 관습은 중세유럽에도 널리 퍼져 있었다. 다른 짐승들이 참나무 숲에서 도토리를 먹고 살아가는 동안, 돼지는 도시에서 뒹굴었다. 공공도로에 버려진 쓰레기 가운데 먹을 수 있는 것은 무엇이든 집어삼켰다. 아무도 여기에 불만이 없었는데, 그 까닭은 이 네발짐승이 도시정화에 효과적으로 이바지했기 때문이다. 돼지는 오랫동안 이 상태로 살았고, "심지어 맨체스터나 뉴욕처럼 근대화를 자랑하는 도시에서도" 다르

지 않았다.[41]

그러나 파리에서는 한 사건 때문에 이런 관습이 중단되었다. 1131년, 루이 6세의 왕세자가 탄 마차에 돼지 한 마리가 뛰어들어 왕세자가 그만 마차에서 떨어져 죽었다. 그 후 파리에서는 암돼지, 수돼지 할 것 없이 거리에 돌아다니는 것을 금지했으며, 이때부터 돼지를 끈에 묶어두는 관습이 생겨났다. 14세기에 발표한 칙령에는 이 금지사항을 다시 한 번 강조하면서 거리를 떠도는 돼지는 경찰이 죽이도록 명시했다. 죽인 돼지의 머리는 따로 가져가서 파테pâté*를 만들어 먹기도 했고, 병원에서는 돼지 몸통을 받았다. 1411년 형리 카플뢰슈는 떠돌아다니는 돼지를 파리 시립병원에 갖다주고 한 마리당 20수**를 받았다.[42]

그러나 생앙투안Saint-Antoine 왕립수도원의 돼지들은 특별대우를 받았다. 그 돼지들만이 파리의 진흙투성이 거리를 마음껏 돌아다니며 먹이를 찾아 먹을 수 있었다. 수도원 돼지들의 목에는 대문자 T가 새겨진 방울 달린 목걸이가 걸려 있어서 행인들은 딸랑거리는 소리로 돼지들이 수도원 소속임을 알 수 있었다.*** 수도승들이 자신이 키우던 돼지를 위한 조처를 청원하자, 프랑수아 1세가 허락하여 얻은 특권이었다. 앙투안 트뤼케Antoine

---

* 고기를 갈아 여러 재료와 섞은 다음 익혀서 빵, 감자 등과 함께 먹는 요리 — 옮긴이
** 수sou는 프랑스의 옛 화폐 단위로 20수는 1리브르, 즉 1프랑에 해당한다. 1프랑은 1960년 이전 기준으로는 약 15만 원, 이후 기준으로는 약 1,500원에 해당한다. — 옮긴이
*** 생앙투안 수도원이 있던 자리에 지금은 생앙투안 병원이 세워져 있다.

Truquet는《파리의 외침》에서 이 사실을 증언하고 있다. "생앙투안 수도원의 돼지를 위한 조처는 아무것도 없습니까? 부디 살펴봐주시기 바랍니다!"[43]

다른 유럽 국가나 미국과 마찬가지로, 프랑스의 다른 도시에서는 돼지들이 계속해서 거리를 돌아다니며 열심히 청소부 구실을 했다. 하지만 말이나 닭과 마찬가지로, 돼지들이 죄를 지으면 소송하여 시비를 가렸다. 길든 가축이었으므로 돼지한테 인간과 똑같은 법을 적용한 것이다. 돼지가 사람을 죽였을 때는 감옥에 보내거나 사형에 처했다. 1403년 묄랑Meulan에서는 소녀를 잡아먹은 죄로 고발당한 암돼지 한 마리가 백정에게 죽임을 당했다. 1408년 퐁드라르슈Pont-de-l'Arche에서 아이를 물어 죽인 돼지는 하루 2드니에*의 벌금을 물리고 24일간의 옥살이를 하게 한 다음 매달아 죽였다.[44]

19세기 북미 도시에서는 구대륙의 전통을 고집하는 아일랜드 이민자들이 몰려오면서 돼지가 번성하기 시작했다. 양돈은 싼값에 고기와 뼈를 장만하여 내다 팔 수 있는 좋은 '사업'이었다. 번식력이 대단히 강한 암돼지는 1년에 두 번에 걸쳐 약 열 마리의 새끼를 낳았고, 새끼 돼지는 몇 달만 지나면 몸무게가 100여 킬로그램에 달했다. 속담에도 있듯이 "돼지는 어디 하나 버릴 데 없이 다 좋았다!"

그래서 뉴욕에는 돼지가 들끓었다. 인도에 똥을 싸고, 거리에

---

* 프랑스의 옛 화폐단위로 12드니에가 1수다. — 옮긴이

서 교미하고, 때로는 행인을 공격하거나 죽이기도 했다. 거리를 맘대로 돌아다니는 돼지의 세상은 아일랜드 이민자들이 위생 당국과 맞붙은 '돼지전쟁' 때까지 계속되었다. 관리들은 그 유용성, 특히 쓰레기를 제거하는 효율성이 있음에도 돼지들을 가차 없이 때려잡았다.

나폴리는 많은 가정에서 오물과 배설물을 먹이로 주면서 돼지를 키운 유럽의 마지막 대도시였다. 거리의 쓰레기더미를 뒤적이며 마음껏 살아가던 돼지들은 이후 도시에서 쫓겨났는데, 내몰린 돼지들은 할 수 없이 인근 농촌에 떼로 몰려갔다. 얼마후, 사람들은 과학적으로 사료를 주고 위생적으로 사육하기 위해 돼지를 게토에 가두었다. 그러나 이 대식가가 생활쓰레기를 좋아한다는 점을 잊지는 않았다. 특히 전쟁 같은 위기가 닥칠 때면, 이 대식가의 식탐을 이용하여 헐값에 비계를 만들려고 온갖 유기성 쓰레기를 돼지 입에 쑤셔넣었다.

제2차 세계대전 동안 유럽 국가에서는 대부분 민간업체가 부엌과 식당의 음식물쓰레기를 수거하여 돼지한테 먹이로 줬다. 네덜란드는 채소 껍질을 모아두도록 의무화하여 암스테르담에서는 300명의 수거인력이 이를 거두어갔다. 1939년, 영국 정부는 각 지역 당국에 쓰레기를 신문, 옷감, 금속, 뼈, 음식물쓰레기로 분리하여 수거하도록 촉구했다. 대대적인 홍보 덕분에 주부들이 적극 나섰다. 25만 개의 특별용기에 음식물쓰레기를 담아 도로변에 가져다놓으면 당국이 수거 후 살균 처리한 다음 돼지한테 먹이로 주었다. 영국인은 이 방법으로 전쟁과 그 직후의 곤궁한 시기에 돼지 50만 마리를 길렀다. 당시 몇몇 프랑스 도시에서는 청소차에 달린 특수제작함에 채소 껍질과 유기성 쓰레기를 분리하여 수거해갔다. 그 쓰레기를 양돈업자에게 팔면 청소부들에게 수당을 주었다.[45]

식당에서는 요리과정과 식사 후에 나오는 쓰레기로 돼지를 키웠다. 학교식당, 군대나 기업의 직원식당에서 나온 음식물쓰레기는 '기름진 물eaux grasses'로 불리며, 산업화한 돼지사육장으로 보내졌다. 제2차 세계대전 이전부터 일드프랑스île-de-France 지역에서는 음식물쓰레기의 80퍼센트를 동물의 먹이로 활용했다.[46]

루아시앙프랑스Roissy-en-France 근처에서는 GAEC* 소속 농민들이 1992년까지 지역의 40여 개 식당과 급식소에서 나온 쓰레기를 돼지사료로 이용했다. 그 쓰레기 안에는 특급호텔의 부자고객이 남긴 음식과 프렌Fresnes 감옥의 죄수, 북쪽 변두리의 노동자와 고등학생이 남긴 음식물쓰레기가 뒤섞여 있었다. 양돈업자는 음식물쓰레기를 담을 특수용기를 마련하여 날이 밝으면 식당을 돌아다니면서 통에 가득 찬 쓰레기를 비워냈다. 돼지우리에 도착하면 불어터진 면, 대구 대가리, 샐러드 잎, 눅눅해진 빵조각, 돼지 갈비뼈, 무청 같은 음식물쓰레기를 커다란 통에 넣고 섭씨 100도에서 한 시간 동안 끓였다. 이렇게 만든 꿀꿀이

---

* GAEC는 Groupement agricole d'exploitation en commun의 약자로 '농업공동개발그룹'을 뜻한다.

죽을 으깬 다음 기름기를 걷어내고 보조제를 넣어 균형 잡힌 돼지먹이로 다시 탄생시켰다.

이 먹이를 하루 두 번 여물통에 쏟아부으면 돼지 2,000마리가 기다란 펌프와 관을 통해 흘러나온 죽을 게걸스럽게 먹었다. 먹이를 주는 양은 돼지 수에 따라 달랐다. 정보화 시스템을 갖춰 목에 달린 분류표로 돼지를 구분했는데, 나이와 체중 증가 속도에 따라 각각 알맞은 양의 죽을 받아먹게 조절했다. 양돈업자는 음식물쓰레기를 가져오는 대가로 식당주인에게 약간의 사례를 지급했다. 자원순환의 정점은, 돼지분뇨를 압력용기에서 메탄화하여 바이오 가스를 만드는 것이었다. 이 바이오 가스를 활용하여 돼지먹이로 쓰일 음식물쓰레기 죽을 끓였던 것이다. 그러나 양돈업자들은 경제적인 이유로 점차 식당에서 나온 음식물쓰레기 대신 수거가 더 쉬운 농산물가공 공장의 부산물로 대체하기 시작했다. 양돈지역과 도시지역 간 거리가 멀어지고 유럽에 돼지열병이 발생한 이후로는 위생상으로 제약이 많아지면서 음식물쓰레기의 활용규모가 점차 줄어들었다. 게다가 1985년 이후에 적용된 프랑스의 법 규정은 양돈업자를 좌절에 빠뜨렸다. 음식물쓰레기를 사료로 쓰려면, 재료를 섭씨 100도에서 한 시간 동안 살균한 다음 방수차량으로 운반하고, 각 운반이 끝날 때마다 다시 차량을 살균·소독해야만이 현의 허가를 얻을 수 있었기* 때문이다. 1997년에는 독일과 네덜란

---

* 돼지사육에 음식물쓰레기를 그냥 사용하는 것을 금하는 1985년 3월 22일 자 시행령

드에서 돼지열병이 발생해 수천 마리를 도축했는데, 이 전염병의 전염경로로 음식물쓰레기 사료가 문제시되었다. 더욱이 광우병이 발생하면서 가축한테 쇠고기가 들어간 음식물쓰레기를 먹이는 것 또한 금지하였다. 그러나 돼지는 반추동물이 아니라 잡식동물이다!

일부 양돈업자는 이런 어려움에 직면하고도 오랫동안 저항했다. 2000년대 초, 릴Lille의 한 회사는 특수용기를 제작하여 100여 개의 식당에서 나오는 음식물쓰레기를 수거한 뒤, 40여 곳의 양돈농가에서 기르는 돼지 3만 마리한테 먹이를 공급했다. 수거한 음식물쓰레기에다 농산물가공 공장의 쓰레기를 섞었는데, 이것이 나중에 '유기성 혼합사료coproduits'로 발전하면서 음식물쓰레기를 서서히, 그러나 완벽히 대체하게 된다.

대부분 서양 국가에서는 가축용 사료로 음식물쓰레기 이용을 금지하거나 엄격히 통제하고 있지만, 일부 가난한 나라에서는 그렇지 않다. 시베리아에서는 돼지들이 여전히 동네거리를 쑤시고 다닌다. 카이로 변두리에서는 돼지와 염소가 쓰레기처리장이나 콥트파 넝마주이들의 쓰레기분류 장소에서 먹고사는데, 이슬람교도 이집트인은 이것을 경멸한다. 코란에서는 돼지를 먹지 않기 때문이다. 중국에서도 식당의 음식물쓰레기를 얼마간 공식적으로 수거하여 농가의 돼지먹이로 쓴다.

도시에서 돼지를 쫓아내고, 이어서 유기성 쓰레기로 살찌우는 것을 거의 불가능하게 함으로써 전염병의 위험은 큰 폭으로 줄어들었다. 그러나 이는 인간의 오랜 공모자였던 돼지한테 너무 무정한 처사가 아닐까? 지금 돼지는 대부분 산업화한 거대 양돈장에 수용되어 있다. 예전처럼 음식물쓰레기가 아닌 옥수수로 배를 채우는 돼지들은 현재 엄청난 양의 분뇨를 배출하여 물을 더럽히고 또 다른 오염과 낭비를 불러일으킨다. 그들이 인간에게 역습을 가할 날이 코앞에 닥쳤는지도 모를 일이다.

대대로 내려오는 퇴비,
도시의 진흙

먼 옛날부터 농부들은 동물의 똥오줌과 때로는 사람의 똥을 활용하여 토지를 비옥하게 했다. 이 두엄의 유익한 효과를 잘 아는 농부는 공들여서 거름을 모았다. 옛날에는 소와 말이 노동력과 운송수단을 제공할 뿐만 아니라 거름을 제공하는 가축이었다. 겨울이면 먹여 키우기 어려워 일종의 '필요악'으로 여기던 가축은 주로 노동수단으로 쓰였다. 당시는 곡물이 주식이었으므로 가축으로 육류를 생산하는 것은 부차적인 목표였다. 제2차 세계대전까지 프랑스 서민에게 육류는 잔치 때나 먹는 사치였다.

그러나 동물의 배설물만으로 농산물 수확에 필요한 거름을 다 댈 수는 없었다. 소는 축사에 있는 시간이 거의 없어서 소똥을 회수하기가 쉽지 않았다. 1년 내내 들판에서 풀을 뜯는 양의 똥과 도시의 운송수단, 특히 군사용 운송수단으로 활용하던 말이 배설하는 말똥은 사방으로 흩어져버렸다. 외양간에 깔 짚 또한 부족했다. 짚은 가축의 사료, 땔감, 초가집의 이엉, 벽토, 의자와 매트리스 속 충전재 등 그 용도가 다양해 찾는 곳이 많았기 때문이다.

앙시앵 레짐Ancien Régime* 시기에는 만성적인 퇴비부족으로 농부들은 읍내나 도시에서 뱉어낸 배설물을 재활용했다. 그들은 경험으로 아는 모든 것을 거둬들였다. 토양을 비옥하게 하는 모든 물질, 즉 재, 혈액, 뼛가루, 가죽공장 폐기물 또는 톱밥이나 양모조각, 굴 껍데기, '애니멀 블랙'으로 불리던 골탄 등을 수거했다. 그중에서도 농부들이 특히 좋아한 것은 화장실에서 퍼낸 사람의 똥오줌, 고인 물, 생활쓰레기, 말똥, 돼지똥, 가금류의 똥이 뒤섞인 거리의 진흙이었다.

최초의 농학자 중 한 사람인 올리비에 드 세르Oliver de Serres는 이미 1600년 무렵 이 물질의 장점을 늘어놓았다. "거리의 분뇨와 진흙을 수분이 다 빠질 때까지 쌓아두면 토양이 비옥해진다. 본래 척박했던 파리 근교의 토양이 이 방법으로 비옥한 땅으로 변한 사례가 있다."[47] 땅을 비옥하게 하는 이 혼합물을 부르는 이름은 지역마다 달랐는데, 샹파뉴 지방에서는 '마가쟁magasin(곳간)', 프랑스 서부지역에서는 '통브tombe(무덤)', 아키텐Aquitaine 지방에서는 '부리에bourrier(혈암 부스러기)', 부르고뉴

---

* 프랑스 대혁명 이전 국민의 2퍼센트인 제1계급(고위 성직자)과 제2계급(귀족)이 전체 부와 권력을 독점하던 구체제 — 옮긴이

지방에서는 '콩포트compote(졸인 음식)' 또는 '포스fosse(분뇨 구덩이)'라고 불렀다.

오래전부터 복잡하게 얽힌 도시사회와 농촌사회 사이에는 온갖 종류의 자원이 순환했는데, 두 사회의 필요사항은 서로 보완적이었다. 농촌마을은 도시 사람들에게 먹을거리를 제공했고, 반대로 도시 사람들은 농촌마을에 비료를 제공했다. 프랑스에서는 이처럼 자연스러운 순환이 1870년대까지 강화되었다. 아침 일찍 청소부나 농부들은 진흙을 거둬서 쓰레기장으로 옮긴 다음 나중에 팔거나 아니면 곧장 농지로 옮겼다. 파리의 여러 구역과 지방도시에서는 이 진흙을 경매에 부치기도 했다.

오물 진흙은 토지를 비옥하게 하는 귀한 자원으로 여겨졌는데, 그런 매력과 장점이 있는 만큼 많은 이의 탐욕을 부추겼다. 1770년대, 파리 근교 주민과 청소 낙찰인, 그리고 경찰 간에 벌어진 '진흙 사용권' 논쟁은 이를 잘 보여준다. 경작자들은 업체가 진흙을 파가는 것에 항의하면서, "업체들은 오물을 쓰레기장까지 운송만 할 뿐이지 농지를 비옥하게 할 줄 모른다. 따라서 진흙은 당연히 근교에서 농사짓는 주민의 것"이라고 주장했다.[48]

농학자들과 화학자들은 자원순환의 단절을 막으려면 도시쓰레기가 반드시 농지로 환원되어야 한다고 주장했다. 도시 사람들이 식량으로 먹는 농작물을 수확할 때는 비옥한 성분도 함께 거두게 되는데, 이 성분을 농지로 다시 환원하지 않으면 토양이 척박해질 것을 걱정한 것이다. 모든 토지정화 해법 중에서 가장 지배적인 것은 자원을 손실하지 않겠다는 의지였다.[49] 오물 진흙을 농업에 활용하는 것은, 급증하는 인구의 먹거리수요에 부응하기 위해 농업생산량을 늘려야 하는 필연성과 더불어 더욱 늘어났다. 농민들은 일반적으로 인분보다 진흙을 선호했다. 1870년대에는 파리 쓰레기 거의 전체가 농업에 다시 쓰였는데, 아마 다른 지방도시 대부분도 마찬가지였을 것이다.

빅토르 위고는 토지의 양식이 되는 쓰레기에 다음과 같은 헌사를 바쳤다. "동네가 끝나는 곳의 한 모퉁이에 쌓여 있는 쓰레기더미, 밤마다 덜컹거리며 거리를 도는 진흙 수레, 쓰레기처리장의 끔찍한 오물통들, 도로 밑에 숨어 악취를 풍기는 땅속 진흙탕, 이것이 다 무엇인지 아는가? 이는 꽃이 만발한 초원이자 파릇한 풀이며, 백리향, 샐비어다. 또 닭과 가축, 저녁마다 들리는 기분 좋은 소 울음소리, 향기로운 건초, 황금빛 밀, 그대가 먹는 빵, 그대 혈관을 흐르는 뜨거운 피, 건강, 기쁨, 그것은 생명 그 자체다(……)."[50]

오물 진흙 경매인은 경작자들과 협약을 맺었지만, 이 관행은 나폴레옹 3세가 스당Sedan에서 항복한 후 파리가 포위됐던 기간에는 중단되었다. 1870년 9월부터 1871년 1월까지 파리 성 안에 피신한 채소재배업자들은 레알 중앙시장*에 채소를 내놓지 않았으며 쓰레기도 거둬가지 않았다. 굶주린 파리 시민은 고양이와 개는 물론, 코끼리, 캥거루, 영양 등 자르댕 데 플랑트Jardin

---

* 옛날 중앙시장이 있던 곳으로 지금은 파리 중심부의 상가가 밀집한 문화지역이다. — 옮긴이

des Plantes*에 있는 동물까지 잡아먹으며 '야생' 취향을 되찾았다. 이 황당한 자원마저 바닥나자 급기야 사람들은 쓰레기를 먹기 시작했다. 물론 이를 위해서는 쓰레기를 어느 정도 세련되게 조리할 필요가 있었다. 요리전통까지 사라진 것은 아니었으니까! 1871년 1월, 레알 중앙시장에는 새로운 먹을거리 장사가 생겨났다. 배춧잎, 참소리쟁이 찌꺼기, 다듬고 난 파잎 등 온갖 채소 이파리가 이른바 '시금치' 요리에 다 포함되었다. 또한 소의 콧방울과 귀 그리고 우족까지 털을 제거하고 삶아서 음식으로 만들었는데, 그전에는 이런 재료를 모두 버렸다는 사실이 놀라울 따름이었다.

위기의 시기가 지나자 쓰레기는 다시 밭으로 돌아가 땅에 흡수된 다음, 식물의 양분이 되어 또다시 도시로 돌아왔다. 채소재배업자들은 다시 일상적인 유통을 재개하여 레알 중앙시장으로 채소와 과일을 싣고 와 내려놓은 뒤 푸성귀 쓰레기, 껍질, 과일속 등으로 수레를 가득 채워 돌아갔다. 파리에서는 오물 진흙을 가까운 채소밭과 포도밭에 뿌렸고 때로는 붉은 순무 밭으로 보내기도 했다. 릴에서는 오물 진흙을 도시 밖에 있는 처리장으로 옮겼다가 경작자들에게 팔았는데, 판매수익은 오물수거 비용으로 충당했다. 그르노블에서는 다른 곳과 마찬가지로 채소재배업자가 마차를 이용해 아침마다 도시쓰레기를 수거해갔다.

졸라는《파리의 뱃속 La Ventre de Paris》에서 시장에 버려진 쓰레

---

* 식물원과 동물원, 자연사박물관 등이 들어선 공원 — 옮긴이

기를 향해 애정 어린 눈길을 보내는 어느 채소재배업자를 다음과 같이 묘사했다. "클로드는 채소 껍질이나 중앙시장의 진흙, 거름에 각별한 애정이 있었다. 이 거대한 식탁에서 떨어진 채소 쓰레기는 싱싱하게 살아 있었는데, 채소가 자라던 곳으로 되돌아가 다음 세대에 태어날 배추, 무, 당근을 위해 포근한 양분이 되었다. 쓰레기는 다시 생겨나 파리의 포장도로를 뒤덮었다. 파리는 이 모든 것을 썩혀서 대지로 돌려주었고, 대지는 결코 지치는 법 없이 죽음을 이겨냈다. 갈퀴질을 끝내면서 클로드가 말했다. '이것 좀 보게나. 내가 이 배춧속을 잘 안다네. 저 귀퉁이에서 벌써 열 번째 다시 자란 배춧속이거든.'"[51]

1870년대를 전후하여 쓰레기의 농업재활용은 정점에 달했다. 그것은 "농사를 위해 토양과 물, 공기를 정화하는 것이고, 사람들이 갓 버린 유기성 쓰레기를 바로 생태적 순환의 흐름에 따르게 하는 것이며, 어느 영국학자의 단호한 표현을 빌리면, 오늘 악을 위해 일한 썩은 요소로 하여금 내일 선을 위해 일하게 하는 것이며, 그것이 우리가 도달해야 할 목표다."[52]

파리 쓰레기처리장을 폐쇄한다는 결정이 내려지자 의사 아폴리네르 부샤르다Apollinaire Bouchardat는 이 탁월한 재활용방식을 포기해서는 안 된다고 주장했다. 그는 이 방식이 공중건강을 위할 뿐 아니라 가장 척박한 땅조차 싼값에 비옥하게 해주며 연간 6회까지 채소를 수확하게 한다고 했다.[53] 그러나 도시 진흙의 미덕을 노래한 마지막 찬가가 울려 퍼지는 중에도, 농업에서 도시 진흙의 재활용은 순식간에 사라져갔다.

퇴비 황금기의 종말과
저항의 시도

～

　19세기 마지막 30년 동안 농부들은 '퇴비', '생활쓰레기'로 불리던 도시의 유기성 쓰레기를 전혀 쓰지 않았다. 이러한 포기, 더 나아가 거부현상에는 여러 가지 요인이 있다. 먼저 도시가 팽창하면서 도심과 농촌이 점점 멀어졌고, 도농 간의 직접교환 역시 줄었다. 더욱이 식습관의 변화로 생활쓰레기 자체가 달라진 것 또한 중요한 원인이었다. 썩는 재료가 줄어든 대신 유리나 철이 늘어나서 토양을 쓸모없게 만들었고, 유리나 철 때문에 사람과 가축이 다쳤다. 결국 토양에 흡수되기 어려운 미처리쓰레기는 무기질비료와 경쟁하게 되었다. 농부들은 유기성 쓰레기를 수거하면서 돈을 내야 하는 게 불만이었다.

　거부감은 파스퇴르의 연구결과로 더욱 견고해졌는데, 사람들이 병균 강박증을 갖게 될 정도였다. 게다가 평소 큰 목소리를 내던 위생학자들이 쓰레기더미가 공중보건에 커다란 위협이 될 거라고 경고하면서 사람들의 거부감은 더욱 커졌다. 농부들은 이제 도시쓰레기를 수거하지 않겠다고 여러 차례 격렬하게 거부했다. 1892년 콜레라가 창궐하던 함부르크에서는 낫으로 무장한 농민들이 오물차량을 되돌려보냈으며, 프랑스에서도 1910년 홍수 때 이와 비슷한 사건이 일어났다. 센 강 부근의 몇몇 지역주민이 총으로 위협하여 쓰레기를 내리지 못하게 막은 것이다.[54]

　거름을 쓰려면 밭 한쪽에 몇 달씩 저장한 뒤 자연적으로 발효하도록 밭에 펼쳐놓아야 했으므로 농민들은 점점 더 거름이용을 꺼렸다. 실제로 갓 수거한 유기성 쓰레기를 땅에 묻으면 온도가 높아져 식물뿌리에 해롭고, 토양의 질소 소비가 증가해 작물에 피해를 준다. 따라서 이런 생生 쓰레기는 안정화한 상태로 이용해야만 식물의 질소결핍을 막을 수 있다.

시간이 갈수록 농민들의 도시쓰레기 수취거부는 더욱 강해졌고, 그와 더불어 오랫동안 다져온 도시와 농촌 간의 긴밀한 관계 역시 허물어졌다. 유기성 재료의 자연적 순환이 단절되자 예전에는 귀한 대접을 받던 오물 진흙은 금방 무시당하는 쓰레기 신세로 전락했다. 수확을 더 내지도 않는데 처리비용과 수송선과 기차를 이용한 운송비용은 계속 올라갔다.

더욱이 농부들이 무기질비료에 이어 화학비료를 알게 되면서부터는 아예 퇴비를 쓰지 않았다. 리비히Liebig는 1840년 식물의 무기질 영양이론을 정립하고 다음과 같이 공표했다. "식물성 및 동물성 폐기물로 이루어진 축사의 퇴비는, 퇴비가 토양 속에서 변화하며 만들어내는 무기화합물로 대신할 수 있다."[55] 1850년부터 지하창고나 지붕, 혹은 축사를 부술 때 나오는 초석 같은 무기염을 판매하기 시작했고, 남미에서 질산나트륨, 북아프리카에서는 인산칼슘을 들여왔다.

특히 철도와 증기선의 발전에 힘입어 먼 나라의 원료를 쓰게 되면서 무기질비료 산업은 더욱 발전했다. 이 비료산업은 독일 화학자 하버Haber가 암모니아 합성에 성공한 뒤인 양차 대전 사이에 더욱 번창했다. 1914년 이전에 독일은 해마다 80만 톤의 질산나트륨을 칠레에서 수입했다. 하지만 봉쇄 후에는 외부에서 어떠한 물자도 조달받을 수 없었고, 그 결과 식량수확에도 큰 타격을 받았다. 앙리 누알랑Henri Noilhan에 의하면, 하버 법Procédé Haber으로 암모니아 합성이 가능해지자 독일은 농업에 필요한 질소를 생산할 수 있었는데, 이 때문에 전쟁을 1년 더 끌수 있었다고 한다. 당시 하버의 발명이 너무나 중요해 보였으므로 베르사유 조약에는 하버 법을 여러 승전국, 특히 프랑스가 자유롭게 쓸 수 있다는 조항을 명시하였다.[56]

'인공퇴비'의 편리함에 매료된 일부 농민은 유기성 퇴비를 등한시했지만, 농학자들은 생태 순환과 균형이라는 관점에서 부식토의 역할이 반드시 필요하다고 강조했다. 그들은 무기질비료가 토양을 황폐하게 하고 부식토를 먹어치운다는 점을 강조하면서, 식물과 토양의 관계를 기계론적으로 이해하는, 지나치게 도식적인 리비히 이론을 비판했다. 물론 합성 화학비료의 사용이 증가하면서 농산물의 수확량 역시 상당히 많이 늘어난 것이 사실이다. 그러나 시간이 지나면서 이들 농학자의 우려가 틀리지 않았음이 밝혀졌다. 유기성 비료를 쓰지 않은 농지의 황폐화를 곳곳에서 목격할 수 있었기 때문이다.

유기성 퇴비 생산자들은 미처리퇴비보다 더욱 정련된 비료제품을 내놓으면서 이에 저항하고자 했다. 특히 1899년 파리 시가 쓰레기처리를 위탁한 완전비료회사Société des engrais complets가 이런 노력을 펼쳤다. 이 회사는 1896년과 1906년 사이에 생투앙, 이시레물리노Issy-les-Moulineaux, 로맹빌Romainville, 비트리쉬르셴Vitry-sur-Seine의 네 곳에 퇴비처리 공장을 세웠다. 이들 공장에서 도시쓰레기 속에 숨은 달갑지 않은 물질을 골라낸 이들은 바로 '퇴비꾼gadouilleurs'으로 불리던 넝마주이들이었다. 이런 식으로 준비한 '미처리퇴비'를 분쇄하여 몇 달간의 자연발효를 거친 후 '검은 퇴비gadoues noires'로 생산하거나, 아니면 체로 친 후 건조하여 '가루퇴비poudro'로 생산했다. 리옹, 루앙, 툴롱 같은 지방에서도 이 새로운 퇴비를 생산했는데, 쓰레기는 기술혁신 덕분에 '인공비료'의 공격에도 계속 버틸 수 있었다.

양차 세계대전 사이에 센 강 인근 마을에서 배출하는 생활쓰레기의 약 3분의 1을 농사에 활용하기도 했다.[57] 이 시기에는 생물학적 처리공법으로, 피렌체 농학자 베카리Beccari가 고안한 이른바 '발효열' 농법이 유럽에 퍼져 있었다. 이 농법은 쓰레기를 밀폐된 통에 넣고 배아를 뿌려 인공적으로 발효를 촉진하는데, 발효기간은 3주에서 6주로 한정했다. 1935년까지 80개 도시가 이 공법을 채택했지만, 결과는 실망스러웠다.[58] 오랜 기간 쓰레기를 통에 넣어둬야 했던 탓에 통의 개수가 늘어날 수밖에 없는 한계가 있었던 것이다. 게다가 이 처리법은 쓰레기에서 쓸모없는 성분을 골라낼 수 없었으며 또한 호기성 '부식토'의 숙성이 가능하지 않았다. 결국 이 농법은 비용은 많이 들지만, 효과는 낮은 농법으로 판명되었다.

제2차 세계대전과 뒤이어 닥친 궁핍한 시기에는 '산업퇴비compost industriel'라고 부르던 공장산 퇴비가, 포도재배 농가와 원예업자, 그리고 채소재배업자 사이에서 어느 정도 유행했다. 이

어서 석유가격이 저렴하고 경제가 도약하던 시기에는 합성 화
학비료가 전통적인 자연퇴비를 완벽하게 압도했다. 이 같은 압
승이 생각보다 쉬웠던 까닭은, 산업퇴비를 구성하는 물질을 허
위로 조작하는 일이 잦아지면서 신뢰를 잃은 탓도 있었다.[59] 아
무런 규제나 검사를 받지 않았던 산업퇴비는 실제 효과와 견줘
볼 때 지나치게 비싼 값에 팔렸다.

쓰레기를 솎아낸 후
퇴비 만들기

_

'퇴비 compost(콤포스트)'는 '혼합물 composé'을 뜻하는 라틴어 콤
포스투스 compostus에서 나왔다. 영국에서는 이미 17세기부터
"흙, 분뇨, 채소, 톱밥, 재, 뼈, 생활쓰레기 등의 혼합물을 층층
이 쌓아 발효시켜, 혼합물 속의 비료성분이 서로 동화하도록 한
것"을 콤포스트라는 이름으로 지칭했다.[60]
　환풍과 습도를 통제하는 조건에서 이루어지는 퇴비화는 발효
에 의한 생물학적 처리법이다. 이때 박테리아와 다른 미생물이
질료의 성분을 변하게 한다. 세균의 활동 덕분에 쓰레기의 온도
는 최소 60도까지 올라가는데, 이 열기가 병원균을 파괴한다.*

---

* 세계보건기구(WHO)에 따르면, 4일간 60도 이상 유지하면 병균을 완전히 파괴할 수
　있다.

그러나 너무 뜨거운 열기는 오히려 식물에 유익한 미생물까지 파괴하기도 한다. 발효방법에는 통풍이 잘되는 곳에서 천천히 이루어지는 느린 발효(완효)와 폐쇄된 곳에서 1개월 이전에 완료되는 급속발효(속효), 두 가지가 있다. 느린 발효에서는 미생물군에 산소를 공급하고, 온도를 통제하려는 목적으로 퇴비더미를 정기적으로 뒤집어준다. 발효와 숙성 기간은 용도에 따라 다르지만, 3개월에서 12개월까지 걸리는 게 보통이다.

급속발효는 발효시간을 단축하여 퇴비생산에 필요한 공간을 줄일 수 있다. 회전 실린더나 복도처럼 기다란 보관창고 또는 콘크리트 바닥 같은 곳에 펼쳐놓고 발효가 이뤄지게 한다. 발효를 가속하는 방법에는 세 가지가 있다. 산소도입을 위한 공기분사, 통기와 재료 균질화를 위한 교반攪拌(휘저어 섞기), 적정한 습도유지를 위한 수분첨가가 그것이다. 발효 후에는 느린 발효 때와 같은 조건에서 숙성단계가 이어지는데, 이때 미생물의 활동은 계속된다. 모든 생물학적 활동이 멈추면 퇴비는 '숙성', 즉 안정화한 것이다. 갈색의 균질한 입자를 띠고, 쾌적한 부식토 냄새가 나며, 중금속이나 다른 오염물질이 없는 퇴비를 고급퇴비로 여긴다.

1960년대에 들어 부식토 성질의 토양이 과도한 경작과 단종 경작, 퇴비부족 등으로 지력이 심각하게 저하하자, 특히 포도 재배농가에서부터 생활쓰레기 퇴비에 다시 관심을 보이기 시작했다. 그들의 관심 덕분에 유기성 퇴비는 토양의 생명력과 구조를 개량하는 비료로서 잃어버린 명예를 되찾을 수 있다. 새로운 쓰레기처리장을 설립하려다 난관에 부딪힌 지역자치단체 책임자들은 퇴비시장이 더욱 발전하길 바라며 퇴비화로 길을 틀었다. 그들은 열기가 65도를 넘지 않고 발효기간도 일주일로 단축한 새로운 처리법을 시도했다. 그러자 퇴비공장이 속속 생겨났다. 그러나 퇴비품질이 보잘것없었다. 그 이유는 퇴비에 바람직하지 않거나 심지어 해로운 성분이 많이 포함돼 있었기 때문이다. 열정으로 들끓던 사람들은 다시 실망에 젖었고, 퇴비 판매는 생산비용을 맞추지 못했다. "쓰레기통에서 발견했다고 생각한 금은 결국 아무도 사지 않는 쇠 부스러기로 전락하고 말았다."[61]

1973년에 있었던 1차 석유파동은 에너지절약 운동을 촉발했다. 그와 더불어 쓰레기재활용은 여러 나라에서 최우선하는 정책이 되었고, 유기성 쓰레기의 농업재활용 또한 새롭게 정책에 포함되었다. 프랑스에서는 시장에 나온 도시의 퇴비량이 1993년까지 꾸준히 증가하여 74개 공장에서 65만 톤의 퇴비를 생산하기에 이르렀다. 생활쓰레기의 10퍼센트 이상을 퇴비로 만든 것이다.

그러나 이른바 '바람직하지 않은 성분'을 제거하는 일은 점점 더 복잡해졌다. '쓰레기 전문가'들이 완곡하게 표현한 이 성분에는 유리조각이나 더러운 플라스틱, 심지어 주삿바늘까지 들어 있다. 쓰레기통을 들여다보면 플라스틱, 포장지, 유리가 대부분이고, 발효성 쓰레기는 4분의 1이거나 그 이하를 차지할 뿐이다. 여성의 사회활동 증가와 1인 가구가 늘면서 인스턴트식품과 레토르트식품은 대대적인 성공을 거두었지만, 그 결과 포장쓰레기는 넘쳐나고 채소 껍질은 줄어들어, 결국 쓰레기의 유기성 물질 비율이 떨어졌기 때문이다.

쓰레기에 남아 있는 중금속의 피해 또한 크다. 특히 금속상자, 체온계, 건전지, 페인트, 잉크 등에서 나오는 카드뮴, 납, 수은 등은 토양에 쌓이는데, 일정량이 넘으면 식물이 그 성분을 빨아들인다.*

사람들은 생활쓰레기에서 농업에 불필요하고 해로운 것을 골라내려고 온갖 첨단방법을 동원했다. 그러나 오물의 외형적 특성의 차이를 이용한 공장에서의 선별방식은 쓰레기의 복잡한 요소를 정확하게 구분해내기 어려웠다. 기계를 이용한 분리로도 질 좋은 퇴비를 생산할 만큼 충분히 정제된 재료를 얻을 수 없었다. 또한 처리과정 초기에 쓰레기를 분쇄하는 방법은 유독 성분과 불활성 물질을 희석할 수 있는 문제점이 있었다.

따라서 많은 농민은 혼합 쓰레기로 만들어져 그것 자체가 이미 오염된 동시에 땅까지 오염시키는 이런 퇴비를 쓰는 걸 포기했다. 하지만 유일하게 포도재배 농가, 특히 샹파뉴 지방의 포도재배 농가에서는 쓰레기로 만든 퇴비를 오랫동안 써왔다. 유기성 물질을 아주 좋아하는 포도밭은 대개 목축하던 지역에 있어서 그들에게는 퇴비가 익숙했다. 두엄이 없으니까 쓰레기 퇴비를 선택한 것이다. 퇴비는 포도나무에 생기를 주고 경사진 포도

---

* 그러나 토양 속의 중금속은 단지 퇴비에서만 나오는 것이 아니며, 모암母巖, 대기물질, 화학비료와 살충제 등에서 주로 나온다. 따라서 금속오염 문제는 퇴비재활용의 문제를 훨씬 뛰어넘는 것이다.

밭의 침식을 막는 싸움에서도 결정적인 역할을 한다. 그러나 미처리쓰레기로 만든 퇴비에는 플라스틱조각이 들어 있기도 해서 토양을 해치거나 포도재배 농가의 명성에 흠집을 낼 수도 있었다. 이런 이유로 결국 포도재배 농가 대부분이 퇴비사용을 포기하였다.

부식토 비율을 높여주어 토양조직에 긍정적 효과를 준다고 알려진 도시퇴비는 오늘날에도 대규모 농장과 수목재배 농장, 포도밭에서 여전히 널리 활용되고 있다. 또한 고속도로변 식재, 공원과 묘지공원, 불모지의 조경이나 화재지역의 재조림再造林 전에 쓰이는 덮개 퇴비로도 주목받고 있다.

퇴비화 분야는 이제 유기성 생활쓰레기보다 정원에서 나온 식물쓰레기를 점차 선호하게 되었다. 2007년 프랑스에는 '기계화한 생태적 처리traitement mécano-biologique' 공장으로 다시 명명한 쓰레기선별 공장 60여 곳이 가동 중이었다. 열렬한 옹호자들은 기술개선과 퇴비의 품질개량을 강조하면서 여전히 이 쓰레기처리 방식을 지지한다. 그러나 유기성 오염물질과 화학성분은 검사로도 절대 잡아낼 수가 없다. 더욱이 이 퇴비에 함유된 플라스틱 마이크로입자는 토양의 간극률間隙率*을 변하게 한다.[62] 원천에서부터 손으로 분리하지 않는 '쓰레기처리'는 기적을 만들어낼 수 없다는 것이 사실로 드러났다.

---

* 공극률이라고도 한다. 암석이나 토양의 입자와 입자 사이에 있는 빈틈이 차지하는 비율을 말한다. ― 옮긴이

구원투수
먹보 지렁이

～

1980년대부터 지렁이 사육자들은 지렁이 똥을 우아하게 일컫는 말인 '벌레퇴비vermicompost' 덕분에 쓰레기재활용의 엘도라도가 도래할 것이라고 외쳤다. 그들은 기원을 따지면 약 6억 년 전으로 거슬러 올라가는 이 이상한 작은 벌레의 능력을 자랑했는데, 바로 아주 흔한 분뇨나 부패성 쓰레기더미를 놀라운 비료로 바꿔놓는 능력이었다. 이 '청소벌레'는 쓰레기처리 분야에 친환경 해결책을 가져다줄 것으로 보인다. 사실, 지렁이는 칭찬받을 만하다. 찰스 다윈은 이미 1880년에 "지구역사에서 이 하등동물만큼 중요한 구실을 한 동물이 얼마나 많을까 싶다."라고 칭찬한 바 있다.[63] 그전에 이미 아리스토텔레스는 지렁이를 "지구의 내장"이라고 불렀다.

여러 종류의 지렁이 중에서 '빨간 지렁이'로 알려진 에이세니아 푀티디아Eisenia foetidia가 특별히 쓰레기를 좋아한다. 지표에 서식하는 빨간 지렁이는 다섯 개의 심장, 여섯 개의 신장 그리고 182개의 배설기관과 왕성한 식욕을 자랑한다. 빨간 지렁이 성충은 지나다니는 길에 낙엽과 두엄 같은 유기성 물질을 만나면 모두 먹어치우는데, 날마다 자기 몸무게만큼, 즉 1그램 정도를 먹는다. 이 막강한 '똥 치우개'는 그중 일부만을 흡수하고 나머지는 냄새 없는 작은 구슬 모양의 배설물로 배출한다. 정말 분쇄기라고 부를 만한 이 벌레는 끊임없이 유기성 물질을 분해한다. 극도로 번식력이 강한 지렁이는 1년에서 4년에 이르는 일생에 3,000마리 이상의 유충을 낳는다.

이 조그만 동물을 키우겠다는 엉뚱한 생각은 일본과 호주에서 처음 나왔고, 그 후 이탈리아와 프랑스로 번졌다. 1950년 무렵, 프랑스의 바레Barret 박사는 두엄에서 지렁이를 키웠다. 그는 이 먹보 지렁이가 한 도시의 유기성 쓰레기를 부식토로 바꿔놓으면, 시민 전체의 양식을 생산할 토양을 얼마든지 비옥하게 할 수 있다고 주장했다.[64] 프랑스 아르데슈Ardèche 지방 불트Voulte의 한 시범공장에서는 1991년, 한 무리의 지렁이가 유기성 쓰레기를 먹어 분해하는 방식을 시행해 보였다. 이를 위해서는 기계와 손을 써서 쓰레기를 미리 분리해야 했다. 체와 자석, 풀무를 차례대로 이용하여 쓰레기를 걸러낸 뒤에는 선별사들이 플라스틱을 추려냈다. 마지막으로 1~2개월 동안 발효를 거친 유기성 쓰레기는 언제든 포식할 준비가 된 지렁이들한테 넘어갔다.

'지렁이활용 퇴비화'라고 부르는 이 산업화한 방식에서는 지렁이를 30~40센티미터 높이의 짚더미 위에서 몇 달간 사육하는데, 주기적으로 짚을 섞어주고 물을 뿌려준다. 이 벌레는 서식을 위해 많은 토양이 필요한 정원의 지렁이와 달리, 1제곱미터당 수천 마리씩 좁은 곳에서도 한꺼번에 모여 살 수 있다. 벌레를 건강한 상태로 유지하려면 환기를 잘하고, 습도를 잘 맞춰야 하며, 온도는 13도에서 25도 사이를 유지하는 등 적정한 조건을 충족해줘야 한다. 그래야만 쓰레기는 우리가 쓸 수 있는 퇴비로 변한다. 그중 가장 까다로운 공정이 퇴비에서 지렁이를 추려내는 것이다.

그 뒤에는 벌레를 새로운 양식업자에게 팔거나 낚싯밥으로 판다. 지렁이 양식의 산물인 벌레퇴비는 많은 장점이 있다고 알려졌다. 기존 퇴비와 비교할 때 영양학적으로 풍부하고 고품질이라는 것이다. 그러나 지렁이활용 퇴비화에 숙달하기 위해서는 산업적 측면에서 볼 때 아주 섬세하면서도 많은 양의 품이 든다. 지렁이는 부스러지기 쉽고 결빙에 취약하다. 신선한 양식을 좋아하지만, 바나나 껍질, 오렌지 껍질, 양파는 먹지 않는다. 실망스러운 결과가 나오자 불트에서는 공장가동을 중단해버렸다.

인도의 쓰레기는 유기물질과 습기가 아주 많아 지렁이한테 적합한 쓰레기라 할 수 있다. 더욱이 공장에서의 사전분류 작업이 필요 없다면, 지렁이활용 퇴비화는 비용이 그리 많이 들지 않는 작업방식이다. 그 결과 뭄바이 기술연구소는 열다섯 개 호텔에서 분리 수거한 쓰레기를 이 방법으로 처리한다. 또한 인도에 작은 공장이 많이 생겨나면서 지렁이를 활용해 유기성 쓰레기를 처리하는 공장 역시 더불어 많아졌다.

지렁이활용 퇴비화는 유럽과 미국에도 신봉자가 있지만, 때로는 결과를 예측할 수 없다고 밝혀졌다. 영국 서식스Sussex 지방은 7,000여 개의 퇴비상자를 주민에게 나눠주었는데, 그 가운데 10퍼센트가 지렁이를 담은 것이었다. 특수 제작된 이 퇴비상자 안에서 지렁이는 음식찌꺼기를 먹으며 번성한다. 그러나 이용자들은 지렁이의 역할을 정확히 통제하기 어렵고, 부패가 늦게 진행하며, 특히 썩은 냄새 때문에 파리가 꾄다고 불평했다.
어쨌든 상품화한 지렁이활용 퇴비상자는, 집에서 유기성 쓰레
기를 퇴비로 변환하기 위한 상품으로 벨기에와 프랑스에서 팔
렸는데, 보통 정원이나 발코니에 놓는다.* 지렁이가 아직 죽은
것은 아닌가 보다!

유기성 쓰레기로 만든
우량 퇴비들

◈

토양에는 영양분을 주고 함수력含水力을 증대하고 침식에 대
한 저항력을 높여주는 유기성 비료가 필요하다. 그러나 농부들
은 마구잡이로 섞인 생활쓰레기로 만든 퇴비를 자기 밭에 뿌리
려고 하지 않는다. 우수한 품질의 퇴비를 얻으려면 부엌과 정원
쓰레기를 포함하여 유기성 쓰레기의 분리수거가 필수적이다.
발효 가능한 쓰레기를 따로 구분하려면, 원천적으로 가정이나
식당에서 손으로 분리하는 것만큼 좋은 방법이 없다. 이렇게 하
면 유해요소가 훨씬 적어진다. 그러나 밀집한 도시주거 지역에
서는 이런 수거방식이 간단하지가 않다.
1990년대부터 일부 국가에서는 음식물쓰레기와 식물쓰레기

***

* 프랑스의 '지구로 가는 벌레들Vers la terre' 협회는 특히 가정용 지렁이활용 퇴비화를
홍보하면서 전용상자를 팔고 있다.

에 들어 있는 유기성 쓰레기의 분리수거를 단호히 실행했다. 독일, 네덜란드, 덴마크는 가정마다 쓰레기통 세 개가 있는데, 그중 하나에는 '유기성 쓰레기'만 담는다. 독일 헤센 주에서는 40여 개의 공장에서 처리하는 유기성 쓰레기의 선택적 수거가 괄목할 만큼 증가한 덕택에 쓰레기처리장으로 가는 쓰레기양이 줄어들었다. 분리수거 유럽챔피언인 플랑드르 지역에서는 전체 가정의 3분의 1이 집에서 퇴비를 만들고 지역 당국은 남은 유기성 쓰레기를 집집이 돌아다니며 수거한다. 오스트리아에서도 생분해되는 쓰레기는 모두 별도로 거두어 퇴비로 만든다.

이렇게 집집이 도는 수거방식은 점차 체계화됐으며, 네덜란드나 필리핀 같은 몇몇 나라에서는 일상적인 일이 되었다. 북이탈리아에서는 나중에 퇴비로 만들 음식물쓰레기를 담는 봉투로 생분해성 봉투를 쓰기도 한다. 반면 프랑스에서는 유기성 쓰레기 수거에 나선 지역 당국이 거의 없다.

2005년부터 유럽의 기업과 환경단체는 서로 손을 잡고, 유기성 쓰레기의 선택적 수거와 품질기준 표시를 통해 퇴비의 상업화를 촉진할 유럽연합법의 제정을 위해 노력 중이다. 프랑스는 2006년부터 규정을 마련하여 유리, 플라스틱, 중금속, 살충제 등 불순물과 불활성 물질의 최대 허용치와 더불어 퇴비의 품질과 무독성 기준을 명시하고 있다. 그러나 이 규정*은 다른 유럽 국가와 비교하면 별로 엄격하지 않은 편이다.

---

* AFNOR NF-044-051 규정

미국은 '퇴비품질위원회'라는 곳에서 품질인증을 담당하며, 이를 통해 농민을 대상으로 판매를 촉진하고 있다. 퇴비공장은 미국에도 많이 생겨났다. 샌프란시스코가 자원재활용 프로그램에 '녹색 재료'의 수거를 도입하자, 유기적 재활용을 위한 쓰레기 전환비율이 15퍼센트나 올랐다. 식당 또한 유기성 쓰레기의 수거에 크게 이바지하였다.

지역 당국이 유기성 쓰레기를 공동으로 퇴비화하려고 노력하는 이유는 주로 소각장 건설을 피하고 싶기 때문이다. 그러나 퇴비는 판로를 개척하기 어렵고, 퇴비 판매로는 생산비용을 맞출 수가 없다. 게다가 잠재적 소비자들이 퇴비를 사러 몰려올 일도 없어 보인다.

때로는 농민에게 절묘하고 다양한 칵테일이 제시되기도 한다. 쓰레기와 다른 폐기물을 함께 섞어 퇴비로 만드는 것이다. 즉 정수장의 진흙, 도축장 폐기물, 포도주 찌꺼기, 퍼낸 분뇨, 이파리, 깎은 잔디, 가지치기한 나뭇가지 같은 녹색 쓰레기 등으로 말이다. 그러나 이처럼 기원이 서로 다른 쓰레기의 혼합물은 농민의 불신을 가중할 뿐이다. 농민은 이미 다양한 위생적 사고와 소비자들의 외면으로 뜨거운 맛을 보았기 때문이다. 그렇다면 1863년 국립기술대학 교수였던 농학자 몰Moll의 경고를 두려워해야 할까? "농산물 수확에 필요한 폐기물 성분을 농지로 되돌리지 않은 곳은 인구가 가장 많은 시기가 지나고 나면 불모의 땅이나 폐허가 되었다."[65]

가난한 나라의 쓰레기는 유기물질이 풍부해서 그 함유량이

80퍼센트가 넘을 때도 있다. 왜냐하면 쓰레기 자체에 포장재가 적고, 가정, 청소부, 넝마주이가 (재활용할 수 있는 모든 것을 이미) 다 추려낸 뒤에 버리기 때문이다. 퇴비화는 농촌지역에 매우 유익한 사업으로, 특히 아프리카에서 그렇다. 이 지역에서는 간단한 장비로 천천히 발효시키는 가장 저렴한 방식을 선호한다. 대도시에서도 쓰레기를 퇴비화할 수 있는데, 알렉산드리아는 쓰레기 4분의 1을 12만 톤의 퇴비로 만들어 토양개량, 특히 사막화가 진행되는 모래 지역 개량에 쓴다.

집에서 또는 집 주변에서 퇴비 만들기

정원을 가꾸는 사람들은 대부분 채소밭이나 화단의 토양을 기름지게 하려고 음식찌꺼기를 재활용하는 전통적 방식을 고수한다. 고기와 생선 쓰레기를 제외한 음식찌꺼기를 전통방식에 따라 더미로 쌓아두거나 아니면 직접 만들거나 가게에서 산 퇴비상자를 이용해 퇴비로 만든다. 식물성 쓰레기가 토양 속에서 부식하는 자연적 순환을 가속하여 재현하는 것이다. 목재나 철망으로 만들어진 퇴비상자는 공기가 통하게 돼 있고, 거기에 감자 껍질, 남은 음식, 차나 커피 찌꺼기 등을 집어넣는다. 낙엽, 잔디, 시든 꽃 등의 정원쓰레기처럼 많은 양의 유기성 쓰레기는 더미로 퇴비화하는 것이 더 적합하다. 쓰레기를 더미로 쌓아놓고 정기적으로 쇠스랑으로 뒤집어준다. 그 위를 마른 풀과 흙, 짚으로 살짝 덮기도 한다. 몇 주간의 발효기간을 거치면 퇴비가 완성된다. 그렇게 변형된 쓰레기는 길거리로 나가지 않아도 되므로 수거하고 운반하고 소각하거나 묻어야 할 쓰레기양이 그만큼 줄어든다. 퇴비는 정원의 핵심이다. 유기성 쓰레기는 부식토로 변해 꽃과 과일, 채소에 양분을 주는 소중한 비료가 되기 때문이다. 정원을 가꾸는 사람들에겐 자연적인 방법으로 식물을 재배하는 것이 필수적이다.

오래된 이 좋은 방식은 인구밀도가 낮은 지역에서 점점 더 장려하는 추세다. 지역에서는 주민에게 개인용 퇴비상자를 제공하거나 구매비용을 지원함으로써 집에서 유기성 쓰레기로 퇴비를 만들도록 권장한다. 프랑스 서북부 도시 렌Rennes에서는 1995년부터 2006년 사이에 1만 2,500개의 퇴비상자를 할인가격으로 판매했다. 그러나 이런 캠페인이 성공하려면 사전준비와 동반지도 그리고 지속적인 관찰이 꼭 있어야 한다. 퇴비 만들기는 일정한 노하우가 필요하기 때문이다. 퇴비상자에 음식물쓰레기를 집어넣는다고 무조건 퇴비를 만들 수 있는 게 아니다. 몇 가지 규칙을 준수하고 요령을 습득해야 한다.

북미에서는 1980년대 초 집에서 퇴비 만들기 캠페인을 시작하였다. 캐나다 퇴비화위원회는 2006년 250여 명의 회원을 모집했다. 자원봉사자나 지역 당국 공무원은 사람들에게 퇴비 만들기, 농업과 원예, 침식방지를 위한 퇴비사용을 홍보하려고 노력했다. 이런 콘셉트는 이미 1994년부터 벨기에가 받아들였고 이어 2006년에는 프랑스에도 들어왔다. 브뤼셀 지역에서는 자원봉사자 '퇴비 마스터' 네트워크를 형성하여 시장정보를 전파하고, 시범교실을 열었으며, 이웃들이 공동으로 퇴비화를 시행할 수 있도록 도왔다.

직접 퇴비를 만들지 않는 시민은 자기 집 건물 아래 있는 공동퇴비장으로 유기성 쓰레기를 가져가서 재료를 뒤섞고 통풍하는 데 참여하기도 한다. 또한 지역 당국은 정원에서 나온 쓰레기를 특별한 장소나 처리장으로 가져오도록 계속 권유한다. 영국, 스웨덴, 독일어권 스위스는 유기성 쓰레기를 집 가까이에서 퇴비화하는 시스템을 동네 단위로 갖추고 있다. 시 당국은 20명에서 100명으로 이뤄진 그룹에 땅을 빌려주어, 거기서 유기성 쓰레기를 뒤집고 체에 거르고 하면서 퇴비를 만들어 집으로 가져갈 수 있도록 한다.

스위스의 바젤, 베른, 취리히에서는 약 15년 전부터 일군의 동네가 이런 공동 퇴비작업을 진행 중이다.[66] 이 작업 자체는 동네 주민이 한데 모여 서로 솜씨를 더하는 기회가 된다. 영국은 퇴비화 공동체 네트워크가 매우 다양하다. 한정된 활동을 하는 지역그룹, 수거차량과 직원 2명을 고용한 여러 조직, 60명의 장애인 자원봉사자를 수용하는 협회 등이 있다. 농가에서의 퇴비화는 오스트리아 사람들이 좋아하는 방식이다. 거둬들인 유기성 쓰레기의 45퍼센트는 농민이 맡아서 처리하는데, 이런 식으로 활동영역을 넓히면서 부수입을 올리고 있다. 미국에서는 리커스 아일랜드Rickers Island 교도소처럼 교정기관, 학교, 그 외 다른 기관에서 구내식당과 정원에서 나온 쓰레기를 공동으로 퇴비화하는 작업을 시행하고 있다.

프랑스에서는 디뉴레뱅Digne-les-Bains 기술고등학교와 모르비앙Morbihan의 주거단지에서 몇 가지 시험을 시작했다. 렌 시청은 주민에게 정보를 제공하고 퇴비 마스터를 고용한 다음, 2006년 공동 주거단지에 퇴비상자를 설치하는 프로그램을 시작했다. 이 프로젝트는 최종적으로 300가구를 아우르게 될 것이다. 방데Vendée의 한 마을에서는 주민의 절반이 유기성 쓰레기를 퇴비화 기지로 가져오고, 지역 당국은 여기에 녹색 쓰레기를 가져온다. 퇴비 마스터는 유기성 쓰레기가 아름다운 갈색 질료로 변신하도록 책임진다. 또 자원봉사자의 도움을 받아 1년에 두서너 번 퇴비를 배분하고, 살충제 없이 정원 가꾸기에 관한 정보를 널리 전파한다.

정원을 가꾸는 사람은, 음식물쓰레기와 정원쓰레기를 채소밭 개량용 퇴비로 바꿈으로써 자신만의 작은 우주 안에서 생산자와 소비자 간 거리가 수백, 수천 킬로미터 간격으로 벌어진 이후 끊겨왔던 풍요로움을 다시 순환하게 하고 유기성 물질을 토양으로 복귀하게 한다. 또한 쓰레기가 소각장이나 처리장으로 내몰리는 것을 줄이는 데도 이바지한다. 퇴비를 만드는 가구는 가구당 연간 100킬로그램의 쓰레기를 줄일 수 있다. 지역주민 3분의 1이 퇴비화를 선택하면 처리해야 할 쓰레기의 무게가 10퍼센트까지 감소한다. 가정과 가까운 지역에서의 퇴비화는 부패성 쓰레기를 다루는 최고의 방법이다.

3장

넝마주이 전성시대

인류 역사 이래로 헐벗은 사람은 넉넉한 이들의 쓰레기 덕분에 생존해왔다. 그들은 도로에 버려진 쓰레기와 처리장을 뒤졌고 이집 저집 다니면서 옷이나 빈 병, 못 쓰는 물건을 얻어갔다. 특별한 의무나 자본이 필요 없던 이 일은 대부분 농촌의 떠돌이, 무일푼 이민자, 실업자들이 선택했다. 그러나 취미로 이 직업을 택한 사람도 있고, 부모의 직업을 잇는 사람도 있었다.

쓰레기더미 뒤지기가 제대로 된 직업으로 조직되고 나서는 시대에 따라 다양한 이름으로 불렸다. 13세기의 '로크티에르loquetière', 이후에 나온 '파티에pattier', '드릴리예drillier', '시포니에chiffonnier'는 모두 종이를 만드는 데 쓰이는 낡은 헝겊을 뜻하는 로크loque, 파트patte, 드리유drille, 시프chiffe에서 나왔다. 이어서 수집하는 물품과 재료의 범위가 조금씩 늘어나기 시작했는데, 수집가들의 솜씨가 점점 발전한 탓이다.

역사의 일정한 시기에 많은 도시와 농촌에서 넝마주이가 번성한 것을 확인할 수 있는데, 특히 파리와 뉴욕에서는 19세기에 이르러 넝마주이가 한꺼번에 늘어났다. 산업혁명기의 역동적인 도시는 특별히 귀중한 재료가 묻혀 있는 진짜 금광이 되었다. 실제로 경찰 당국은 지역자원을 높이 평가하면서 쓰레기를 찾아내도록 유도했다. 산업에 이바지하던 넝마주이는 어느 정도 사회적으로 인정을 받았지만, 동시에 그들을 천민으로 여기던 '상류사회'를 불안하게 했다.

브르타뉴와 같은 지방에서는 넝마주이가 지역경제에 잘 통합되어 경제활동을 담당했다. 시뇌르chineur(고물상인)는 농장에서 촌락까지 농촌 곳곳을 돌아다니면서 다양한 재료를 수집했고, 종이를 만드는 물레에 공급할 헌 옷*을 수집했다. 오늘날에도 이런 넝마주이를 볼 수 있다. 빈곤국가 대부분에서는 수많은 넝마주이가 쓰레기를 뒤져 쓸 만하거나 재활용할 물건을 건지면서 하루하루 살아간다.

라마쇠르에서 넝마주이 십장까지, 넝마주이조직의 계급

19세기 말 서구 국가에서는 넝마주이가 번성했는데, 프랑스

---

* 예전에는 주로 면으로 된 헌 옷을 물레로 돌려 종이를 만들었다. — 옮긴이

에는 약 10만 명이 있었고 직간접적으로 거기에 의존해 살아가는 사람들의 수도 50만 명을 헤아렸다. 거리에서 쓰레기를 줍는 사람, 옷 장수, 헌 옷의 실을 풀거나 고기 뼈, 비계, 깨진 유리나 고철을 다루는 노동자가 바로 그들이었다.[67]

넝마주이는 종종 오랜 전통과 정해진 내규를 갖춘 동업조합 형태로 발전했는데, 파리에서는 그 활동을 내부계급에 따라 다양한 방식으로 시행하였다. 넝마주이에는 네 가지 계급이 있다. 맨 아래 계급은 정해진 수집구역 없이 먼 길을 다니면서 도로에 버려진 생활쓰레기를 뒤져 자루를 채우는 수집꾼인 라마쇠르ramasseur다. 이 수집꾼이 등에 메는 채롱과 초롱불, 그리고 쓰레기를 찍어서 달라붙은 것들을 터는 데 쓰는 갈고리 같은 전통적인 넝마주이 도구를 갖추면 쿠뢰르coureur*로 승격한다. 이 갈고리를 은어로 '비프biffe'라고 불러서 넝마주이를 '비팽biffin'이라고 불렀다.

도시가 잠든 밤이면 어둠의 수집꾼들은 약병, 이 빠진 포크, 썩은 눈이 달린 생선 대가리, 해진 가방, 달걀 껍데기, 사과 속이 뒤섞인 쓰레기통을 탐욕스럽게 파헤치면서 다시 쓸 수 있는 온갖 것을 찾아냈다. 넝마주이들은 밤마다 구역을 바꿨고 때로는 레알 중앙시장의 선술집에서 '줄에 기대어' 자기도 했다. 독주 한 잔을 마시고는 팽팽히 당겨진 줄에 기대어 한두 시간 눈을 붙이다가 선술집 주인이 정해진 시간에 줄을 풀면 잠에서 깨

---

* 달리는 사람이라는 뜻이다. — 옮긴이

어났다.[68]

그보다 더 높은 자리는 플라시에placier였다. 플라시에는 정해진 자기만의 수집구역이 있어서 몇몇 건물의 쓰레기 선점권을 차지할 수 있었다. 동틀 무렵이면 플라시에는 말이 끄는 수레를 몰고 자기 구역으로 와서 값나가 보이는 것은 무엇이든 수레에 실었다. 이들 '영역이 있는 넝마주이'는 건물주인과 그 하인들의 소소한 심부름을 하면서 부수입을 올리기도 했다. 카펫을 털어주거나, 마당 쓸기, 물 양동이를 올려주거나 음식물 쓰레기를 내려다주는 대가로 약간의 음식이나 괜찮은 옷을 받았다.

정해진 구역을 확보하고 있다는 것이 특권만 소유하고 있다는 걸 의미하지는 않았다. 하루도 빠지지 않고 끊임없이 일하지 않으면 그 자리를 잃어버렸기 때문이다. 나이가 들어 계속 일할 수 없으면 플라시에는 건물관리인에게 후계자를 소개했고, 그 대가로 새로운 후계자에게서 소개료를 받았다. 말하자면 공증인이 자기 사무실을 팔듯이 자리를 팔았고, 양도가격은 자신이 맡았던 동네가 얼마나 부유한가에 따라 달라졌다. 19세기 말 파리의 평균가격은 10프랑에서 50프랑이었고, 부르주아 동네에서는 그 값이 400프랑까지 치솟았다. 오페라 구역과 백화점이 즐비한 쇼세 당탱Chaussée d'Antin 구역이 가장 비싼 곳이었다.[69] 이들 자리는 보통 부모가 자식에게 물려주었는데, 여러 세대에 걸쳐 한 가족의 구역으로 남아 있는 예도 있었다. 베틀로 집안이 바로 그 같은 사례인데, 마지막 후계자인 에밀리엔 부인은

1973년 캉바세레스Cambacérès 거리, 라 보에티La Boétie 거리, 미로메닐Miromesnil 거리 등 파리의 부르주아 구역 열 곳을 장악하고 있었다. "가업이 얼마나 번창했는지 베틀로 집안은 제2차 세계대전 이후 대저택과 승용차, 트럭 등을 소유하고 직원을 네 명이나 두었다."[70]

플라시에의 특권적 상황은 다른 하급 넝마주이의 부러움과 경멸을 동시에 샀다. 비굴함의 대가라는 이유에서다. "쿠뢰르는 누구에게도 구속받지 않는 자유인이라서 모자를 벗을 필요가 없지. 반면에 플라시에는 건물관리인과 요리사들에게 공손히 모자를 벗고 인사해대느라 감기에 걸린다네!"[71]

감히 플라시에의 쓰레기통을 뒤지려던 사람들은 십중팔구 혼쭐이 났다. 이 바닥에서는 소유권을 엄격히 지켰기 때문이다. 다른 사람의 구역을 침범한 사람은 몰매를 맞고 넝마주이 자리를 뺏길 위험에 처했을 뿐만 아니라 조합에서 제명당할 수도 있었다.

넝마주이들은 밤 수확이 끝나면 그 짐을 등이 휘도록 가득 짊어지고서 또는 수레에 담아 자기 마을로 돌아갔다. 그곳에서 쓰레기를 분리하고, 물건의 각 부분을 부러뜨리거나 뜯어내면서 분리하는 작업인 '트리카주tricage'를 했다. 칫솔은 털과 손잡이와 끈으로 분리하고, 옷은 단추, 안감, 겉감으로 분리하는 식이었다.

넝마주이 세계의 최고자리에는 넝마주이 십장maîtres-chiffonniers이 군림했다. 이들은 커다란 창고와 저울을 보유하고 일꾼들,

특히 여성일꾼을 고용하여 하루에 10시간에서 11시간 동안 상품을 꼼꼼히 분류하는 작업을 시켰다. 그런 다음 유리, 옷감, 통조림 캔 등으로 각각 분류한 품목을 소재별 전문도매상에게 기차로 발송했다. 1900년에는 이런 넝마주이 상인 60여 명이 파리 넝마주이 시장을 장악하고 있었다.[72]

같은 시기, 대서양 너머 뉴욕에서는 주로 이탈리아계 이민자로 이루어진 '래그 피커스rag pickers(넝마주이)'가 헌 옷과 망가진 가구, 뼈, 고철, 병, 종이, 신발을 수거해서 주로 아일랜드계였던 도매상한테 되팔았다. 그들은 거리의 쓰레기더미나 쓰레기통을 뒤졌고, 공장과 상점의 쓰레기 외에도 폐기물처리장을 뒤져서 아무렇게나 버려진 물건을 살려냈다. 그렇지 않았다면 이들 물건은 배에 실려 바다 한가운데에 버려지거나 늪지대에 영원히 파묻혀, 미래에 세워질 케네디 공항의 활주로나 롱아일랜드 레저센터의 잔디밭 아래서 잠자고 있었을 것이다.

질 좋은 헌 옷은 다시 기워서 옷을 만들어 입거나 행주, 침구 등 살림살이에 쓰였고, 다른 헌 옷은 종이 만드는 펄프로 쓰였다. 그러나 1887년 이후에는 많은 이탈리아계 이민자가 채석장이나 건설현장의 일자리를 얻으면서 넝마주이 일을 팽개쳤다. 훗날 그들 중 일부가 놀라운 방식으로 쓰레기수거에 다시 나섰는데, 마피아가 쓰레기라는 횡재에 손을 대서 세계 최고 폐기물처리 회사마저 통제했다고 볼 수 있었다.

헌 옷감, 뼈, 금속, 신발, 빵부스러기……
넝마주이의 다양한 수확물

넝마주이가 수집한 물건의 다양성을 보면 기업의 요구가 여러 재료에 걸쳐 다양하게 증가하고 있음을 알 수 있다. 그들은 여러 용도에 쓰일 400여 종이 넘는 온갖 종류의 모직, 비단, 면을 수집했고 또한 뼈, 유리병, 금속상자, 종이, 신발, 말총, 빵부스러기도 수집했다.

12세기부터는 종이제조에 쓰이던 헌 옷감을 전 유럽으로 보냈는데, 특히 영국으로 많이 보냈다. 유럽과 마찬가지로 미국에서도 헌 옷감을 몹시 탐냈으므로 가격이 점점 더 올라갔다. 어느 영국 상인은 "소녀들이 자기가 입던 옷을 팔아 인형을 사려고 터무니없이 비싼 값을 부른다."고 씁쓸해했다.[73]

기업가들은 외국 구매자의 경쟁을 물리치려고 끊임없이 보호무역주의 조치를 시도했다. 1727년 헌 옷감 쓰레기에 수출세를 부과했지만, 그럼에도 국외수출량에 변동이 없자 종이업자들은 계속해서 항의했다. 결국 그들의 요구에 굴복한 왕실은 1771년 "행주, 넝마, 깃발 등 모든 헌 옷감을 육로나 해로를 통해 왕국 밖으로" 반출하는 행위를 금지하는 칙령을 반포했다. 이 금지령은 19세기 후반에 가서야 철폐되었다. 처음에는 관세를 내야 수출할 수 있었지만, 이어 1897년에는 완벽히 자유로운 수출이 이루어졌는데, 옷감 대신 나무와 짚을 종이원료로 쓰게 되었기 때문이다. 사람들은 그토록 오랫동안 탐내오던 헌 옷감을 마침내

버리게 되었다.

옷감분리 작업장에서는 여성노동자들이 체계적으로 옷감을 골라냈다. 먼지를 털어내기 위해 철망을 친 작업대에 커다란 옷감보따리를 풀어놓고 낡은 양모와 새로운 양모, 면, 플란넬 등을 따로따로 바구니에 담았다. 헌 옷감은 식물성인지 동물성인지에 따라, 또 색과 상태에 따라 100여 개의 범주로 구분하였고, 대부분은 조각내어 종이펄프를 만드는 데 썼다. 옷감분리 작업장 몇 군데는 1960년 무렵까지 운영되었다.

1781년, 작가 루이세바스티앙 메르시에는 지적이고 영적인 삶에서 넝마주이의 소중한 역할을 다음과 같이 강조했다. "이 보잘것없는 넝마는 우리의 서재를 장식할 재료이자 인간 정신의 귀중한 보물이다. 넝마주이가 있었기에 몽테스키외, 뷔퐁Buffon, 루소가 있었다. 넝마주이의 갈고리가 없었다면 독자 여러분을 위한 나의 책들도 존재하지 않았을 것이다. 물론 그렇다고 세상이 뒤집어지지는 않겠지만, 여러분은 한 권의 책도 갖지 못했을 것이다. (……) 펄프가 될 이들 헌 옷감이야말로 뜨거운 웅변과 숭고한 사고, 관대한 미덕, 가장 기념할 만한 애국적 행동을 길이 보존하는 데 쓰일 것이다."[74]

오랫동안 염화암모니아를 추출하거나 비료를 만드는 데 쓰인 낡은 모직은 1830년부터 품격을 높이게 되었는데, 그 계기는 프랑스 앙주의 한 농부가 좀 더 고상한 용도를 발견한 것이었다. 헌 모직의 올을 풀어 결을 고른 뒤 새 양모와 섞어서 새 옷감을 짰던 것이다. 이런 식으로 짠 옷감이 연미복이나 코케트 치마의 원단으로 쓰이기 시작하자 모직 올 풀기 산업은 프랑스와 영국에서 전성기를 맞았다.[75] 여러 가지 술 장식 쓰레기는 비뚤어진 발을 교정하는 보정기구의 속에 넣는 털로 쓰였다. 헌 옷감의 가치는 기술혁신과 산업의 요구에 따라 진화했지만, 대개는 본래 값어치에 부응하지 못했다. 어느 영국 넝마주이는 이렇게 말했다. "그렇게 거만한 비단은 아무 데도 쓸모없다고. 아무것도 안 하는 천덕꾸러기지. 낡은 비단은 아무짝에도 쓸 데가 없어."[76]

뼈는 쓰레기재활용의 두 번째 금광이었다. 아주 다양한 제품에 쓰였는데, 헌 옷감과 마찬가지로 주문이 늘어나면서 1840년에서 1880년 사이에 황금기를 맞았다. 인부들은 조심스럽게 살점을 발라낸 뼈를 가마솥에 넣고 황산을 섞은 다음, 몇 시간 동안 끓였다. 그 뒤 식히고 나서 위에 굳어 있는 기름을 걷어내어 값싼 초나 비누, 버터를 만드는 데 활용했다. 질이 좋은 뼈다귀는 단추, 빗, 묵주, 가위 손잡이, 칫솔, 부챗살을 만드는 데 썼고, 나머지 것으로는 골탄을 만들어서 사탕수수와 사탕무로 만든 설탕을 정제할 때 이용했다.

뼈는 또한 젤라틴, 아교, 성냥의 인 수지, 그림 재료와 왁스를 만드는 데도 쓰였다. 1681년 프랑스 발명가 파팽 Papin은 처음으로 뼈의 연골을 분리해서 식량을 만드는 실험을 했다. 그러나 전해지는 얘기로는, 영국 왕 찰스 2세가 병원에서 쓸 젤라틴 생산을 허락하려는 순간, 자신의 사냥개 목에 걸린 패널을 보고 프로젝트를 포기했다고 한다. 그 패널에는 이렇게 쓰여 있었다. "국왕 폐하, 온당하게 저희 몫인 요리를 빼앗기지 않도록 통촉하여 주시옵소서." 이 프로젝트는 100년 뒤에 재개되었다.

분쇄해서 가루로 만든 뼈는 훌륭한 인산비료라는 사실이 밝혀졌다. 1843년부터 영국에서 실행한 혁신적인 황산처리 방식 덕분에 광천염을 개량할 수 있었으며, 덕분에 과인산perphosphoric acid 비료산업이 시작되었다. 영국인은 영웅적인 전사를 향한 일말의 죄책감도 없이 전장의 주검에서 뼈를 거둬들였다. "실용적인 영국인은 워털루 전장과 크림 전장의 뼈들을 거둬들여 배로 운반한 다음 인산비료로 쓴다."[77]

20세기 초 '벨 에포크Belle Époque*'에 넝마주이는 또 다른 도시의 물건을 찾아다녔다. 버려진 향수병이나 약병은 위조 전문가들의 수집대상이었다. 조심스럽게 다시 붙인 상표에는 '뱃멀미 만병통치약', '살 빼기 특효수', '화색이 돌게 하는 포도주' 등 온갖 허황한 문구가 적혀 있었다. 이른바 마법의 약이 담긴 이 병들은 길거리에서 싸구려를 찾아다니는 순진한 구경꾼들에게 팔려나갔다.

금속쓰레기는 '넝마주이의 돈줄'이었는데, 그중에서도 가장 귀한 것은 납, 구리, 주석이었고, 도금한 액자와 단추, 식기, 금속상자 등에서 추출한 백금과 금도 있었다. 해면 스펀지는 석회

---

* 19세기 말에서 20세기 초에 걸쳐 예술·문화적으로 풍요로웠던 파리의 전성기를 일컫는 표현 — 옮긴이

와 염소를 섞은 물에 담가 새롭게 만들었으며, 때로는 해면을 잘라 짠물에 담가서 본디 자연 향을 되심은 후 노점상에 팔기도 했다. 가스관, 멜빵, 스타킹의 고무밴드는 가루로 만든 뒤 새 고무와 섞어서 썼다. 헌 종이는 짓이기는 과정을 거쳐 포장지나 아교풀을 먹인 딱딱한 종이로 변신했는데, 천장의 쇠시리를 장식하거나 이른바 '일본에서 수입한 칠기 공예품'으로 둔갑하기도 했다. 인산 석회가 풍부한 굴 껍데기는 분쇄하여 농지를 비옥하게 하는 데 썼다.

'그룰groule'이라고 불리던 특수산업은 버려진 구두와 낡은 실내화를 처리했다. 일단 꼼꼼히 검사한 뒤 또다시 신을 만하다고 판단하면 '브로캉트brocantes'로 분류해 반듯하게 손본 후 중고품 가게에 팔았다. 그러나 도저히 어쩔 수 없을 때에는 구두를 조각내어 새 구두를 만드는 데 썼다. 이런 식으로 열 번에서 열두 번까지 가죽을 재활용했다. 20세기 초, 파리 상테 교도소의 죄수들은 감옥 안에 있는 아주 거대한 구두 해체작업실에서 헌 구두들을 잘라냈다.

빵부스러기는 커다란 햄을 포장하는 그물로 쓰였을 뿐만 아니라 싸구려 과자, 수프 재료, 식용 젤라틴, 가축사료로도 쓰였다. 어느 넝마주이는 부스러기의 상태에 따라 그 용도를 이렇게 나누었다. "온전한 빵부스러기는 우리가 먹고, 지저분한 것은 부르주아한테 줘버린다네."[78] 오렌지 껍질은 약초판매인과 양조업자가 사들여서 말린 다음, 퀴라소curasao 술을 만드는 데 썼다.

여러 가지 붓이나 솔에서 나온 털은, 때를 벗기고 가지런히 고른 뒤 색깔에 따라 분류과정을 거치면 가발이나 인조수염으로 변신했다. 이 재료는 그 수요가 엄청나서 오랫동안 비싼값을 받았다. 미용사들의 요구가 얼마나 많았는지, 감옥에 갇힐 때 머리를 밀던 여성 죄수들의 머리카락만으로는 충분하지 않았다. 그래서 심지어 병원에서 나온 무연고 시체의 머리카락조차 마다하지 않을 정도였다. 자기가 쓴 가발이 어디서 나왔는지 궁금해하는 상류층 여성에게 미용사들은 넌지시 돌려 설명하곤 했다. 해마다 수천 명의 브르타뉴 시골 여자들이 파리에 와서 머리를 자르고 간다고 말이다! 그러나 잘라낸 머리카락의 품질은 그다지 좋지 않았다. 쓰레기통에서 찾아낸, 자연적으로 빠져 모근이 달린 머리카락만큼 견고하지도 않았다. "딸 코제트에게 따뜻한 모직 치마를 사주려고 탐스러운 금발"을 잘랐던 팡틴은 아마 이 사실을 몰랐을 것이다.[79]

1903년에 발표된 공식보고서는, 넝마주이들이 파리의 생활쓰레기에서 건진 재활용품이 전체의 10퍼센트에서 15퍼센트에 이른다고 평가했다. 이 가운데 절반가량은 헌 옷과 종이, 노끈 등이었던 것 같다.[80] 생활쓰레기에서 나온 재활용품의 종류는 계절에 따라 조금씩 차이가 있었다. 금육의 사순절이 있는 3월에는 고기 뼈가 귀했고, 이사철인 4월에는 각종 물건이 쏟아져 나왔으며, 5월에는 유행 지난 옷이 많았다. 그러나 여름 휴가철에는 부촌이 텅 비어 건질 것이 없었다.

게토 속의
인생

ぷ

넝마주이들은 비위생적인 공간에서 살았다. 19세기 중반 파리에서는 통브이수아르Tombe-Issoire의 채석장 터가 넝마주이들의 거주지였는데, 죽은 자의 혼령이 산다고 알려진 곳이었다. 1786년부터 수도에서 나온 모든 시체를 이곳에 버렸기 때문이다. 여기저기에 넝마주이들의 불결하고 남루한 집단거주지가 생겨났다. 1860년, 파리 12구의 도레Doré 마을에는 넝마주이 3,000명이 살았는데 "그들의 집은 병균이 득실거렸고 금이 가서 무너지기 직전이었다. 집들끼리 서로 기댄 덕에 겨우 버티고 서 있던 그 돼지우리 같은 토굴 속에는 썩은 내가 진동하는 인간이 득시글거렸다. 〔……〕"[81] 파리 18구 클리시Clichy의 '바지 입은 여자' 마을에는 방이 하나밖에 없고, 마루나 타일조차 없는 집들이 있었다. 매주 토요일마다 집세를 내지 못하면 집주인은 경고장을 주는 대신 방문을 뜯어버렸다. 그다음 주에도 집세를 내지 못하면 지붕을 들어내버렸는데, 이야말로 가장 신속하게 세입자를 쫓아내는 확실한 방법이었다![82] 넝마주이들은 만일에 대비해서 방 한쪽 귀퉁이에 가장 귀중한 수확물을 일주일 동안 탑처럼 쌓아두었다가 토요일이 되면 집세를 내려고 '공든 탑을 무너뜨리곤' 했다. 대개는 이것이 넝마주이들의 유일한 저축이었다.

집주인의 탐욕에 넌더리가 난 넝마주이들은 결국 시 위생 당국에 의해 쫓겨난 후 파리 성곽 근처에 있는 공터에서 피난처를 찾았다. 그들은 그곳에다 주워온 판자, 양철, 판지, 그리고 벽돌 대신 흙을 가득 채운 생선통조림 캔으로 판잣집을 지었다. 그러나 1900년이 되자 파리 안에 남은 넝마주이 집단거주지는 뷔토카이유Butte-aux-Cailles와 에피네트Épinettes, 단 두 곳뿐이었다.

1841년, 프랑스 왕 루이 필리프와 재상 티에르Thiers는 침략자들에게서 도시를 지키고자 파리를 요새로 둘러싸기로 하고 마침내 1850년 요새구축 공사를 마쳤다. 루이 14세 때 확립한 징세 경계선을 훨씬 넘어서는, 거의 40킬로미터에 이르는 파리 외곽 요새에는 52개의 성문을 설치한 탓에 매일 밤마다 성문을 굳게 닫으면 파리가 삼엄한 요새로 변신했다. 파리 경계지역은 성벽에 둘러싸여 있었고, 성벽을 따라 순찰로와 군용도로가 나 있었다. 이 군용도로들은 1860년 이후 제정시대의 여러 황제 이름을 붙인 대로로 바뀌었다. 이 풍경은 근교의 채소업자들이 새벽마다 수레에 채소를 싣고 파리 시내에 있는 레알 중앙시장으로 향할 때 보는 새로운 파리의 모습이었다.[83] 요새 외부로는 250미터 너비에 이르는 지역을 일반건축불가 지역으로 지정하여, 그곳에 샤랑통Charenton, 이시Issy, 몽루주Montrouge, 로맹빌 요새를 구축하였다. 법령에 의해 건축불가 지역이었음에도 넝마주이, 일용직, 떠돌이행상처럼 도심에서 밀려난 사람들이 하나둘씩 이곳에 자리 잡기 시작했다.

이런 인구의 유동은 제2 제정 시절 오스만Haussmann 남작이 시행한 대규모 파리 도로정비 공사와 더불어 급속히 진행되었다.

이 도로공사의 공개적인 목적은 파리의 정화였다. 정치인들은 '위험한 계급'과 특히 "유랑하는 천민 떼거리"(오스만 남작은 넝마주이를 이렇게 불렀다)로 분류되는 불안한 무리를 외곽으로 몰아내려는 결정을 합리화하고자 의학의 막강한 권위에 의지했다. 이어서 '올바른 시민'에게 불안과 해악을 끼칠 소지가 있는 이들의 거주지를 쓸어내버렸다.

그러나 넝마주이들은 새로운 영토에 정착하자마자 또다시 쫓겨날 위험에 처했다. 1870년 프로이센-프랑스 전쟁을 통해 요새가 별로 소용없다는 것이 판명 나자, 파리 시의회에서 요새를 허물고 그 자리에 건물을 지어 인구팽창에 대처하자는 의견을 내놓았던 것이다. 위협은 곧 현실이 되었다. 1884년, 전쟁성이 요새 지역의 판잣집을 철거하기로 하자, 빈민은 같은 해 3월, 시의원과 하원의원을 불러모아 요새 제방에서 회의를 열었다. 결국 정부는 20여 년이 지난 1919년에 가서야 군 부지를 파리 시에 양도하는 추가법령을 승인했다. 38년간의 양도기간이 끝나면 파리 시는 정부로부터 그 땅을 사들여 주민을 내보내고 그곳을 놀이공원으로 만들 수 있었는데, 그 사이에는 여전히 건축불가 원칙이 지켜졌다.[84]

당시 파리 경계지역 라 존La zone의 빈민촌에는 5만 명에서 10만 명이 살고 있었다. 넝마주이들은 채소쓰레기로 돼지와 토끼를 키웠다. 다 쓰러져가는 판잣집 사이로 난 좁은 골목길에는, 주로 여성이나 아동, 또는 노인들이 쓰레기 고르기 작업에서 퇴짜를 놓았던 온갖 종류의 오물이 아무렇게나 쌓여 있었다.

부르주아는 경계지역 빈민촌을 불량배와 '창녀', 범죄자의 온상으로 여겨 몹시 두려워했다. 이 불안감은 에드몽과 쥘 공쿠르Edmond et Jules de Goncourt*의 소설《제르미니 라세르퇴Germinie Lacerteux》에 다음과 같이 묘사돼 있다. "철교를 건너가려면 넝마주이들이 사는 클리냥쿠르Clignancourt 아래 리무쟁Limousins 마을로 돌아가야만 했다. 사람들은 그 마을을 지날 때면 훔친 쓰레기로 지은 탓인지 혐오스러운 악취가 밴 집들을 달리다시피 지나치곤 했다. 제르미니는 땅굴인지 집인지조차 분간할 수 없는 이 판잣집들이 어쩐지 무서웠다. 밤사이 벌어지는 모든 범죄가 그 안에 도사리고 있는 느낌이었다."[85]

넝마주이의 집 안에 있는 가구와 집기라고는 흔들거리는 식탁과 의자, 찌그러진 냄비, 금 간 접시와 이 빠진 포크처럼 쓰레기장에서 나온 잡동사니가 대부분이었다. 연료로 쓸 수 있는 것은 이사하는 집의 창고에서 긁어모은 석탄가루와 오래된 땔감이 전부였다. 식사는 부르주아들이 남긴 음식으로 일부 해결하기도 했다. 주로 넝마주이를 동정하거나 양심을 지키려는 부르주아가 음식을 쓰레기통에 버리기 전에 조심스럽게 따로 포장해두었다가 준 것이었다. 이 자투리 음식은 거지 아이들의 탐욕스러운 시선을 받을 만했다. 배려 깊은 주부들은 커피찌꺼기를 작은 부대 속에 따로 모아두었다가 넝마주이에게 주기도 했다. 그들의 오막살이에도 집집이 커피 기계가 있었기 때문이다. 그

---

* 19세기 프랑스의 형제 소설가 ― 옮긴이

들은 이렇게 뽑은 커피를 "휘저은 물"이라고 불렀다.

넝마주이의 인생에서는 술 또한 중요한 자리를 차지했다. 그들은 하루 벌이와 영혼을 술에 바쳤다. 적포도주, 압생트absinthe, 캉프르Champhre, '필랑카트르fil-en-quatre'(독주의 일종)에서부터, 알코올과 후추, 정향, 황산을 섞은 '카스푸아트린casse-poitrine'(독한 브랜디)에 이르기까지 주로 삶의 비애와 분노를 삭여주는 독한 술을 마셨다. 파리 넝마주이들은 클리시의 '비롱 영감네'와 같은 선술집을 드나들었다. 1900년 무렵, 모베르 광장 근처에 있는 '포크가 가는 대로' 주막에서는 아주 싼값에 끼니를 때울 수 있었다. "손님들은 부글부글 끓고 있어 뭐가 들었는지 도무지 알 수 없는 냄비 속에 커다란 포크를 찔러대며 음식을 먹었다. 재수 없으면 비계 껍데기가 걸렸고, 운이 좋은 날에는 양 머리 반쪽이 걸리기도 했다."[86]

그러나 파리 경계지역 빈민촌의 호시절은 제2차 세계대전 이전에 시작된 대규모 영세주택 건설과 함께 막을 내렸다. 1941년 경찰은 빈민촌을 포위하더니 사흘 동안 불도저로 밀어냈다. 나치 점령기 동안에도 빈민촌 철거는 계속해서 이어졌고, 그곳에 살던 집시 대부분은 나치 강제수용소로 끌려갔다. 1940년 당시 빈민촌에는 8,000가구가 살고 있었는데 1944년에는 1,200가구만이 남아 있었다. 훗날 바로 그 터에서 "이가 들끓는 시장", 즉 벼룩시장이 생겨났다. 쫓겨난 이들은 파리 근교로 옮겨가서 판잣집을 짓고 살았다. 파리 경계지역 빈민촌의 신화는 집단적 기억 속에 여전히 퇴락하고 불안한 공간으로 뿌리박혀 있다. 경계지역 사람을 지칭하던 '조나르zonard'(zone에 사는 사람)라는 단어는 이제 사회의 경계선에 있는 아웃사이더를 뜻한다.

'정직한 시민'의 배척 앞에서도
당당한 넝마주이

시대를 막론하고 온갖 사회악의 주범으로 몰렸던 넝마주이들은 이런저런 행정절차로도 시달림을 당했다. 그들은 거지들과 마찬가지로 성곽 밖으로 쫓겨났다. 1698년, 넝마주이들은 법규에 따라 "날이 밝기 전에 성내 거리를 배회하는 것"이 금지되었다. 3년 뒤, 아르장송 중위는 다음과 같이 놀라움을 나타냈다. "반복되는 금지령에도 일부 넝마주이는 감히 자정에 집을 나서 넝마를 줍는다는 핑계로 거리를 배회한다. 이는 수많은 처마와 철문, 간판 등이 도난당한 원인이고, 1층에 있는 부엌문과 방문이 열려 있게 된 원인이기도 하다. 이른바 넝마주이들은 갈고리를 들고서 속옷과 부엌 물건을 쉽사리 꺼내간다."[87] 관리들은 동트기 전에 거리를 어슬렁거리며 돌아다닌 혐의가 있는 모든 넝마주이에게 벌금 300리브르와 체벌을 가하겠다고 엄포를 놓았다.

프랑스 대혁명 직전, 의사 로네스는 넝마주이들을 몰아내기 위해 가정마다 바구니를 써서 쓰레기를 수집하고 치울 것을 권장했다. "파리 같은 도시에서 쓰레기바구니를 쓰면, 너무나 위험한 족속이며 더럽기 짝이 없는 나태한 부랑자인 넝마주이 족속이 도시를 휘젓고 다니는 꼴을 더는 보지 않아도 될 것이다."[88]

파리 경찰청장 드벨렌M. de Belleyme은 1828년, 넝마주이들은 밤 11시까지 다닐 수 있되, "불량배들과 구별할 수 있게 등불을 들어야 하고, 쓰레기를 모아 한 곳에 쌓아놓기 위해" 빗자루를 들고 다녀야 한다는 규정을 발표했다. 게다가 이 규정은 넝마주이는 공식허가를 받지 않고는 야간에 넝마를 수집할 수 없도록 못 박았다. 이제 넝마주이들은 이름, 별명, 인상착의, 일련번호가 적힌 타원형 동메달을 걸고 다녀야 했다. 그 메달을 얻으려면 온갖 종류의 증명서를 제출하고 전과가 없어야 했다. 1828년부터 이 규정이 폐기된 1873년까지 파리 경찰청은 1만 1,000개의 메달을 넝마주이들에게 배부했다.[89]

그러나 넝마주이들을 통제하려던 이 시도는 결국 실패했다. 왜냐하면 메달이 이 손에서 저 손으로 마음대로 옮겨 다녔기 때문이다. 죽어가는 사람은 자식이나 친구들에게 메달을 넘겨줬는데, 이들은 법적으로 문제가 없도록 죽은 사람의 별명을 이어받기까지 했다. 작가 비르메트르Virmaitre는 1840년 《사라져가는 파리 Paris qui s'efface》에서 여러 등장인물에게 넝마주이를 떠올리게 하는 별명을 붙였다. "운 나쁜 놈" 장 페르탱, "벼룩 천지" 쥘 마르탱, "달타냥" 피에르 비두아, "술로 뒈질 놈" 쥘리앙 뒤보르, "발싸개" 아갈레 퀴트뢰 등등……. 물론 시간이 지나면서 메달을 물려받은 사람에게 전혀 어울리지 않거나 거의 닮지 않은 별명이 붙었다. 이를테면 젊고 건장한 청년이 노인의 별명인 "산

송장"으로 불린다든지 빼빼 마른 사람이 "비곗덩어리"로 불리는 웃지 못할 일이 심심찮게 일어났다. 그러나 넝마주이들이 의기투합한 공모작전 앞에서 경찰은 속수무책이었다.

1850년 이후 공장 노동자의 정규직 채용이 점점 늘어나면서 반대로 일용직 노동자의 수는 줄어들었다. 그러자 이번에는 정직하고 선량한 층과 불온한 떠돌이층으로 노동자들을 나누기 시작했다. 노동자계급의 맨 아래층에 있던 넝마주이는 특별히 더 무시당했다. "뇌브생메다르Neuve-Saint-Médard 거리나 불랑제 Boulangers 거리에 가면 누더기를 걸친 작자들을 볼 수 있다. 이들은 날씨에 아랑곳없이 셔츠도 입지 않고 양말도 신지 않고 때로는 신발조차 신지 않은 채 거리를 돌아다닌다. [……] 수도 파리의 쓰레기에서 건진 잡다한 물건을 등에 지고 썩은 내를 풍기며 돌아다니는 그들은 그 자체가 떠돌아다니는 쓰레기더미에 지나지 않는다. [……]"[90]

넝마주이들은 경찰과 재판에 휘말리는 것을 아주 싫어해서 되도록 피하려 했다. 1840년부터 1855년까지 범죄통계를 보면, 당시에 가장 멸시받던 3대 직업군은 집달리, 배우, 그리고 넝마주이였다. 이들 넝마주이는 도형수 목록에 들어 있지 않았지만, 경찰은 '정직한 시민사회'와 위생주의자들의 압력에 못 이겨 넝마주이에 관한 규정을 계속해서 만들어냈다.

1872년 8월, 경찰청장 레옹 르노Réon Renault는 넝마주이 수를 줄이기로 한 뒤 넝마주이들에게 두 달의 유예기간을 주면서 새로운 형태의 메달을 착용하도록 했다. 다른 일을 하면서 간간이 넝마를 줍는 건설노동자나 농부를 제외하고도 실제로는 3만 명에서 4만 명에 이르는 넝마주이 가운데 겨우 6,000명 미만이 새로운 신분증 메달을 요청했을 뿐이다. 이 의무조항을 따르지 못한 사람들이 나중에 메달을 얻고자 했지만 헛수고였다. 또다시 메달 위조와 변용이 성행하기 시작했지만, 경찰은 모른 척 눈감아주었다. 그러나 이 같은 휴전도 잠시뿐, 1883년 11월 24일 외젠 푸벨 지사가 넝마주이의 생계를 근본적으로 위협하는 칙령을 발표하면서 그들을 통제하기 시작했다. 넝마주이들의 반발은 계속되었다. 1920년 파리에 흑사병이 발병했다는 사실이 몇 차례 알려지자 파리 시민은 넝마주이들을 원인제공자로 몰면서 그 전염병을 "넝마주이 흑사병"이라고 불렀다.[91] 넝마주이는 여전히 전염병과 도난, 폭력 같은 도시의 전반적인 치안 문제를 일으키는 주범으로 의심받는 족속일 뿐이었다.

많은 논객과 사제는 넝마주이의 부정적인 이미지를 바로잡으려 했다. 샤를 랑슬랭Charles Lancelin은 1900년 넝마주이들이 사는 도레 마을의 지역조사를 마치고 이렇게 증언했다. "우리에겐 다음 사실을 널리 알려야만 할 양심의 의무가 있다. 즉, 그 누구보다 가난하고 겸손한 이들은 내가 보기에 하나같이 선량한 사람들이다. 오후 2시에 으리으리한 증권거래소의 대리석 기둥 아래서 어느 재력가를 만나느니, 차라리 새벽 3시에 길모퉁이에서 넝마주이를 만나는 편이 더 낫다. 나라면 조금도 망설임 없이 후자를 택하겠다."[92]

몇몇 예술가와 작가는 넝마주이를 보는 관점이 달랐는데, 문명을 무시하고 누더기 아래에 자유로운 인성을 감추고 있는 일종의 디오게네스*로 여기기도 했다. 때로는 그들의 출신성분이 사람들의 호기심을 자극할 때도 있었다. 넝마주이 군락을 이루는 도시 천민의 게토에는 온갖 사회계층이 섞여 있었다. 실업자, 노동자, 전과자, 도박으로 파산한 사람, 알지 못할 사연으로 굴러들어온 '사교계 여인들'과 자칭 이해받지 못한 예술가들까지 그 면면이 무척 다양했다. 기자들은 이들 중 일부가 어떻게 여기까지 오게 됐는지 흥미진진한 일화를 들려주었다. "넝마주이 리아르는 멀쩡하게 대학교육까지 받은 사람으로 라틴어를 읽고 고대 그리스 문학을 읊조릴 정도였다. 희한한 넝마주이가 있다는 소문이 퍼지면서 온 파리 사람이 리아르에게 관심을 쏟았다. 동네신문에는 그가 했다는 멋진 말이 실렸고 소설가와 예술가들은 그를 찾아가 그의 신비한 과거를 알아내려고 교묘한 질문을 퍼부어댔지만, 모두 헛수고였다. 리아르는 여전히 수수께끼 같은 존재였다."[93]

한번은 《일뤼스트라시옹 L'Illustration》지에 소설가와 의사 출신 넝마주이가 어느 식당에서 만난 이야기가 실렸다. 한 넝마주이가 병자들을 검진하고 맥박을 재고 혀를 검사하고 몇 가지 물어본 뒤 처방을 내린다는 것이었다. 자못 궁금해진 소설가는 넝마주이로 변장하고 그에게 다가가 진찰을 받았고 다음과 같은 처

---

* 그리스 철학자 디오게네스는 가난하지만 부끄러움이 없는 자족생활을 실천했다. 일광욕을 하고 있을 때 알렉산드로스 대왕이 찾아와 소원을 물으니, 아무것도 필요 없으니 햇빛을 가리지 말고 비켜달라고 말했다는 일화로 유명하다. — 옮긴이

방을 받았다. "병을 고치려면 우리의 비참한 삶을 함께하면서 때로 우리 사이에서 벌어지는 피투성이 투쟁에 뛰어들어야 함." 그는 처방전 아래에 다음과 같이 서명했다."D. M. P.(파리 공인 의 사Docteur en Médecine de Paris)"[94]

도레 지역에는 재활용품으로 우산을 만드는 전문가 마르탱 영감이 있었다. 과거에 철도공무원이었던 그는 두 번의 기차사고를 겪은 후 청각을 잃어버려 철도회사를 그만두어야 했다.

이 공동체의 구성원은 원하든 원하지 않든 사회의 아웃사이더가 되어갔다. 본디 자신의 계층에서 실추한 사람들은 소수였다. 나머지 대부분은 넝마주이 부모 밑에서 태어나 대대손손 이 직업을 이어갔다. 완강하게 독립적인 이들은 '선량한 시민'이 자신들에게 보이는 경멸을 고스란히 시민에게 되돌려주었다. 그들은 "사회의 틀 속에 갇혀, 기계에 시선을 고정한 채, 위계질서와 근무시간을 중시하는 시민"의 고요한 행복을 마음껏 경멸했고, 시민에게 아예 관심을 두지 않았다. 그들은 기분이 내킬 때 일하면서 자유롭게 하루하루를 살아갔다. 1884년 2월, 파리 13구 도시미화과에서는 넝마주이 284명에게 미화원으로 채용하겠다고 제안했다. 그러나 그들 중 단 8명만이 청소부 자리를 수락했고 나머지는 다음과 같이 분개하며 그 자리를 포기했다. "우리는 자유롭게 일하고 싶다. 노예는 싫다. 그 일은 노인네들도 충분히 할 수 있다. (……) 우리가 원하는 것은 독립적인 직업을 갖는 것이다."[95] 그러나 이들이 요구하는 자유는 한계에 부딪힐 수밖에 없었다. 그들 역시 동업조합의 규칙과 위계질서를 따라야 했으며 근무시간과 시장의 법칙을 지켜야만 했기 때문이다.

넝마주이의 자부심을 잘 드러낸 두 편의 희곡이 있다. 빅토르 브누아Victor Benoist의 희비극에서, 서로 사랑하는 사이인 청소부의 아들 티티와 넝마주이 랄로크의 딸 시포네트가 결혼하려고 하자 랄로크는 신분과 계급에 맞지 않는다며 결혼을 반대한다. 나중에 파리 코뮌의 지도자가 될 펠릭스 피아Félix Piat는 1846년 대중적 비극 《파리의 넝마주이Le Chiffonnier de Paris》를 발표하여 대성공을 거뒀다. 이 연극에서 넝마주이는 "자루와 갈고리 기사단騎士團"들로 불린다. 파리의 디오게네스라 할 만한 주요인물 중 하나는 초롱불을 들고 밤마다 거리를 누비는데, 부르주아 시민의 어리석고 한심한 짓거리에서 나온 쓰레기를 비추면서 한껏 조롱하고 다닌다. 그 자신은 가난과 비참을 용기 있게 견뎌내는 노동자계급을 상징하는 인물로 그려진다.

넝마주이들은 사회가 염치없게도 자신들의 노고를 무시한다고 여겼다. 사실, 그들은 소비재의 가격을 낮추는 데 이바지하고 있었지만, 그들이 그 반대급부로 요구하는 것은 아무것도 없었다. 다만 그들은 자기들 사업에 남이 끼어드는 것을 거부했고, 경찰이나 재판에 휘말리기보다는 자신들 스스로 문제를 해결하는 쪽을 택했다. 공공복지 제도보다 동업자들끼리의 상부상조를 더 선호했고 지역 사회복지과에 등록하는 것을 수치스럽게 여겼다. 불구가 된 사람들도 구제시설이나 병원에 가지 않았고 고아들은 다른 넝마주이 가정에서 입양했다.[96]

쓰레기통의 등장과
넝마주이의 몰락

∾

　1883년 푸벨 지사의 칙령공표에 이은 쓰레기통 사용 의무화
는 넝마주이 집단의 격렬한 반발을 불러왔고 또한 그들을 동
정하는 집단의 분노까지 불러왔다. 가톨릭 노동자 그룹과 혁명
가 그룹은 대규모 집회를 조직해 치열한 설전을 이어갔고, '문
명의 천민'임을 당당하게 내세우는 푸벨 칙령 반대자들은 의원
들에게 청원서를 보냈다. 그들에 동조하는 여론과 언론에 힘입
어 마침내 의회에서 넝마주이에 관한 토론이 열렸다. 당시 '비
주Bijou(보석)'로 불리던 노동자 프랑수아의 증언은 큰 반향을 일
으켰다. 그는 푸벨 칙령 시행 이후 넝마주이들의 수입이 반으로
줄었음을 입증해 보였다. "넝마주이 가구 300호를 무작위로 추
출하여 조사한 결과, 칙령발표 이전에는 한 사람당 평균 2.25프
랑을 벌었으나, 현재는 1.05프랑을 간신히 번다."[97]

　'넝마공작Duc-chiffon'으로 불린 로슈푸코 비자시아Rochefoucaud-
Bisaccia 공작은 넝마주이들을 위해 열정적인 변론을 펼쳤다. 마
침내 넝마주이들은 두 가지 만족스러운 해결책을 얻어냈다. 하
나는 쓰레기통을 인도에 내놓는 시간과 쓰레기마차가 쓰레기
를 거둬들이는 시간 사이의 간격을 종전의 15분에서 1시간으로
연장한 것이었다. 나머지 하나는, 쓰레기통에 들어 있는 쓰레기
를 커다란 천 위에 쏟은 뒤에 선별하고, 남은 쓰레기는 다시 쓰
레기통에 담는다는 조건으로 넝마주이를 계속할 허가를 받아낸

것이었다. 파리에서 넝마주이가 허용되었지만, 시의원들은 공중위생을 이유로 들며 정기적으로 이런 허용정책의 철회를 요구하거나 항의했다. "천 위에 쏟아부었던 쓰레기를 다시 쓰레기통에 담는 때가 아주 드물어서 땅에 널린 온갖 쓰레기를 떠돌이 개들이 헤집어놓는다."[98]

푸벨 지사의 칙령은 야간작업을 완전히 사라지게 하여 넝마주이의 노동조건을 근본적으로 바꾸어놓았다. 비팽은 새벽 3시에서 4시가 되면 작업구역으로 나갔다. 쿠뢰르는 쓰레기마차와 몇 분 간격을 두고 15~20킬로미터에 이르는 거리를 다니면서 30~35킬로그램의 폐품을 수집했다. 넝마주이들은 버들가지로 짠 채롱을 더는 지고 다니지 않았다. 멀리 떨어진 집에 가서 채롱을 비우고 다시 오고 할 시간이 없었기 때문이다. 그 대신 손수레나 말이 끄는 수레를 써서 수집한 폐품을 담고 하루 한 번으로 일을 마쳤다.

넝마주이 구성원에서는 쿠뢰르가 사라지고 점차 플라시에로 대체되었다. 이들에겐 나중에 '일로티에îotiers(구역담당)'라는 별명이 붙는데, 수십 채의 아파트에서 나온 쓰레기 중에서 알짜만 골라 가졌다. 사실, 아침 일찍 쓰레기통을 내놓는 고역이 싫어서 건물관리인은 이 일을 넝마주이에게 맡길 때가 많았다. 이런 식으로 그들은 몇몇 건물의 쓰레기를 독점하기 시작했다.

상황이 바뀌자 또 다른 유형의 넝마주이가 등장했는데, 이른바 '쓰레기마차의 넝마주이'였다. 시에서 인가받은 수거업자가 쓰레기마차에 올라탈 수 있게 허락한 넝마주이들이었다. 이들은 차에 올라타서 쓰레기를 발로 밟고 쓰레기통을 올리고 내리는 일을 거들었는데, 그 대가로 자신이 원하는 폐기물을 가져갔다. 수거업자는 그런 방식으로 인건비를 줄일 수 있었다. 몇 년 후에는 이들에게도 그날그날 품삯을 셈해서 주었는데, 1913년에는 약 500명에 달하는 넝마주이가 파리 시로부터 일급 1.35프랑을 받았다. 그러나 쓰레기마차 넝마주이는 제2차 세계대전 직전 덤프트럭이 도입되자 사라졌다. 이따금 '똥지게꾼 넝마주이'가 항구의 쓰레기처리장에서 다른 지방으로 보낼 쓰레기를 뒤적거리곤 했다. 같은 시기, 뉴욕에서는 넝마주이들이, 바닷가로부터 멀리 떨어진 곳에 매립할 예정인 쓰레기를 처리장이나 너벅선, 거리에서 여전히 뒤지고 있었다.

오랫동안 번창해왔던 거리의 넝마주이 일은 서서히 내리막길로 접어들었고, 도시 대부분에서는 이 일을 금지하고 나섰다. 위생학자들의 압력과 산업에서의 일대 혁신으로 쓰레기 수거와 재활용을 업으로 삼던 회사들은 급기야 고사상태에 이르렀다. 또한 운송방법의 확산 덕분에 산업은 자연에서 추출한 원료와 토양을 활용하기 시작했고, 그와 동시에 도시의 재생자원은 조금씩 포기하였다. 대체품이 생긴 산업은 넝마주이가 수집해오던 재료의 품질을 더욱 까다롭게 요구하고 나섰다.

1865년부터 목재나 밀짚, 나래새alfa*로 종이펄프를 만드는 방

---

* 지중해 서부지역에서 밧줄과 끈, 종이를 만드는 재료로 쓰이던 볏과에 속하는 풀들. 약 150여 종이 있으며 끝이 날카로운 낟알과 실처럼 기다란 까끄라기가 있다. ― 옮긴이

식이 가능해지자 그때부터 종이산업은 가히 놀라울 정도로 비약적 발전을 거두었다. 더욱이 1881년 7월 29일 언론자유법이 발효되면서 수많은 신문이 생겨난 것이 결정적 계기가 되었다고 해도 과언이 아니다. 따라서 이전에 종이펄프를 만드는 유일한 재료였던 표백한 헌 옷감은 점점 밀려났다. 1900년 이후 헌옷감은 고급종이를 만드는 데만 쓰이면서 전체 종이펄프 재료의 약 10분의 1 정도밖에 차지하지 못하였다. 헌 옷과 헌 종이 시장은 마침내 무너졌다.

다른 여러 재료를 보더라도 경쟁은 가차 없었다. 가발제조업에서는 마로 만든 머리카락이 천연 머리카락을 몰아내어 1879년에서 1902년 사이 천연 머리카락의 가격은 60퍼센트나 하락했다. 또한 지층에서 추출한 자연산 인이 흔해지면서 뼈에서 추출한 인을 몰아냈다. 세공품 제조업에서는 최초의 인조플라스틱인 셀룰로이드가 뼈를 대신했다. 나이트로셀룰로스를 재료로 하여 만든 이 합성물질은 1868년 미국의 하이어트 형제가 발명했는데, 당구공 재료였던 상아를 대신하기 시작했다.

재활용시장의 전반적인 하락은 넝마주이들을 더욱 가난하게 했다. 게다가 전반적인 경제침체기였던 이 시기에 파리 시민의 쓰레기양 또한 더불어 줄었는데 그나마 밤 동안에는 쓰레기통에 꼭꼭 담겨 있었다. 대책 없이 분노하는 시기를 보낸 뒤에야 넝마주이들은 저항에 나섰다. 서로 연대하여 도매상인들에 맞서 조직을 만든 것이다. 넝마주이들은 협동조합을 만들어 창고를 빌리고 그곳에서 쓰레기를 분리하고 처리하면서 넝마주이 십장을 거치지 않고 자신들이 직접 상품을 팔기 시작했다. 1908년 4월에 구성된 파리 13구의 넝마주이 조합은 "넝마주이로 수집한 재활용품을 직거래하고 생계를 유지할 만한 정도로 가격을 유지"하는 것을 목표로 삼았다.[99] 그들은 폐품의 부피를 줄이는 데 쓰는 절구와 저울을 갖추었고, 소속 넝마주이들에게는 폐품을 조합에 독점으로 넘길 것을 의무화했다. 그들은 접수, 무게 재기, 분리, 상품배송 등을 서로 돌아가면서 맡았으며, 당일 시세에 따라 얻은 수익을 아침마다 분배했다.

협동조합 운동과 병행하여, 1884년에는 노동조합 형태의 연대가 조심스레 나타나기 시작했다. 센 현 넝마주이노조가 《깨어나는 넝마주이》를 펴내자, 노조가 속해 있던 노동총동맹 La Confédération générale du travail은 즉각 지지하고 나섰다. "우리는 거대한 독점가들에 대항하여 투쟁해야 한다."[100] 그러나 이 같은 조직화의 시도는 한낱 시도에 그쳤을 뿐이다. 왜냐하면 넝마주이들의 독립적인 습성과 맞지 않았고, 장비구입에 필요한 초기 출자금을 모을 수가 없었기 때문이다. 헌 옷, 뼈, 유리 같은 재료를 전통적으로 수거하는 것은 전쟁이나 전쟁 후처럼 예외적으로 궁핍한 시기 말고는 이제 거의 수익성이 없었지만, 반면에 이들 자원의 시장거래는 최고기록을 경신하고 있었다.

1946년, 넝마주이에 관한 새로운 규정이 발효되었다. 11월 30일, 공중위생을 위하여 센 현 전체에서 넝마주이를 금지하는 칙령을 발표한 것이다. 넝마주이들은 즉시 들고일어났다. 언론에서는 이들과 이들을 지지하는 정당의 격렬한 항의를 다루었다. 12월 6일 소집된 의원총회에서는 모든 정당의 시의원이 현 지사의 결정에 항의했다. 파리에서 활동하는 넝마주이 4만 명과 도매상인 900명, 분리작업 노동자 7,000명의 일자리를 지키기 위한 다양한 변론이 펼쳐졌다. 사람들은 그들이 쓰레기통을 비워 수거하고, 남은 쓰레기를 다시 쓰레기통에 깨끗하게 담고 있다고 강조했다. 또한 그들이 수거한 쓰레기의 재활용을 통해 낭비를 막을 수 있고, 또 그들 덕분에 국가에 꼭 필요한 원료의 구매비용을 절감할 수 있으므로 넝마주이들이 나라에 이바지하고 있다고 칭송했다. 그러자 비시 정권*에 의해 와해됐던 넝마주이노조가 다시 조직되었고, 거센 반발 앞에서 현 지사가 후퇴하여 결국 칙령은 없던 일이 되었다. 그러나 파리에서 넝마주이 일을 계속하려면 반드시 허가증을 발급받도록 의무화했다. 당시 프랑스의 다른 도시들은 대부분 넝마주이 활동을 금지했다.

넝마주이들은 또한 가정마다 돌아다니면서 고물을 사들이는 고물상과 경쟁해야 했다. 고물상은 말이 끄는 수레를 몰고 다니면서 창고나 지하실을 치우려고 자기를 부르는 집이 어디 없나 살피면서 "헌 옷이나 병, 안 쓰는 쇠붙이들 삽니다!"라고 외쳤다. 창문을 기웃거리다 보면 헌 물건을 치워달라는 요청이 들어왔다. 떠돌이 상인들이 으레 그렇듯이 고물상은 거리의 소란 속에서도 잘 들리도록 개성 있는 목소리로 외치며 헌 옷, 헌 책

---

* 비시 프랑스Vichy France. 공식 명칭은 에타 프랑세État Français. 제2차 세계대전이 벌어지던 1940년 7월 프랑스가 나치 독일에 패한 뒤부터 1944년 9월 연합군에 의해 파리가 해방될 때까지 필리프 페탱 원수가 통치하던 괴뢰정권 — 옮긴이

등 다양한 물건을 수집했고, 물건을 구한 다음에는 곧장 되팔거나 직접 손을 봐서 팔기도 했다.

'자루와 갈고리 기사단'은 부자나라의 도시풍경에서는 이미 사라진 지 오래다. 오늘날, 비닐봉지에 밀봉되어 뚜껑 달린 커다란 통에 담긴 쓰레기를 뒤진다는 것은 사실상 거의 불가능하다. 바퀴 달린 대형 쓰레기통의 등장으로 사람과 동물이 쓰레기를 뒤지는 일은 이제 종말을 고했다고 볼 수 있다. 그러나 경제위기가 닥치면 넝마주이는 다른 형태로 다시 등장하곤 한다. 주민 상당수가 넝마주이로 전업했던 아르헨티나의 예를 들 수 있다. 오늘날 보스턴, 홍콩, 오사카, 베이징, 리우데자네이루 등 많은 대도시에서는 직업적으로 일하거나 또는 어쩌다 한 번 작업하는 넝마주이들이 카트나 자전거를 끌고 거리를 훑으면서 버려진 금속, 옷, 종이, 전자기기, 술병, 콜라 캔 등을 주워 모은다. 어떤 이들은 이것으로 먹고살고, 어떤 이들은 부족한 월급에 보탠다.

몇몇 도시미화원 또한 물건을 찾으려고 쓰레기통에 눈길을 던지면서 '쓰레기마차에 탄 넝마주이'의 관습을 지속하는데, 고급호텔과 높은 빌딩의 쓰레기통을 특별히 더 탐낸다. 쓰레기통의 내용물을 제거하는 임무를 맡은 '미는 청소부ripeur'는 일하다 찾은 물건을 수선해 팔아서 푼돈을 모으기도 한다. 금지했으나 사실은 허용하는 '넝마주이'는 파리, 뉴욕 등 모든 곳에 다 있다. 그들은 전선, 낡은 수도꼭지, 동파이프, 구리선 등은 분리하여 고철장수에게 판다. 이런 유형의 넝마주이는 개발도상국에서 아주 흔한 일이다. 시청에서 쓰레기를 거둬갈 때 쓰레기를 따로 분리하는 것은 도시미화원의 월급을 보충하는 관습적인 활동인데, 1990년대 멕시코에서는 쓰레기차 순회시간의 10퍼센트, 보고타는 30퍼센트, 방콕은 40퍼센트를 쓰레기 뒤지기에 할애하는 것으로 알려졌다.[101]

물물교환의 기수, 농촌의 넝마주이

&

농촌의 넝마주이 방식은 도시와는 다르게 이루어졌다. 브르타뉴 지방의 넝마주이들은 '필라우에 pilhaouer*' 또는 '필로투 pillotou'로 불렸는데, 헌 옷, 토끼 가죽, 돼지 털, 말 꼬리털, 뼈, 고철 등을 도자기나 손수건 등과 교환했고, 계절에 따라 사과, 배, 체리 등과 맞바꾸기도 했다. 18세기에는, 숲 속에서 나무로 그릇을 만드는 '부아슬리에 boisseliers'에게 목제 그릇이나 접시를 헐값에 사들여 교환품으로 이용했다. 헌 옷의 무게를 다는 기구로는 '크로그 푸제 krog pouser'라는 저울이나 대저울을 썼다.

유난히 척박한 농촌마을 몽다레 Monts d'Arrée에서는 농부들이 농사 외에도 보따리장수, 길쌈, 넝마주이 등 다른 일을 해야만 먹고살 수 있었다. 그래서 한때 농부들은 말이 끄는 짐수레

---

* 브르타뉴 방언으로 넝마주이 — 옮긴이

나 마차, 또는 제2차 세계대전 후에는 심지어 자동차를 타고 여기저기 떠돌아다니면서 일했다. 넝마주이 일은 모심기, 수확 등 농번기 사이사이에 이루어졌으며, '필라우에'들은 시골을 떠나거나 돌아올 때 선술집에서 만나 능금주를 한 잔씩 걸쳤다.

레옹 Léon이나 코르누아유 Cornouaille 지방을 돌아다니면서 그들은 마을에 도착할 때마다 나팔과 클라리넷을 불거나 "헌 옷 주세요! 헌 옷! 집에 갈 수 있게 많이들 주세요!" 또는 "헌 옷이요! 로슈 촌사람한테 헌 옷 주세요! 사발이나 수저, 구두끈이나 체리 드립니다!" 하고 소리치면서 도착을 알렸다. 이 소리에 조무래기들이 달려와서 요란스럽게 필라우에 뒤를 따라다니곤 했다. 넝마주이들은 저마다 아버지에게 물려받은 전담구역이 있었고, 아이들은 아버지를 따라다니면서 일을 배웠다. 이 영역은 대개 가족 중 남성구성원 간에 전수하는 것이 대부분이었다. 필라우에는 수집한 폐품을 도매상인에게 넘겨 돈을 벌었고, 그중에서 숙박비와 영업세를 제해야만 했다.

여러 지방의 소식과 농담을 전해준 탓에 시골에서 인기가 아주 많았던 필라우에는 이따금 농가의 식탁에 둘러앉아 함께 보리죽이나 감자튀김을 먹기도 했다. 그러나 그들의 사회적·경제적 역할을 부인할 수 없음에도, 땅에 붙어사는 시골 사람들은 떠돌이 넝마주이들을 경계했다. 필라우에는 종종 '크로크 미텐느 croque-mitaine*'가 되었다. 엄마들이 아이들을 겁주려고 다음과

---

* 아이들을 겁주려고 둘러대는 귀신이나 도깨비 — 옮긴이

같이 필라우에 흉내를 낼 때가 잦았기 때문이다. "아주머니, 여기 내다 팔 아이들 없소?" 그러나 '넝마주이처럼 춤추기를 좋아하다'라는 관용구가 생길 정도로 넝마주이는 유쾌한 낙천가로서의 평판을 누렸다. 사제들은 넝마주이들이 영혼의 가치는 모르면서 헌 옷의 가치는 잘 아는 것을 유감스러워했다.

집집이 다니면서 헌 옷과 다른 고물을 수집하는 일은 16세기부터 번창해온 활동이었다. 넝마를 뜻하는 '시프chiffes', '필루pilhou', '필로pilhots', '게르쇼guerchots'는 모두 종이펄프의 1차 원료였기 때문이다. 1828년 무렵, 코트뒤노르Côtes-du-Nord의 제지업자들은 넝마 457톤, 피니스테르Finistère에서는 232톤을 종이로 만들었다.[102] 창고에 쌓인 넝마는 주로 여성들이 분리작업을 맡았다. 여성노동자들이 헌 옷을 범주별로 나누어 상자 속에 차곡차곡 쌓으면, 이어서 압착기가 상자를 눌러 단단한 덩어리로 만들고, 그것을 다시 펄프공장으로 보냈다. 1900년에는 브르타뉴의 큰 도시마다 도매상인이 주인인 넝마 창고가 하나씩 있었다. 그러나 화재 발생 위험과 분리작업 때 생기는 먼지, 그리고 견디기 어려운 악취 때문에 인근 주민의 항의가 빗발쳤다.

제지업자들이 목제 셀룰로오스와 신기술을 도입하기 시작하던 19세기 말에 이르자 브르타뉴에서도 파리에서처럼 넝마주이가 사양길에 접어들었다. 제2차 세계대전이 끝난 직후에는 합성섬유의 등장과 거대기업과의 경쟁에서 살아남지 못한 종이공장이 하나둘씩 문을 닫으면서 넝마주이가 심각한 위기에 처했다. 일부 필라우에는 전업하여 침구류 장사에 뛰어들기 시작했다.

빈곤국가의 쓰레기, 생존을 위한 수단

～

쓰레기장에서 '날것 그대로' 회수하는 형태의 수거활동은 빈곤국가와 신흥개발국가에서는 여전히 왕성히 이루어진다. 수많은 남성, 여성, 어린이가 거리와 쓰레기처리장에서 쓰레기를 뒤져 하루 끼니를 해결한다. 세계인구의 1~2퍼센트 정도가 부자들의 쓰레기에서 생필품을 얻는다고 추정된다. 재활용품의 회수는 쓰레기 수거 전과 수거 중, 운반 중, 처리시설로 갈아타는 역, 쓰레기처리장 등 모든 단계에서 이뤄진다.

예전에 유럽과 미국에서 그랬던 것처럼, 넝마주이는 종종 외국에서 온 이민자들이 맡거나 직장을 구해 더 잘살아보겠다는 희망을 품고 시골에서 도시로 올라온 사람들이 주로 맡는다. 농업노동자들 역시 넝마주이에 나서는데, 특히 농한기를 이용해서 수입을 보충하려는 의미가 강하다. 거리 아이들에게는 쓰레기 뒤지기가 종종 생존을 위한 드문 수단이 되기도 한다. 이 아이들은 무리지어 동네를 돌아다니면서 서로 돕기도 하고 서로 싸우기도 한다. 이들을 베트남에서는 '부이도이bui doi(먼지 같은 인생)'라고 부르는데, 그 세계에도 그들만의 규칙, 대장, 특별한 '일거리'가 있다. 마다가스카르 수도 안타나나리보에서는 아이들이 병마개나 숯조각을 주워 '수비크soubiques'라는 바구니에 가득 채운다. 이렇게 모은 것을 팔아서 공책과 연필을 산다.

델리, 마닐라, 멕시코시티, 튀니스 같은 곳에서는 온 가족이 도시의 거리를 샅샅이 훑고 다니거나 김이 모락모락 나는 쓰레기더미에서 재활용거리를 찾아낸다. 쓰레기더미에서 살면서 쓰레기에서 나는 것으로 생계를 잇는다. 쓰레기 속에서 찾아낸 음식으로 끼니를 해결하고, 주워온 판자와 양철로 쓰레기장 경계쯤 어딘가에다가 판잣집을 지어 그곳을 터전 삼아 지낸다. 넝마주이들은 암탉과 돼지를 키우기도 한다. 한숨이 절로 나오는 위생조건 속에 살면서 이 아웃사이더들은 '점잖은' 도시 사람들의 경멸에 부딪히고 부지기수로 경찰에게 괴롭힘을 당한다.

쓰레기를 분리한 다음 수확한 것은 재활용품 전문상점에 직접 팔거나 중개인에게 파는데, 이 방법이 가장 흔하다. 쓰레기 뒤지는 사람들은 일반적으로 자신의 전리품을 팔아도 별로 큰 이익을 보지 못한다. 분리작업장과 보관창고가 있는 수많은 중개인이 거의 강탈하다시피 빼앗아 가기 때문이다. 이들은 자기들이 기업에 파는 것보다 훨씬 싼 값에 재활용품을 사들여 훨씬 비싼 값에 되팔아 넉넉한 이득을 취한다.

멕시코의 유명한 쓰레기 중개업자 라파엘 기테레즈 모레노는 1980년대에 약 2만 명이나 되는 '페페나도레스pepenadores *'' 위에 군림했는데, 수많은 처리장에서 나오는 산물의 거래독점권을 틀어쥐고 있었다. 본디 페페나도르pepenador(넝마주이)였던 이 쓰레기의 제왕은 재활용품을 1킬로그램당 고작 몇 페소에 사서는 네 배나 더 비싼 가격에 팔면서 넝마주이들을 착취했다.

---

* '파헤치다'라는 동사 'pepenar'에서 유래한 말로 넝마주이를 뜻하는 말이다. ─ 옮긴이

그가 처리장의 관리책임자들과 쓰레기무게를 재는 '카보cabo' 들과 함께 위계질서가 엄격한 조직을 꾸리자, 그의 권력은 더욱 막강해졌고 스위스나 미국 은행계좌는 점점 더 두둑해졌다. 또한 많은 트럭과 저장창고, 별장이 그의 소유로 돼 있었다. 마피아 대부들처럼 그 역시 사회사업을 시작해서 학교 두 개와 스포츠팀에 재정을 지원했고, 성모축제에 가는 넝마주이들의 운송비를 대기도 했다.

1987년 쓰레기산에서 암살당한 그에게는 15명의 첩과 100여 명의 아이가 있었다. 어느 멕시코 신문은 다음과 같은 사망기사를 실었다. "쓰레기 덤프트럭의 영혼이자 제왕, 쇠, 종이, 넝마, 뼈, 골판지, 우유 팩, 양철 등 멕시코 사람 전체가 만들어낸 모든 쓰레기의 절대군주, 어떤 사람에겐 관대하고 어떤 사람에겐 폭군이었던 라파엘 기테레즈 모레노가 2만 명의 넝마주이를 남겨두고 사망했다."[103] 20여 년 뒤, 멕시코에서는 넝마주이가 여전히 번창하고 있다. 수백 명의 사람이 떠돌이 개들을 데리고 쓰레기에 달려들어 하루 열두 시간씩 일해봤자 손에 쥐는 돈은 고작 50페소(약 4달러)에 지나지 않지만, 그래도 사람들은 늘 북적거린다.

이집트의 '자발린zabbalines'은 가장 오래되고 발전한 넝마주이 조직 가운데 하나다. 5만에서 10만 명에 이르는 그들은 수천 개 군소기업의 생존에 이바지하고 있다. 수십 년 전부터 이집트 도시의 생활쓰레기 수거는 대부분 '자발린'의 손에서 이루어졌다. 2004년, 인구 1,700만의 대도시 카이로에서 나오는 1일 1만

3,000톤의 쓰레기 가운데 3분의 1을 자발린 소속 넝마주이들이 치웠다. 새벽에 이슬람교 사원의 첨탑에서 승려가 기도시간을 알리면, 그들은 쓰레기처리장 근처에 대충 지은 자신들의 판잣집을 나선다. 수백 대의 소형트럭과 당나귀가 끄는 수레들이 외곽지역의 허름한 동네를 떠나 카이로 중심부의 인구밀집 지역으로 향한다. 넝마주이들이 쓰레기로 가득 찬 바구니를 들고 계단으로 내려오는 동안 아이들은 당나귀를 지킨다. 정오쯤이 되면, 덜컹거리는 수레가 어지러운 길을 헤치고 처리장으로 다시 돌아온다.

김이 나는 쓰레기언덕에서 바로 분리작업을 시작한다. 악취 속에서 여성과 아이들이 종이, 헌 옷, 플라스틱, 금속, 유리조각, 뼈, 알루미늄 캔 등 온갖 종류의 재활용품을 분리해낸다. 때로는 이 수확물을 이용해서 옷걸이, 가방, 돗자리, 구두 굽, 관광기념품 등을 만들어 팔기도 한다. 시끄러운 파리 떼가 날아다니는 가운데 염소와 함께 돌아다니는 작은 돼지들이 음식물쓰레기를 먹는다.

대부분 농가 출신인 이 넝마주이들은 직업을 찾겠다는 희망을 품고 어느 날 이집트 남부에서 상경하거나 1967년 6일 전쟁이 터지면서 무장지대가 된 수에즈 운하 지역에서 상경한 사람들이다. 동업조합은, 집집이 돌아다니며 쓰레기를 직접 거둬들이는 넝마주이들, 트럭이나 수레 주인들, 분리수거 노동자, 상인과 구역 또는 여러 개의 건물 같은 작업구역을 보유한 사장들을 모두 모았다.

정부와 시정책임자는 이렇게 오래된 조직이 비위생적인 도시와 수치스러운 국가 이미지를 만든다고 평가하여, 결국 외국 회사에 생활쓰레기 관리를 맡기는 등 여러 차례에 걸쳐 '현대적 시스템'으로 대체하고자 시도했다. 2002년에는 스페인과 이탈리아 회사가 계약을 맺고 수도의 쓰레기를 수거·압축해서 사막에 마련된 처리장으로 보내는 일을 맡았다. 그러나 이 결정은 넝마주이와 그 고객을 불안하게 했다. 이 같은 방식으로 수거하고 재활용하면 수천 개의 작업장과 '자발린'에서 유리한 가격으로 원료를 사가는 소기업들의 활동을 아예 죽이는 결과를 낳기 때문이었다.

어찌 됐든 카이로에서는 쓰레기수거 시스템 현대화를 위한 다양한 시도가 결국 실패로 끝났다. 아흐메드 나지프Ahmed Nazef 총리는 외국회사들이 카이로 시민의 마음과 쓰레기를 얻는 데 실패했음을 공식적으로 확인했다. 실제로 카이로 시민은 자발린이 적은 비용으로 쓰레기를 바로 집 문 앞에서 수거한 뒤 이를 85퍼센트 재활용하는 것을 더 좋아했다. 이렇게 높은 재활용률은 이집트뿐만 아니라 다른 나라에서도 감탄을 불러일으킬 만큼 높은 수치였다. 외국회사들은 과도한 요금을 선취하여 결국 소송을 당했고, 법정은 이 요금이 위헌이라면서 원고의 손을 들어주었다.

자선사업기관과 비정부기구, 또는 카이로의 에마뉘엘 수녀나 마다가스카르의 페드로 신부 같은 개인은 넝마주이의 삶과 노동조건 개선을 위해 헌신했다. 약 100만 명이 쓰레기 덕분에 산다고 알려진 인도에서는 1990년대에 자선단체들이 가장 어린 '넝마주이raddiwallahs'를 위한 구호소를 열었다. 일해서 얻은 수확물 가운데 얼마간을 내면 숙소와 음식을 제공하고 기초적인 학교교육을 해주는 곳이었다. 멕시코에서는 '행동하는 도움 Ayuda en accion' 협회가 쓰레기처리장에서 일하는 노동자들의 건강과 교육 수준을 개선하기 위해 노력했다.

베이징이나 다른 중국 도시에서와 마찬가지로 상하이에서는 수천 명의 넝마주이가 쓰레기를 거래하여 밥벌이를 한다. 이들은 '쓰레기통 약탈자'로 불리는데, 그 까닭은 원료가 부족하다 보니 재활용쓰레기가 매우 귀하기 때문이다. 조사에 의하면, 이들은 쓰레기의 30퍼센트를 회수한다고 한다.[104] 그들은 거리를 다니며 쓰레기통을 뒤지고 자전거나 수레를 써서 상자, 나무판자, 플라스틱병, 화장지, 뼈, 고무, 폴리스티렌조각, 고철 등의 수확물을 모아 중개인이 운영하는 창고로 가져간다. 어떤 넝마주이들은 민영주택단지의 수거독점권을 얻기도 하는데, 때로는 이를 위해 건물주에게 달마다 권리금을 줄 때도 있다.

이런 지하경제는 상하이 시의 쓰레기분리와 재활용 프로그램이 시작된 1989년 이후로 발전하기 시작했다. 정부는 넝마주이에게 거주권과 임시노동을 허용했지만, 이러한 장려책에도 상하이 주민은 넝마주이의 활동을 불명예스럽다고 여기며 그들을 멸시한다. 이와 더불어 걱정스러운 일이 또 생겨났다. 재활용기업의 집중화와 분리수거센터의 경쟁이 바로 그것이다. 자원이 부족해지면 이들은 직원을 주민 개개인의 집으로 보내 포장지,

종이, 낡은 텔레비전 수상기 등 재활용할 만한 물품을 사오게 한다. 또한 이들 기업은 구역을 잘 알고 경험이 풍부한 독립 넝마주이들을 직원으로 뽑으려고 한다.

마오족Miaos과 다른 소수민족 역시 쓰레기 덕분에 생존하고 있다. "등에 커다란 대나무 바구니를 지고 집집이 다니며 생활쓰레기를 수집하고 거리의 쓰레기통을 뒤진다. 정오가 되면 출발점으로 돌아와 수확한 것을 내려놓고 다시 수집하러 나선다."[105] 사회에서 실패한 사람들도 넝마주이가 된다. 명문 동지同濟 대학교를 나온 전 건축가 류빙주Lu Bingzou는 건강문제 때문에 일찍 일을 그만뒀다. 사회적 신분의 한없는 추락에도 그는 대출로 산 두 채의 아파트 빚을 갚으려고 분투 중이다. 그는 가장 사치스러운 동네에서 쓰레기를 분리하는데, 특히 이 구역은 플라스틱병을 수집하기에 좋다.[106]

어떤 넝마주이는 엉뚱한 시도로 인생을 바꾸기도 하는데, 상파울루에 사는 세베리노 데 수자는 종이를 줍는 넝마주이로, 6년간 쓰레기더미에서 1만 권의 책을 살려냈다. 그 책들로 25층짜리 무단거주지에 도서관을 만들었는데, 이 도서관은 2,000명 이상을 수용하여 라틴아메리카에서 가장 큰 도서관으로 알려졌다. 그의 꿈은 "무단거주지에 문학과 문화를 최대한 뿌리내려 꽃 피우게 하는 것이고, 노숙자에게도 문화가 있다는 것을 보여주고 싶다고 한다."[107]

이스탄불의 옥테이Oktay라는 사람도 문학에 열정이 있었는데, 나중에는 서점주인이 되었다. 물론 이 넝마주이도 젊어서는 거리의 쓰레기를 수집하며 생계를 유지했다. 당시 그는 어느 창고에서 쓰레기를 분리하고 저장하고 팔기도 하면서 그곳에서 먹고 자며 생활했다. 그러던 어느 날, 책을 한쪽에 따로 두기 시작했는데, 헌책장수들이 사러 왔기 때문이다. 그에게 인생의 전환점은 어느 지식인이 거리 아이들과 함께하는 프로젝트를 시작하면서 그에게 도스토예프스키 소설책 한 권을 준 바로 그 시점이었다. 이때부터 그의 책 사랑이 시작되었고 이후 그는 잭런던, 스타인벡, 카뮈, 카프카와 다른 여러 작가의 작품을 탐독했다. 이어서 거리에 책 가판대를 열었고 나중에는 이스탄불의 부유한 동네에 서점을 열었다. 이 헌책장수는 옛 동료에게서 책을 사는데, 그들과는 공모자로서 애정 어린 관계를 유지하고 있다. 그는 자신의 과거를 절대 부인하지 않을뿐더러 오히려 어느 정도 향수를 느끼고 있다. "나는 쓰레기통에서 신문 줍는 것을 좋아했어요. 자유롭고, 아무도 내게 명령하지 않고, 원하면 앉았다 다시 일어나고. (……) 이런 환경에서 나를 따로 떼어놓을 수가 없습니다. 쓰레기통 수집은 단지 돈을 벌기 위한 것만은 아니었어요! 나는 그 일을 의식하면서 했고, 평화를 맛봤고 좋아했습니다."[108]

예나 지금이나 사회에 그토록 유용한 떠돌이였던 넝마주이는 자신의 직업에 자부심을 느끼지만, 여전히 천민으로 남아 있다. 너무도 열악하고 안타까운 위생조건 속에서 비참하게 사는 쓰레기처리장의 넝마주이들은 다른 사회그룹의 무시를 당하거나 공권력이 함부로 억압하는 영순위 대상자가 된다. 공공도로에서 생활쓰레기 뒤지는 일은 일반적으로 금지되었지만, 여전히 공공연하게 이루어진다. 각 도시의 시장은 종종 이 소외집단의 활동을 없애버리고 더 효과적이고, 더 위생적으로 보이는 현대적인 도시 쓰레기관리 시스템으로 바꾸려고 한다.

그러나 개발도상국의 일부 시정책임자는, 고유한 근거가 있는 지역자원 재활용방식을 뒤흔들면 오히려 많은 실패가 따를 수 있음을 경계한다. 그들은 이 '비공식적인' 자원재활용 제도가 공식적인 공공업무와 잘 어우러지게 쓰레기수거인을 도움으로써 공공위생을 개선하고, 그에 따라 원료구매 비용을 줄이는 것이 더 바람직하다고 여긴다. 쓰레기수거인이 거둔 물건의 값어치를 높이고 더 나은 위생조건에서 일할 수 있도록 협력하면서 시행하는 모든 작업은 결국에는 좋은 결과를 낳는다.

탐욕스러운 중개인에게서 넝마주이를 보호하는 가장 효과적인 방법은 쓰레기수거인에게 법적인 위상을 부여하고 그들을 쓰레기관리 시스템에 통합하거나 상업화를 위한 협동조합을 시행하는 것이다. 몇 가지 주도적 사업 때문에 이런 개선이 가능했는데, 특히 다양한 '군소직업' 양성, 다른 곳에서 시행 중인 재활용 형식에 관한 정보나 회수재료의 변형기술에 관한 정보 교류 등의 사업을 들 수 있다. 그 덕분에 쓰레기 하치 및 재활용센터에 물과 전기시설을 갖추게 되었고 봉제, 목공, 폐플라스틱으로 공예품 만들기 작업장을 신설하는 등의 조정사항을 시행하기도 했다.

거의 100만 명에 달하는 인력을 갖춘 전통적인 비공식조직에 쓰레기처리 대부분을 의존하는 브라질에서는 1990년대 초부터 통합관리 개념을 시도하였다. 한 재활용·전문가협회CEMPRE*는 넝마주이들이 결집한 협동조합의 창설과 협회구성을 지지했으며, 이를 통해 넝마주이라는 '비공식산업'의 구축에 이바지했다. 이렇게 이뤄진 자원회수율을 들여다보면, 일부 재료에서는 그 결과가 매우 설득력이 있는데, 브라질은 알루미늄 캔의 재활용에서는 세계챔피언임이 밝혀졌다.

따라서 시정관리자들은 내버려두기와 급격하게 바꾸기라는 이중의 암초 사이를 잘 살펴야만 한다. 현대화에 대한 넝마주이들의 저항은 서구 도시에서 그들의 선임자가 보여주었던 저항보다 더 오래갈 수 있기 때문이다.

---

* Compromisso Empresarial para Reciclagem의 약어로 자원재활용을 위한 기업중재

4장

쓰레기처리장이 만들어낸
도시풍경

인류는 오랫동안 쓰레기를 도시 외곽 경계지역의 처리장에 버려왔다. 차량을 이용해 도시 중심부에서부터 쓰레기를 외곽 지역으로 실어날랐는데, 시간이 흐르면서 쓰레기가 주변의 윤곽을 바꿔놓았다. 도시가 평평하게 펼쳐졌다면 쓰레기는 이전부터 쌓여왔던 오래된 쓰레기더미를 껴안으며 주변의 농촌을 흡수했다.

　이러한 쓰레기 해결책은 악취, 수질오염, 가스발생, 화재와 폭발 등 많은 위험사고의 원인이 되었다. 여러 해로운 결과에 직면한 시정당국자들은 '부아리'로 부르던 쓰레기처리장을 '제어방식 처리장décharges contrôlées'으로 바꿔 부르기 시작했고, 이어서 '매립기술센터centre d'enfouissement technique'로 다시 명칭을 바꾸었다. 용어의 점진적 변화는 처리장에 더 나은 이미지를 부여하려는 선택이었으며, 또한 기술혁신 덕분에 쓰레기매립 방식이 꾸준히 개선되고 있음을 보여주는 것이기도 했다. 그러나 분리하지 않고 그대로 버리는 '불법' 쓰레기장이나 처리하지 않고 버리는 '미처리 처리장décharges brutes' 역시 여전히 버티고 있다.

여러 가지 처리방식을 적극 선택하도록 하기 위해 많은 나라에서는 처리장에 버려지는 쓰레기에 톤당 세금을 매겼다. 프랑스는 이 세금으로 '환경과 에너지 관리국ADEME'이 관리하는 쓰레기관리 현대화 기금Fonds de modernisation de la gestion des déchets을 운영하고 있다. 이 기금으로 오염된 지역의 원상복구와 선택적 수거 및 분리, 처리설비와 기술혁신 연구비용을 지원한다. 생활쓰레기 매립세는 1999년 전반적인 활동과 관련하여 오염세로 대치되었다. 2007년에는 처리장에 들어가는 쓰레기 저장비용이 유럽 국가 대부분보다 훨씬 적게 나왔는데, 설비의 규정적합 정도에 따라 가장 적합한 것은 톤당 9유로, 미처리쓰레기는 36유로가 나왔다. 이 세금의 이익금은 정부예산에 들어가는데, 쓰레기정책 지원에 일부만 이바지하고 있다.

매립설비는 점점 더 잘 제어되고 있지만, 도시의 인구밀집 지역 근처에 쓰레기를 수용할 부지가 더 없다 보니 부유한 지역에서는 주저하는 모양새다. 프랑스의 인가받은 저장센터들은 생활쓰레기의 거의 40퍼센트를 받아들이고 있다. 영국에서는 처리장 수가 줄어들었으며, 미국에서는 1988년 약 8,000개이던 것이 2006년에는 1,754개로 큰 폭으로 줄어들었다. 그러나 이들 부지의 공간은 점점 더 넓어지면서 쓰레기의 절반 이상을 흡수한다.[109] 처리장은 가장 쉽고 비용이 적게 드는 쓰레기제거 방식이기 때문에 특히 빈곤국가나 고립된 농촌처럼 작은 지역에서는 쓰레기를 치우는 유일한 방법이기도 하다. 인간이 만들어낸 쓰레기의 4분의 3은 쓰레기저장소에서 최후를 맞는다. 처리장은 아마 이후로도 주요한 쓰레기배출구로 오랫동안 남아 있을 것이다.

연기가 피어나는
쓰레기언덕의 치욕

오래전부터 마을이나 도시 경계에 쓰레기를 갖다버리는 것은 싼값에 쓰레기를 치우는 가장 손쉬운 방식이었다. 낮은 땅을 쓰레기로 메꾸면 그곳이 조금씩 솟아올라 쓰레기는 인공언덕을 만들어낸다. 1970년대 말까지 소비사회의 이 혼란스러운 쓰레기처리장은, 다시 쓸 만한 잡다한 물건을 찾아 뒤지는 '쓰레기광'들의 놀이터였다. 농촌에 있는 몇몇 쓰레기처리장은 뜻밖의 것들이 묻혀 있는 광맥이었고, 수집가와 전문회수업자 또는 옛 시절을 떠올리던 사람이 어쩌다 찾아가보는 만남의 장소이기도 했다. 실업자, 예술가, 퇴직자, 기발한 발명가는 그곳에서 담소를 나누고 최신 '쓰레기 횡재 정보'를 나누기도 하면서 주운 물건을 서로 맞바꾸거나 상대에게 주문하기도 한다. 때로는 쓰레기를 버리는 사람들이 세심하게 배려할 때도 있다. 어느 기자의 얘기다. 하루는 버려진 가스오븐을 발견했는데, 그 오븐 안에는 이런 내용의 편지가 들어 있었다. "이 오븐을 쓰려면 주의하세요. 작동하기는 하는데 이따금 저절로 불이 꺼져버릴 수 있답니다."[110]

1987년 가을, 실업문제로 심한 타격을 입은 낭트 근처 오르보Orvault 지방의 어느 초등학교 교사는 학생 아홉 명에게 겨울을 따뜻하게 날 털 장화가 없다는 사실을 알게 되었다. 여교사는 부유한 가정의 쓰레기가 모이는 샤펠쉬르에르드르Chapelle-sur-Erdre의 자이유jaille*를 정기적으로 찾아가 열심히 뒤졌다. 두 달 뒤, 마침내 선생님은 목표를 달성하였다. 정성스레 씻어서 왁스를 칠한 새 장화 아홉 켤레가 학교 안으로 들어온 것이다.

계절에 따라 쓰레기는 조금씩 내용의 차이를 보였다. 봄이 시작될 무렵에는 낡은 옷이 많고, 여름이 시작될 무렵에는 헌책과 공책이 많으며**, 크리스마스철에는 망가진 장난감이 많이 나오는 식이었다. 쓰레기광들은 계절별 특성과 그에 따른 변화를 잘 알아서 허탕치는 일이 드물었다. 수명이 다한 줄로만 알았던 물건은 이렇게 다른 길을 찾거나 때로는 전혀 새로운 용도로 쓰이기도 했다. 인간의 상상력과 아이디어는 애초의 용도와는 다른 용도로 쓰레기를 활용할 만큼 기발했다.

그러나 이 '중고의 천국'이 다른 사람들에게는 혐오스러운 장소이자 병의 근원지였다. 쓰레기처리장은 토양오염과 지하수층 오염의 근원지일 수 있었다. 악취 나는 비위생적인 쓰레기

---

* 쓰레기장을 뜻하는 그 지역 고유의 표현이다.
** 프랑스는 6월이 학년 말이다. ― 옮긴이

처리장에서는 먼지와 더러운 종이, 플라스틱이 바람에 날아다 녔고, 새와 쥐들이 좋아하는 음식의 저장고이기도 했다. 때로는 저절로 화재가 발생해서 주변 숲을 다 태우기도 했고, 어떤 이들은 생활쓰레기 전용처리장에 유독성 산업쓰레기를 몰래 버리기도 했다. 일부 쓰레기처리장은 매립 후 너무 일찍 건설부지로 사용한 탓에 장기균이 발생하여 주민을 병들게 하기도 했다. 네덜란드에서는 전후, 인구급증에 따른 주택난을 급히 막아보려는 차원에서 쓰레기처리장 위에 주거단지를 건설했다. 그런데 입주민이 구토증세를 보이기 시작했고, 얼마 후 옛 쓰레기처리장에서 발생한 독성물질이 어이없게도 상하수도관을 타고 올라온다는 사실을 알게 되었다. 그곳 주민이 저주받은 주거단지에서 일제히 빠져나온 뒤, 결국 단지는 헐려버렸다. 1984년, 구데락Gouderak에서는 100여 가구의 집을 허물었다. 도르드레트Dordrecht에서는 '죽도록 겁에 질린' 많은 주민이 마을을 떠나면서 담벼락에 커다랗게 '독 毒'이라고 써놓기도 했다.[11]

브뤼셀 인근의 작은 마을 멜르리Mellery에서는 쓰레기처리장 때문에 주민이 모두 마을에서 도망치는 일이 있었다. 1992년, 마을주민은 물이 오염되었을 뿐 아니라 암을 일으키는 벤젠 가스 등이 마을공원의 흙에서 올라와 거리와 가정으로 퍼진다는 사실을 알게 되었고, 많은 아이가 유전자 이상을 보이는 사례 또한 발견하였다. 그 후 생활쓰레기와 유독성 산업쓰레기가 뒤섞여 있던 쓰레기처리장은 방수플라스틱으로 덮였다.

'떠도는 쓰레기' 현상으로 위와 같이 불결하고 위험한 장소가 점점 늘어나는 추세다. 사실 국가 간에 쓰레기처리에 관한 규범과 비용 면에서 커다란 차이가 있기 때문에, 또한 모호한 법제와 느슨한 세관검사 때문에, 때로는 온갖 종류의 쓰레기, 즉 플라스틱, 전자기기 폐기물, 유효기간이 지난 살충제, 병원쓰레기, 유독성 산업쓰레기 등을 밀수업자들과의 공모 속에 다른 나라로 수출할 수 있었던 것이다. 1985년과 1990년 사이에 많은 서유럽 국가는 500만 톤 이상의 쓰레기를 동유럽에 내다버렸다.

가난한 곳에 쌓이는 부자들의 쓰레기

이제 쓰레기처리장을 세울 만한 장소가 도시 외곽의 경계지역에는 거의 없다고 봐도 좋을 것이다. 더욱이 법규상의 제약으로 허용공간이 한정된 만큼, 산업화한 국가 간에 이 지역을 확보하려는 경쟁이 매우 치열하다. 게다가 지역의원들은 생활환경이 나빠지고 집값이 내려갈까 봐 걱정하는 지역주민의 반대에 점점 더 자주 부딪힌다. 처리장건설 계획이 발표된 지역의 주민과 환경운동가들은 대부분 처리장 신설을 맹렬하게 반대한다. 그들은 집 근처 처리장에서 나오는 위생상의 위험요소와 공해, 쓰레기차가 끊임없이 왕복하는 것 등을 두려워한다. 사업추진자들이 안심하게 하려고 아무리 애를 써서 설명해도 주민과 운동가들은 여전히 신기술의 안전성에 신중하다. 특히 과거의 쓰레기처리장에 관한 연구와 위생상태 조사에 따른 결과로, 그들의 불신은 더욱 커지고 있다. 의사들은 위험한 폐기물을 수용했던 지역의 인근에서, 특히 영국이나 이탈리아에서 심각한 건강문제를 발견했다. 조사결과, 암 발생률이 평균보다 높고 기형아 출산 또한 많았다. 설사 이 문제가 불법적으로 유독성 폐기물을 갖다버린 낡은 처리장과 관계있다 하더라도, 쓰레기장을 반대하는 변함없는 이유가 되기에 충분했다.

그래서 쓰레기는 도시 바깥에, 매립지 개설에 가장 덜 저항하는 가난한 사람들이 사는 바로 그곳에 자리 잡는다. 쓰레기는, 종종 은유적으로 말하는 것처럼 사회의 '쓰레기'들 옆에 부어지는데, 말하자면 '계급의 지형학'을 따르는 셈이다. 금전적 보상은 시청에서 소란을 피우는 반대자들을 잠재운다. 다른 곳에서 오는 쓰레기를 좀 더 쉽게 받아들이게끔 하는 것이다. 이런 관행은 특히 미국에서 아주 빈번하게 일어난다. 실업문제가 심각했던 버지니아 주 웰시Welsh는 매월 30만 톤의 쓰레기를 받아들이는 조건으로 800만 달러와 367개의 일자리, 그리고 폐수처리장 건설을 얻어냈다. 펜실베이니아 주의 작은 마을 털리타운Tullytown은 뉴욕과 뉴저지에서 오는 쓰레기 1,500만 톤을 받는 조건으로 15년간 해마다 4,800만 달러를 받았다. 이처럼 많은 작은 마을은 지원금을 받아 수영장이나 도서관, 스케이트장, 양로원 또는 다른 공공시설을 지으려고 쓰레기처리장 신설을 받아들인다. 늘 그렇듯이 이 과정에서 이따금 정치책임자의 비리사건이 발생한다.

법 규정과 처리비용에서의 큰 차이, 국경세관의 느슨한 통제 또한 독성쓰레기를 빈곤국가나 전쟁 중인 국가로 내보내는 데 한몫했으며, '떠도는 쓰레기' 현상은 불결하고 위험한 처리장을 양산해냈다. 전기·전자 제품의 분해는 특히 인건비가 많이 드는데, 예를 들면 인도에서 컴퓨터 한 대를 재활용하는 데 드는 비용은 서구보다 열 배나 싸다.

쏟아지는 쓰레기에 손을 쓸 수 없게 된 선진국은 아프리카나 아시아로 쓰레기를 보내버린다. 그곳에서 일부는 중고시장으로 보내지만, 대부분은 낱낱이 분해하여 개탄스러운 위생조건을 자랑하는 야외처리장에서 소각한다. 값나가는 금속인 동, 알루미늄, 강철 등을 추출해내려는 것인데, 그중에는 납, 수은, 브롬화물, 크롬명반 같은 위험한 물질도 섞여 있다. 이렇게 원시적으로 자원을 회수하는 것은 심각한 건강문제를 불러일으킨다. 납은 신장과 재생 기능에 영향을 주고, 브롬화물은 갑상샘 이상을 가져올 뿐 아니라 태아성장에 해를 끼친다.

인도에서는 마을 근처 공터에서 컴퓨터 부속품을 맨손으로 파헤치는데, 이런 불법관행이 아무렇지도 않게, 아무런 처벌을 받지 않은 채 대규모로 이뤄지고 있다. 플라스틱을 산에 녹이면 다이옥신을 함유한 유독성 연기가 발생하는데, 이는 특히 피부와 눈에 화상을 일으킨다. 쓰레기를 회수하는 노동자들은 대부분 아무런 보호장비 없이 온종일 일하고, 회수하고 남은 쓰레기는 처리장이나 강물, 늪에 그냥 버리기 때문에 토양과 물이 오염된다.

1980년대 중반부터 중국의 수많은 처리작업장과 거대한 쓰레기처리장에서는 전 세계에서 들어오는 전자제품을 받아들이고 있다. 2007년에는 새로 제정한 법규에 따라 건강과 환경을 크게 위협하는 '비공식적 쓰레기회수 작업'의 가능성을 가능한 한 줄였지만, 그럼에도 그 후 베이징에 세워진 한 처리공장에서는 연간 수십만 대의 전자제품 폐기물을 처리하고 있다. 이는 여전히 넘쳐나는 전자제품 폐기물 홍수의 극히 일부에 지나지 않는다.

가나에서는 텔레비전 수상기와 해체된 컴퓨터, 여러 다른 하이테크 폐기물이 쌓인 쓰레기더미 한가운데에 종종 꼬마들이 끼어서 금속회수 작업을 한다. 구리코일, 브라운관 등을 추출할 때 함께 딸려 나온 납과 카드뮴 부스러기는 그냥 땅에 버린다. 고철장수는 아무것도 씌우지 않은 구리철사만 받으므로 피복선은 제거해서 태워버린다. 이 과정에서 발생하는 시큼한 연기는 발암물질을 함유한 유독성분을 방출한다.[112]

환경보호에 앞장선다고 떠들어대는 부자나라들이 때로는 전혀 망설임 없이 자기네 쓰레기를 헐값에 남의 집에 쏟아붓는다. 이들은 쓰레기수출에 관한 국제법을 피해가는 데 도가 텄다. 특히 내전이나 전쟁으로 혼란해진 가난한 나라는 상품의 원산지를 감추려는 투기꾼이 가장 선호하는 나라다. '미확인' 쓰레기화물은 종종 생활쓰레기 가운데 은밀하게 숨겨진다. 이런 스캔들은 주기적으로 터지는데, 쓰레기처리장 인근에 거주하는 주민은 그제서야 비로소 자신들이 불법거래의 희생자임을 깨닫는다.

위험부품이 든 전자제품 폐기물의 거래는 높은 수익성을 보장하는데, 이에 대한 규제는 거대한 장애에 부딪히곤 한다. 미국에서는 폐기물수출이 합법적이다. 왜냐하면 위해폐기물의 이전을 아주 엄격한 조건으로 규제하거나 아예 금지하는 바젤 협약에 가입하지 않았기 때문이다.* 그러나 유럽이 이 협약을 채택했다고 해서 위해폐기물이 몰래 사라지는 걸 막을 수는 없다. 규정을 피해가면서 수천 톤의 전자제품 폐기물이 아무런 사전처리조차 거치지 않은 채 유럽 관문을 넘어가거나 '재활용 가능 자원'이라는 이름으로 국경을 넘어간다. 규정에 명시한 의무에서 벗어나려고 어떤 이들은 인도주의적 원조단체에 기부하는 것처럼 포장하기를 서슴지 않는다. 이런 문제에 부딪히자, 국경 간 이전의 남용을 막기 위한 협약은 큰 효과가 없는 것으로 드러났다. 그러나 적절한 처리방법도 없이 폐기물을 받아들이는 국가의 주민이 처한 위험은 실로 심각하다.

거대한 스캔들, 쓰레기 마피아

프랑스 남부 크로Crau의 앙트르센Entressen에 있는 유럽 최대의 쓰레기처리장은 아연실색할 장관을 연출한다. 하루 70량에서

---

* '위해폐기물의 국경 간 운송과 제거에 관한 협약', 이른바 '바젤 협약'은 1989년 170개 나라가 조인하여, 1994년 2월부터 유럽연합에서 발효되었다. 이 협약에 의하면 산업화한 국가는 위해폐기물의 도착을 목적지 수신자에게 미리 알려야 한다. 위해폐기물의 이전에 반대하는 항의시위가 이어지자 1995년과 2003년에 규정을 더욱 강화하여 위해폐기물을 빈곤국가로 보내는 것이 금지되었다.

100량에 이르는 쓰레기 기차가 들어와 약 75킬로미터 떨어진 마르세유의 도시쓰레기 1,200톤을 뱉어놓는다. 이어서 굴착기, 불도저들이 어지러운 곡선을 그리면서 인공언덕 위에 쓰레기를 흩뜨려놓고 단단하게 다진다. 한편에서는 참을 수 없다는 듯 갈매기 떼가 몰려들어 터지지도 않은 쓰레기봉투들을 쪼아대면서 잔치를 벌인다. 새들은 북풍에 날리는 알록달록한 종이와 비닐봉지 사이에서 처량하고 날카로운 소리를 내며 기이한 춤을 춘다. 수십 미터 높이의 거대한 쓰레기언덕은 철망으로 둘러싸여 있는데, 바람에 날려온 많은 천조각과 비닐봉지가 마치 조각누비처럼 알록달록하게 철망에 걸려 있다.

미셸 투르니에Michel Tournier는 소설《유성들 Les Météores》에서 이와 같은 초자연적 풍경을 그리고 있다. 특히 한 등장인물은 갈매기들과 쥐들이 벌이는 가차 없는 싸움을 이렇게 묘사한다. "내 차는 결국 쥐들이 들끓는 쓰레기더미 쪽으로 돌진했다. 마침 쥐들과 갈매기들 간에 전투가 시작되었는데, 어지럽게 싸우는 와중에 갈매기 몇 마리가 죽었다. 각개전투에서는 큰 쥐가 우세하기 때문이다. 그러나 결국 커다란 갈매기 떼가 수없이 덤벼들어 벌건 대낮에 쥐구멍에서 쫓겨난 쥐들을 압도했다."[113]

고도古都 마르세유에서 쓰레기후송의 역사는 1887년으로 거슬러 올라간다. 당시에는 기차를 이용해서 크로 고원에 있는 처리공장으로 쓰레기를 보냈고, 처리를 마친 쓰레기는 인근의 척박한 땅을 개량하는 데 쓰였다. 1912년 이후, 농부들은 이 두엄을 더 이상 원하지 않았다. 생분해되지 않는 재료가 점점 늘어난 마르세유의 쓰레기는 앙트르셍 쓰레기처리장에 켜켜이 쌓여갔다. 20세기 초에는 최근에 쌓인 쓰레기를 덮는 토양으로 쓰레기더미 속에서 꺼낸 해묵은 부식 쓰레기를 이용할 정도였다. 그러나 이런 식으로 쓰레기처리장을 다 매립하고 나서, 재정비는 어려운 것으로 판명이 났다. 그곳에 실편백, 전나무를 심으려던 수차례의 시도가 모두 수포로 돌아갔기 때문이다. 쥐 떼와 화재, 뿌리를 죽게 하는 유독가스 때문에 나무들은 살아날 수가 없었다. 포쉬르메르Fos-sur-Mer에 소각장을 건설하려던 계획은 지역주민의 강력한 반대에 부딪혔고, 결국 2007년으로 예정하였던 앙트르셍 쓰레기처리장 폐쇄는 연기할 수밖에 없었다.

지자체가 현의 허가도 없이 운영하는 '미처리쓰레기 처리장'은 여전히 존재한다. 이는 산업국가 대부분에서는 공식적으로 금지돼 있기 때문에, 이런 '불법 쓰레기처리장'은 개인과 기업의 은밀한 출자로 불법적으로 생성된다. 프랑스에서는 도道 당국이 이런 부류의 쓰레기처리장을 없애고 다른 쓰레기처리 방식으로 대치할 임무를 맡는다.* 그러나 프랑스에는 여전히 수백개의 불법 쓰레기장이 버젓이 남아 있다.

다른 나라들이라고 사정이 더 나은 것은 아니다. 세계에서 가장 큰 쓰레기처리장은 뉴욕 근처의 프레시킬스Fresh Kills 처리장으로 무려 1,200만 제곱미터에 이른다.[114] 1948년부터 브루클린,

---

* 1975년 7월 15일 법

브롱크스, 맨해튼에서 너벅선이나 특별기차로 실어오는 쓰레기 수천 톤이 날마다 이곳에 모여들었는데, 쓰레기언덕의 높이가 자유의 여신상보다 더 높은 130미터에 달했다. 반세기가 지나 2001년에 처리장을 폐쇄하자 뉴욕 사람들이 생산해내는 하루 1만 2,000톤의 쓰레기를 버릴 다른 장소를 찾아야만 했다.

지금은, 600대 이상의 차량이 거의 15킬로미터에 이르는 운송행렬을 이루며 400킬로미터 이상 떨어진 버지니아나 펜실베이니아, 또는 뉴저지로 쓰레기를 실어나른다. 프레시킬스 처리장 폐쇄담당자의 관측에 의하면, 뉴욕 시의 쓰레기방출은 '일상적인 군사작전'에 비유할 만한데, 현재 차량운행을 방해하고, 공기를 오염하며, 다이옥신 배출량을 늘리고 있다.[115] 지금으로서는 캘리포니아의 푸엔테 힐스 랜드필Puente Hills Landfill이 북미에서, 어쩌면 세계에서 가장 큰 처리장일지 모른다.

이탈리아의 나폴리 역시 쓰레기로 질식할 상태다. 인근 농촌은 이미 거대한 쓰레기처리장이 되었는데, 그곳의 여러 마을에 들어가려면 우선 두 열로 난 쓰레기더미를 통과해야 한다. 언덕들은 수백 개의 불법 채석장으로 쪼개져 있는데, 이들 채석장은 출처가 의심스러운 쓰레기를 감추는 데 요긴하다. 특히 캄파니아 주가 불법 쓰레기로 가득 찼는데, 대부분은 지역 마피아인 카모라Camorra가 관리한다. 카모라는 약 30년 전부터 쓰레기산업에 손을 대기 시작했다. 실제로 쓰레기는 '환경 마피아'들에게 돈벌이가 좋은 사업이어서 이들은 싼값에 공터를 사들여 공모자들과 함께 쓰레기처리장을 지었다. 쓰레기 한가운데에는 이탈리아 반도 전체와 다른 유럽 국가에서 들여온 독성 산업폐기물이 묻혀 있다. 마피아가 운영하는 기업들과 부패한 행정관료들, 부정행위가 개입한 경쟁입찰은 합법적인 쓰레기관리 체인을 무너뜨린다.[116]

카모라를 다룬 베스트셀러로 유명한 나폴리의 젊은 작가 로베르토 사비아노Roberto Saviano는 독성 폐기물 처리비용을 합법적 시장보다 두 배에서 여섯 배나 싸게 제안하는 마피아 시스템을 고발한다.[117] 사비아노는《고모라Gomorra》에서 마피아가 쓰레기를 트럭에 싣고 운송할 때도 위에는 쓰레기, 아래는 마약, 이런 식으로 오랫동안 트럭을 마약운송에 이용했다고 밝혔다. 쓰레기는 때로 마약거래보다 더 짭짤한 수익을 올린다. 1992년, 나폴리 마피아의 한 일원이 일간지《레푸블리카La Repubblica》에 조직탈퇴를 선언하면서 이런 사실을 확인해주었다. "나는 이제 마약을 거래하지 않겠다. 그리고 마약보다 더 수입 좋고 덜 위험한 다른 비즈니스도 이제 하지 않겠다. 그것은 바로 금보다 더 귀한 쓰레기산업이다!"

1998년, 나폴리에서 말하는 것처럼 '쓰레기 긴급조치'가 시작되었다. 그러나 2007년 크리스마스이브에 몇 곳 남지 않은 쓰레기처리장 가운데 하나를 폐쇄한 직후, 일촉즉발의 상황이 벌어졌다. 거리에는 쓰레기가 점점 쌓여갔고 쓰레기 덤프차에는 갈라진 쓰레기봉투가 넘쳐났다. 더 이상 쓰레기를 내려놓을 곳이 없어지자 청소부들은 수거를 중단했다. 다급해진 당국은 이미 10년 전에 폐쇄한 나폴리 교외 피아누라Pianura 처리장을 다시 이용할 것을 권했다. 이는 지역주민의 격렬한 반대를 불러와 결국 주민이 경찰과 대치하기에 이르렀다. 사실, 이미 폐쇄된 거대한 처리장이 계속해서 역한 가스를 방출했으므로 사람들은 카모라 일당이 처리장 폐쇄 후에도 지속적으로 독성 산업폐기물을 불법 투기한다고 의심했다.

처리장 폐쇄 후, 수천 명의 나폴리 사람들은 자신들이 치명적인 독성물질의 피해자가 되리라고는 꿈에도 생각지 못한 채 폐쇄된 처리장 근처에 주택을 지었다. 피아누라의 암환자 수는 이탈리아 평균보다 약 25퍼센트 더 높다. 거기서 멀지 않은 곳에는 채소를 재배하는 지역과 방목지역이 있었는데, 영국 의학저널《랜싯 The Lancet》은 이곳을 '죽음의 삼각지대'로 명명했다.* 이 이름은 특히 피사 대학교 연구원 알프레도 마차 Alfredo Mazza 의 연구에 근거한 것으로, 그는 불법 쓰레기로 가득 찬 이 지역에서 암에 의한 사망률과 선천적 기형이 증가하고 있음을 강조했다. 어린이들은 종양과 장애로 고통당하고 있으며, 토양검사 결과 다이옥신 함유율이 매우 높다고 밝혀졌다.[118] 심지어 2008년에는 나폴리 지역의 축사에서 키운 물소 젖으로 만든 모차렐라 치즈에서 다이옥신이 검출되기도 했다. 이 사건으로 이 지역 소비자와 외국 수입업자들은 이탈리아요리의 정수로 불리던 음식 가운데 하나를 완전히 외면하며 거부했다.

---

* 놀라Nola, 아세라Acerra, 마리글리아노Marigliano 마을이 포함된 권역

위생적 매립법:
쓰레기파이 만들기

෴

이 수치스러운 쓰레기처리장과 달리, 쓰레기 매립기술과 제어방식은 계속해서 개선되고 있다. 영국인 콜call과 도스Dawes는 미처리쓰레기의 폐해를 막고자 제어방식 쓰레기하치 방법을 창안하고, 1920년부터 이를 권장했다. 이 방법은 브래드퍼드Bradford 시에서 실험을 거친 다음, 제2차 세계대전 직전 '위생적 매립법sanitary fill'이라는 이름으로 캘리포니아 주에 도입·시행되었다. 같은 시기 공학기사 파트리주Partridge는 이것을 프랑스에 들여와 우아즈Oise 현 리앙쿠르생피에르Liancourt-Saint-Pierre에서 실험하였다. 이 방법은 신중하게 선택한 장소에 쓰레기를 차곡차곡 쌓아 매립하는 것을 기본으로 한다. 이를 위한 쓰레기처리장의 구성은 오염과 발효현상을 제어하려는 장치들 덕분에 실제 토목공사장 같은 느낌을 주기에 충분하다.

제어방식 쓰레기처리장 부지는 하층토의 투수성透水性 정도를 평가하는 수리지질水理地質, hydrogéologique 및 지질 검사를 거쳐 선정한다. 이어서 매립예정지를 선택할 때에는 자연적인 함몰로 생긴 지구地溝나 폐쇄된 채석장을 우선적으로 선택하며, 그것이 여의치 않으면 일부러 언덕을 조성하기도 한다. 쓰레기에서 스며 나오는 '쓰레기 즙'인 오수lixiviats가 또 다른 오염을 일으키므로 쓰레기처리장은 강이나 하천, 모든 수원지에서 멀리 떨어진 곳에 세워야 한다. 습지대나 침수지역, 침하沈下, 흙 사태, 지진

위험이 있는 지역에서도 떨어져 있어야 한다.

주거지역과 공항에서도 멀리 있어야 하는데, 왜냐하면 쓰레기처리장은 먹을거리를 찾는 새들을 필연적으로 끌어들이기 때문이다. 갈매기, 말똥가리, 갈까마귀 떼가 비행기의 금속날개와 충돌하여 기체에 빨려들어가면, 물질적 손해뿐만 아니라 때로는 심각한 비행기사고를 일으킬 수 있다. 1960년, 보스턴 공항을 갓 이륙한 비행기의 제트엔진 속으로 찌르레기 떼가 빨려들어가는 바람에 비행기가 바다에 추락하여 62명이 사망하는 참사가 일어났다. 이렇듯 활주로와 가까운 곳에 쓰레기처리장이 있다는 것은 가공할 만한 안전문제를 야기한다.

공항과 쓰레기처리장은 조류를 퇴치하려고 새들이 싫어하는 화학약품이나 불임약 등 온갖 방법을 동원한다. 소리로 쫓아내는 방법도 있는데, 새들이 위험에 처했을 때 내는 울음소리를 그대로 녹음하여 틀어놓는다. 또는 비행기가 이착륙할 때 활주로에 맹금류를 풀어놓아 다른 새들을 겁주는 방법도 있다. 일본에서는 신종 허수아비를 만들어냈다. 연구자들은 새들 대부분이 공작을 무서워한다는 사실에서 공작의 날개 끝에 달린 파란 동그라미가 공포의 원인이라는 결론을 내렸다. 이에 착안하여 번쩍이는 파란 동심원이 그려진 풍선들을 공항 주변에 풀어놓았는데 그 결과는 꽤 설득력 있어 보인다.

제어방식 쓰레기처리장 건립의 기본원칙은 콜과 도스가 창안한 이래로 크게 달라지지 않았다. 즉 쓰레기를 한 층 쌓고, 그 위에 모래나 재, 타고 남은 석탄찌꺼기 같은 비활성 물질을 한 층 쌓은 다음, 이 볼품없는 '케이크'를 흙으로 덮어 다진다. 여기에 들어가는 주재료는 생활쓰레기, '평범한 무독성 산업폐기물', 소각장에서 나온 석탄찌꺼기, 퇴비공장에서 나온 '찌끼' 등이다. 브래드퍼드에서 시행한 것과 같은 전통적 방식에서는 쓰레기가 2미터 정도 적절한 두께로 층을 이루었기 때문에 공기순환이 원활해지고 유기물의 부식과 호기성 발효가 순조로워진다.

이 '포푸리 pots-pourris*'를 만들기 위한 요리법은 여러 가지가 있다. 쓰레기는 '본디 그대로' 묻기도 하고, 사전에 분쇄해서 단단하고 균질한 혼합물로 만든 다음 묻기도 한다. 또한 정육면체 압축기를 써서 쓰레기를 압축할 수도 있는데, 그러면 쓰레기더미 속의 공간이 줄어드는 효과가 있다. 이와 같은 압축방식은 대규모 쓰레기저장소에서 자주 쓰는데, 각 층 사이에 비활성 물질을 간간이 뿌려놓는다. 이 방식은 공간을 줄이고 덮개용 비활성 물질의 사용을 줄여주는데, 숨어들어갈 빈틈이 없는 탓에 쥐의 번식을 막아주는 장점이 있다. 반면, 유기성 재료의 혐기성 발효를 촉진해서 가스발생이 그만큼 쉬워지는 단점도 있다.

쓰레기매립은 두 가지 방식으로 할 수 있다. 가장 오래된 방식은 '쏟아붓기'다. 즉 쓰레기언덕의 가장 높은 곳에서 아래

---

* '말린 꽃 다발'. 여기서는 본디 뜻 그대로 '썩은 항아리'라는 뜻과 함께 이중의 의미를 지닌다. — 옮긴이

쪽으로 덤프차의 쓰레기를 쏟아붓는 것이다. 그러나 이 방식으로는 쓰레기를 압축할 수 없으므로 지금은 잘 쓰지 않는다. 1992년 이스탄불의 어느 경사진 쓰레기처리장에서 큰 사고가 발생하여 30여 명이 사망했다. 가스층에서 일어난 폭발로 쓰레기더미가 무너져 내리면서 주민을 덮친 것이다. 좀 더 보편적인 두 번째 방식은 쓰레기처리장 부지를 4~5미터 깊이의 정사각형 칸으로 나누고, 각각의 칸을 독립된 소형 쓰레기처리장처럼 하나씩 메워나가는 방식이다. 벌집 모양 구멍을 파낼 때 나온 흙은 쓰레기층 맨 위를 덮을 때 마감재로 쓴다.

새로운 쓰레기매립 공간을 찾기 어려울 때는 이전에 묻었던 쓰레기를 파내서 재처리할 수도 있다. 독일에서 이런 유형의 실험을 한 적이 있다. 정교한 시스템으로 분류한 쓰레기 중 일부는 재활용하기도 했다. 먼저 쓰레기처리장에서 파낸 쓰레기를 벨트컨베이어 위로 보낸다. 예를 들어 컴퓨터 모니터가 20년이 넘은 플라스틱쓰레기를 포착하면 집게 로봇이 그것을 끄집어낸다. 놀랍게도 이 방법 덕분에 쓰레기가 예상보다 훨씬 느리게 분해된다는 사실을 발견할 수 있었다. 꽤 오랫동안 파묻혀 있던 신문이 글자를 거의 다 알아볼 수 있을 만큼 상태가 좋았던 것이다. 영어권에서는 이 같은 쓰레기 다시 파내기를 '채굴mining'이라고 부르는데, 예전에 묻힌 금속을 회수하려는 목적이 있다. 특히 캐나다에서 이런 실험을 시작하였다.

쓰레기에서 나오는 가스와
침출수로부터 땅 구하기

～

산소가 부족한 압축 쓰레기처리장에서는 유기성 물질의 분해가 매우 느리게 진행하며, 그 과정에서 메탄과 다이옥신이 혼합하여 바이오 가스가 발생한다. 이 가스는 공기와 갑작스레 접촉하면 화재나 폭발 위험이 있다. 미국에서는 1967년 애틀랜타 레저센터 참사, 1968년 노스캐롤라이나 주 병기창고 폭발사고, 1975년 미시간 주 빌딩 폭발사고 등 바이오 가스 유출에 의한 사고로 많은 사상자가 났다.[119] 게다가 바이오 가스는 기후 온난화에 일조하는 만큼 더욱더 회수해야만 한다. 단단하게 압축된 쓰레기처리장에서는 가스를 조심스럽게 추출한 뒤 제거하거나 재활용한다.

바이오 가스와 오수를 회수하는 추출 시스템은 자연환경의 오염을 방지하고자 개발되었다. 오염물질이 들어 있는 오수는 회수하여 정화과정을 거치는데, 지하수층으로 유출되지 않게 하려고 쓰레기저장소의 바닥과 벽에 폴리에틸렌으로 된 방수막을 친다. 이 과정에서 특히 쓰레기층을 덮는 마지막 작업에 더욱 신경 쓰는데, 빗물이 스며들지 않도록 반방수半防水 처리된 플라스틱 덮개로 덮어준다.

이 쓰레기저장법의 개념은 상당히 많이 개선되었지만, 여전히 전적으로 신뢰할 만한 것은 아니다. 처리장 부지의 선택이나 지질막 설치, 오수처리 등과 같은 권장사항이 제대로 지켜지지 않기 때문이다. 더욱이 지질막과 플라스틱 덮개는 동물의 공격, 식물뿌리, 가정용 화학세제 또는 결빙이나 해빙 같은 열충격이 누적되면 그 영향으로 찢어지거나 부서질 수 있다.

쓰레기처리장 관리자는 매립이 끝나 처리장을 폐쇄한 뒤에도 30년 이상 사후관리를 책임져야 한다. 쓰레기를 덮는 최종 마감재를 지속해서 보존하고 지하수 수질을 점검해야 하며, 바이오 가스나 침출수의 유출을 감시해야 한다. 그러나 안정화한 비활성 쓰레기를 얻기까지는 훨씬 더 많은 시간이 걸린다. 밀폐된 쓰레기는 계속해서 가스와 침출수를 유출하기 때문이다.

1999년 유럽은 생분해 쓰레기의 처리장매립을 제한하기로 했다.* 이 규정에 따라 프랑스의 쓰레기처리장은 2002년 7월부터 '최종 쓰레기residus ultimes'만 받아들인다. 이론적으로 볼 때 차별 없는 수용은 끝났다고 할 수 있다! 사실 '최종 쓰레기'의 정의는 아주 모호하다.** 여기에는 처리 과정을 모두 거친, 쓰레기 중의 쓰레기가 들어간다. 재활용할 수 없고 안정화하지 않은 쓰레기, 다시 말해 생물학적으로나 물리화학적으로 더는 활성화하지 않는 쓰레기만 허용한다. 유기성 물질은 이런 식으로 처리장에서 쫓겨난 셈이다.

---

* 쓰레기매립에 관한 1999년 4월 26일 유럽의회 지침 99/31/CE는, 1995년의 매립량을 기준으로 지자체의 생분해 쓰레기 매립을 2010년에는 75퍼센트에서 2020년에는 35퍼센트로 낮추라고 회원국에 요구하였다.

** 쓰레기제거 및 환경보호를 위한 시설분류에 관한 1992년 7월 13일 법에 의하면, "현행 기술조건과 경제조건에서 더는 처리할 수 없는, 특히 재활용 부분을 모두 추출했거나 오염 및 유독 성분을 제거한 쓰레기"를 '최종 쓰레기'로 정의한다.

규정을 준수하고 재료를 안정화하려고 연구한 방법은, 기계화한 생태적 사전처리 방식이다. 이 방식은 남게 되는 유기성 성분을 최소화해서 저장하기 전의 쓰레기를 더욱 '불활성화'함으로써 쓰레기의 부피와 가스발생을 줄인다. 미처리쓰레기는 공장에서 분쇄하여 체에 거르고, 규격별로 선별한 뒤, 유기성 물질을 함유한 부분과 그렇지 않은 부분으로 분리한다. 발효, 숙성, 정제 과정을 거친 다음에 남은 유기성 잔여물은 퇴비로 쓴다. 또한 이 과정에서 에너지원으로 쓸 수 있는 메탄가스가 나오기도 한다. 금속이나 유리조각을 완전히 제거한 후, 일부는 쓰레기처리장에 매립하고 일부는 연료로 쓴다.

　　미국에서 '마른 무덤dry tomb'으로 부르는 이 방식은 안정화한 쓰레기처리장을 위한 것으로, 특히 독일에서 개발이 잘됐으며, 쓰레기의 매립 이전에 발효성 성분을 안정화하는 데 실질적인 효과가 있다. 그러나 이 방식은 너무 '에너지를 많이 잡아먹는다.' 이렇게 얻어진 지층은 발효성 성분이 안정적이라서 농업에 활용하고 싶은 마음이 들지만, 혹시 과거의 실수를 되풀이하지는 않을까? 즉 처리 과정에서 제일 먼저 분쇄했던 미처리쓰레기로 만들어진 보잘것없는 퇴비가 나오는 것은 아닐까? 미처리쓰레기를 분리한 뒤의 퇴비 만들기tri-compostage는 1980년대 매우 실망스러운 결과를 가려왔음에도 다시 전성기를 맞이하는 듯하다.[120] 기술적으로 완벽해지면 농민이 인정할 만한 품질의 비료를 만들 수 있을까? 그러나 끝까지 완수되지 않는다면 기계화한 생태적 사전처리 방식은 전통적인 처리장과 같은 해를 끼칠 수 있다.

비오레아퇴르bioréacteur, 즉 바이오리액터 방식은 이와는 반대다. 이 방식은 쓰레기처리장 내에서 유기성 쓰레기의 부패를 촉진하는데, 박테리아가 활동하려면 항시적으로 습기가 필요하다는 데에서 착안한 방법이다. 그러나 처리장에 밀폐된 쓰레기는 빗물로 습기를 얻기가 어려우므로, 벌집 모양 철망을 통해 오수를 회수하여 쓰레기 맨 위에 다시 부어준다. 그리고 이따금 다 쓴 물을 뿌려주고, 쓰레기더미에 공기를 불어넣기도 한다. 이 방식은 재료변화에 필요한 최적의 조건을 박테리아에 제공하면서 자연적 부패과정을 촉진하는 방법으로, 쓰레기저장소의 거대한 뱃속에서 미생물에 의한 생분해가 활발히 이뤄지게 한다. 이 방식을 쓰면 30년이 아니라 10년이 채 되지 않아도 쓰레기의 안정화를 이룰 수 있다.

바이오리액터 방식은 세 가지 유형이 있다. 호기성, 혐기성, 또는 혼합형 유형이다. 마지막 유형에서는 단계적으로 시행한다. 먼저 쓰레기 아래층에 침출수와 다른 액체를 주입함으로써 바이오 가스를 생성하면서 혐기성(무산소) 부패를 촉진한다. 이어서 쓰레기 위층에 공기와 액체를 주입하여 호기성(유산소) 부패를 유도한다. 유럽, 특히 프랑스 방데 지방의 라베르뉴Lavergne와 미국에서 이와 관련한 여러 실험을 하였다. 그러나 바이오리액터는 현행 쓰레기장 설비규정과 모순된다. 현행 규정을 보면 최종 쓰레기만 저장소에 들어올 수 있는데, 그에 따르면 발효성 물질은 제외되기 때문이다. 바이오리액터 방식의 콘셉트는 매력적이지만, 산업화하기에는 어려움이 따르는데, 특히 쓰레기에 균일하게 물을 뿌리고 습기를 유지한다는 것이 보통 어려운 일이 아니라는 데 그 이유가 있다. 또한 이 방식은 복잡한 생화학적 반응과 여전히 통제하기 어려운 오염문제를 일으키기 쉽다.

쓰레기처리장이 만들어낸 도시의 곡선과 작은 섬들

중세 초부터 버려진 생활쓰레기는 넝마주이들이 거둬가거나 농부들이 거름으로 썼고, 때로는 떠돌이 짐승들이 먹기도 했다. 남은 쓰레기가 쌓여가면서 비포장도로와 하나가 되었고 결국에는 고대도시들처럼 "도로의 높이를 상승시켜 가장 오래된 건물들은 낮은 곳에, 새 건물들은 상대적으로 높은 곳에 있게 되었다."[121]

퇴적층을 이루던 거리쓰레기는 서서히 볼 수 없게 되었다. 시 정관리들이 쓰레기처리장과 도축장, 내장 가게, 무두질 작업장 등 악취가 심한 곳을 도심에서 멀리 떨어진 곳으로 몰아내려 애썼기 때문이다. 파리에서는 12세기부터 오물 일부를 성곽 끝에 있는 '부아리' 또는 '트루 퓌네trous punais(악취 구멍)'라는 지정장소로 운반했다. 1674년의 칙령에 따라 '폐수 및 오물 전용 쓰레기장'과 '분뇨 및 부패물 전용 쓰레기장'으로 구분했는데, 그 가운데 가장 유명한 쓰레기장은 몽포콩의 '분뇨 및 부패물 전용 쓰레기장'이었다. 파리 시내의 모든 변소에서 퍼온 분뇨는 이곳에서 건조과정을 거쳐 농부들이 탐내는 '가루비료'로 변신했다.

도시 경계에 쌓여 있던 쓰레기들은 봉긋한 동산을 이루었다. 때로는 시리아 하마스의 '텔Le Tell*'이나 지금은 풍차들이 늘어선 네덜란드의 '조개더미'처럼 칙칙하거나 아니면 푸른 인공언덕이 되어갔다. 로마의 '몬테 테스타치오Monte Testaccio**'도 알고 보면 평범한 쓰레기더미일 뿐이다. 도시인구가 팽창하면서 도심에서 점점 먼 곳에 성곽을 구축하게 되자 이전에 쓰레기더미였던 부아리들도 도시 일부가 되었다. 파리에서, 현재의 보마르셰Beaumarchais 대로와 본 누벨Bonne Nouvelle, 생드니, 생마르탱, 피유뒤칼베르Filles-de-calvaire 대로가 오르락내리락 기복이 심한 까닭은 그곳이 바로 쓰레기더미였기 때문이다. 또한 드넓은 자르댕 데 플랑트 역시 중세 이전까지는 쓰레기처리장이었지만, 지금은 그 쓰레기더미 위에서 나무들이 무성하게 자란다.

쓰레기더미로 이루어진 작은 언덕들은 때때로 고고학자들에게 즐거움을 선사한다. 쓰레기언덕에는 인간활동이 남긴 잔여물과 수메르 시대의 녹슨 도구, 로마 시대의 깨진 항아리처럼 사라진 문명의 유적과 우리 시대의 흔적이 묻혀 있어, 발굴을 통해 역사의 기억을 되살릴 수 있고, 과거의 관습에 관하여 귀

---

* 아랍어로 조그만 언덕을 뜻한다. — 옮긴이
** 로마의 나지막한 언덕 거리. 항아리 파편으로 이뤄졌다고 한다. — 옮긴이

중한 증거를 밝혀낼 수 있기 때문이다. 실제로 루브르 박물관 터를 발굴하는 과정에서, 프랑스의 '위대한 세기Grand Siècle'인 17세기에 구불거리는 가발을 만들 때 사용하던 진흙으로 구운 클립과 잔치음식으로 추정되는 닭다리 뼈 400여 개가 나오기도 했다.[122]

오늘날에도 여전히, 매립을 마친 쓰레기처리장은 육지나 바다에 인공언덕을 이룬다. 매립이 끝난 처리장은 다양한 용도로 쓰인다. 물론 많은 치명적 사고를 통해 알 수 있듯이, 어떤 용도로 변경할 것인가는 매우 신중하게 결정해야 한다. 갓 매립을 마친 쓰레기처리장에 주거단지를 세우거나 기초공사가 필요한 건축물을 지을 수는 없다. 쓰레기의 잡다한 구성 탓에 설령 매립과정에서 다져졌다 해도 밀도의 편차를 보이기 때문이다. 파리 근교 파비용수부아Pavillon-sous-Bois에서는, 전후 주택난의 와중에 미처 안정되지 않은 쓰레기매립장 위에 성급하게 아틀리에, 창고, 주택을 세운 탓에 몇 년 후 균열로 붕괴한 적도 있었다. 일반적으로 튼튼한 건물을 지으려면 적어도 30년을 넘겨야만 한다.

공항들도 쓰레기매립지 위에 짓는다. 도쿄 하네다 공항은 쓰레기로 채운 바다매립지 위에 펼쳐져 있고, 뉴욕 케네디 공항 역시 쓰레기로 채운 늪지대 위에 서 있다. 일본에서는 쓸 만한 공간이 부족하여 도시연안 바다에 대규모 쓰레기처리장을 세운다. 일본은 이미 300년 전부터 도시밀집 지역을 확장하려고 엄청난 노력을 기울였다. 수도권 일대의 쓰레기를 활용해 해안

선을 먼 바다까지 밀어내거나 인공섬을 만들었으며, 그곳에 항만시설과 공항, 놀이공원을 세웠다.[123]

도쿄 만에서는 200헥타르에 이르는 인근 바다를 쓰레기매립지로 쓰는데, 지진과 태풍에 견딜 수 있도록 20미터 두께의 강철로 된 벽을 해저층에 박아 둑으로 둘러쳤다. 이 둑은 다시 방수벽 처리가 된 블록으로 나뉘고, 블록마다 쓰레기와 모래, 진흙, 흙을 번갈아 쌓는다. 이른바 '샌드위치 시스템'이다. 이들 쓰레기는 사전에 압축, 분쇄, 소각, 고온융합 처리 과정을 거쳐 안정화한 뒤 매립지의 제한된 용량을 최대한 활용하기 위해 부피를 줄인다.

도쿄 만에 있는 섬들 대부분처럼, '꿈의 섬' 유메노시마ゆめのしま 역시 3세기에 걸쳐 생활쓰레기 수천 톤을 매립한 곳에서 솟아났다. 쓰레기매립층이 30미터에 이르자 해수면 위로 땅이 드러났는데, 오늘날은 수영장, 놀이공원, 열대 식물원을 갖춘 휴양단지가 되었다. 싱가포르 역시 두 개의 작은 섬 사이에 두 개의 벽을 세워 연안 쓰레기처리장을 만들었다. 바닷물을 빼낸 구덩이를 여러 영역으로 나누고 소각장의 재와 건설폐기물 등으로 조금씩 매립한 것이다.

언덕으로 이루어진 옛 매립장은 스키장으로 탈바꿈하기도 한다. 캐나다 토론토 근교에는 쓰레기매립장에 스키장을 만들어놓았다. 제2차 세계대전 후 독일에서는 도시쓰레기를 이용해 15미터 정도의 언덕을 조성한 뒤 그곳에서 아이들이 스키나 썰매를 탈 수 있게 했다. 라이프치히의 세델베르크Shedelberg 스키장이 이에 해당한다.[124] 네덜란드 누에넨Nuenen의 목가적인 언덕 풍경 또한 사실은 지역주민의 쓰레기로 만들어진 것이다. 시카고 외곽 세틀러스 힐Settlers' Hill(이민자들의 언덕)도 쓰레기매립지를 재활용한 예인데, 이곳에는 보트놀이를 위한 호수와 골프장, 조깅코스가 들어서 있다. 몇 년 동안 이 목가적인 장소에서 걷고 뛰고 뒹굴다 보면, 사람들은 이 땅이 본디 어떤 곳이었는지 까맣게 잊는다.

뉴욕 근교 롱아일랜드에는 옛 쓰레기처리장이 브룩헤이븐Brookhaven 주민을 위한 레저교육센터로 변신했다. 수영장, 놀이공원, 피크닉 공원, 유기동물 보호소, 장애인을 위해 특별히 고안된 채소밭을 갖춘 완벽한 장소로 탈바꿈한 것이다. 마른 나뭇잎과 다른 식물쓰레기를 이용해 퇴비를 만드는 시설 또한 마련돼 있어서 온실에 필요한 비료를 제공하며, 이곳에서 키운 나무들로 시청 사무실을 장식한다. 예전에 매립지였던 이곳에 쓰레기 분리시설이나 처리시설을 설치함으로써, 이곳은 물론 다른 형태이긴 해도 여전히 쓰레기를 받아들이는 본연의 임무를 계속해서 맡고 있는 것이나 다름없다.

5장

쓰레기에서 나오는
에너지

19세기 말부터 위생학자들이 주장한 쓰레기처리의 근본적인 방법은 태워 없애버리는 것이었다. 영농업자들이 쓰레기를 그대로 버리는 통에 소각은 더더욱 열성적으로 이루어졌다. 소각할 때 발생하는 열은 난방이나 발전을 위해 쓰기도 했는데, 지하배관을 통해 가정은 물론, 병원, 공장, 관공서, 박물관 등에 공급하기도 했다. 이 열에너지가 기계를 돌리고 기차를 달리게 하면서 멀리서 가져와야 하는 화석에너지 소비를 줄이는 데도 이바지했다.

그러나 소각은 이제 절대적 찬미의 대상이 아니다. 불이 지니는 정화의 미덕을 칭송하던 시대는 과거가 된 지 오래다. 이 바닥에서 소각은 이미 공포의 대상이 되었다. 연소를 순화하거나 연기를 처리하는 기술혁신이 이루어졌음에도 소각은 여전히 독성물질을 방출하고, 사람들은 그것이 인체에 미치는 영향을 우려한다. 이런 이유로 소각장 건립을 추진하는 곳에서는 인근 주민의 격렬한 반대에 부딪히는 게 보통이다.

오늘날 쓰레기는 전기를 만들 수 있는 증기를 생산할 뿐 아니라 매립시설이나 메타니제이션metanization* 시설에서 발생하는 바이오 가스를 생산하기도 한다. 이렇게 만들어진 바이오 가스는 천연가스처럼 쓰이거나 자동차 연료로 쓰인다. 또한 쓰레기를 건조하여 저장 가능한 연료로 만들기도 한다.

쓰레기소각은
위생학자의 승리

생활쓰레기를 태우는 것은 매우 오래된 전통으로, 가축사료나 퇴비로 쓰지 못하는 쓰레기는 오래전부터 난로나 화덕의 땔감으로 써왔다. 이는 시골에서 흔한 일이었지만, 쓰레기수거가 좀 더 체계적이던 도시에서는 상황이 달랐다. 하지만 수거 비용을 줄이거나 아예 수거에 예산을 들일 필요가 없게끔 하려고 도시에서도 쓰레기를 태우곤 했다. 19세기 초, 쓰레기차로 수거한 쓰레기의 부피에 따라 오물세를 물어야 했던 오스트리아 빈 사람들은 쓰레기 중 일부를 연기로 날려보내는 일이 잦았다.[125]

---

* 메탄을 에너지원이나 석유화학산업의 원료로 이용하려고 석탄, 음식물찌꺼기, 가축 배설물 따위에서 메탄을 얻는 일 — 옮긴이

비슷한 시기에 영국에서는 가내소각로를 갖춘 가정이 많았고, 미국에서도 지하창고에 소각로를 둔 건물이 적지 않았다. 이 소각로는 수직으로 연결하는 관을 통해 각 층의 쓰레기투입구에 연결되어 있었다. 소각화로로 떨어지는 쓰레기는 즉각 처리되었고 소각재는 일주일에 한 번 정도 버려졌다. 시카고에서는 공동건물이나 단독주택에 설치된 소각로 덕분에 수거해야 할 쓰레기양이 35퍼센트나 감소했다.[126] 이런 성과에 고무된 뉴욕 주는 1945년 네 가구 이상 거주하는 모든 주거건물에 소각로 설치를 의무화하는 법령을 채택했는데, 이후 이것이 미국 전역으로 퍼지면서 1960년 무렵 미국에는 이런 소각로가 1만여 개 정도 존재했다. 그러나 빨리 낡아서 못 쓰게 되고 고장이 잘 나며 오염된 연기를 배출한다는 이유로 소각시설 이용은 점점 줄어들었다.[127] 그 뒤 가내 쓰레기소각은 더 발전하지 못했다.

반면 쓰레기처리장에서의 소각은 계속 늘어났다. 20세기 초의 황금기인 '벨 에포크'에 도시의 쓰레기처리는 행정관료들을 괴롭히는 골칫거리였다. 영국에서는 1870년대부터, 미국 맨해튼에서는 1880년대부터 시행한 소각처리에 관하여 위생학자들은 상당한 매력을 느꼈다. 위생학자들이 소각을 최적의 쓰레기처리 방법으로 채택하자 20세기 초 미국과 영국에서는 수십 개의 쓰레기소각장을 운영했으며, 소각장 인부들은 끊임없이 삽으로 쓰레기를 불 속에 넣고 또 재를 퍼내야 했다.

1893년 파리 근처 자벨Javel이라는 지역에 프랑스 최초의 소각장이 세워지면서 쓰레기소각을 두고 기나긴 찬반논쟁이 시작되었다. 위생학자들은 불의 정화기능을 역설했고, 농학자들은 토양에는 천상의 만나manna나 다름없는 귀한 유기물의 보고를 태워 없애는 것에 격분했다. 전반전의 승리는 농학자들에게 돌아갔다. 농업에서 쓰레기를 재활용하기 위해 소각처리를 금지한 것이다. 1896년 최초의 쓰레기분쇄 작업장이 파리 북쪽 생투앙에 생긴 후 이시레물리노, 로맹빌, 이브리Ivry에도 하나씩 세워졌다. 그러나 농학자들의 승리는 오래가지 않았다. 지역 당국이 1906년 생활쓰레기의 소각을 다시 허용하였던 것이다. 단, 토질관리를 배려해 임자를 찾지 못한 쓰레기만이 소각로로 들어갔다. 분쇄작업장은 분쇄·소각 복합처리장으로 탈바꿈했고, 몇 년 후 젠느빌리에Gennevilliers에 전문소각장이 들어섰다.

초기에 가동한 소각장에서는 연소가 쉽게 이루어지도록 보통 석탄이나 중유 같은 기존의 연료를 첨가해야 했다. 더구나 쓰레기에는 가정용 난로나 석탄 난로에서 나오는 재가 상당량 섞여 있어서 연료의 첨가는 불가피했다. 소각로 기술 역시 점차 발전하면서 연소율이 증가하였고 타지 않고 남는 쓰레기의 양도 줄었다. 1930년 무렵 개발된 '쇠살대 소각로'는 연소율을 높이고 작업여건을 개선하는 효과를 낳은 기술혁신이었다. 이에 따라 1960년대에는 프랑스 곳곳에 소각로가 생겨났다.

현재 쓰레기를 소각하면 부피와 무게가 각각 90퍼센트, 75퍼센트 정도 줄어든다. 쓰레기의 구성성분과 수분함유량에 따라 연소 효율성이 달라지는데, 프랑스에서 쓰레기를 소각해서 얻는 발열량은 저급석탄과 비슷하다. 쓰레기에서 유리, 고철, 습한 유기물을 제거할수록 발열량은 커진다. 반대로 종이나 플라스틱의 재활용이 활성화하여 이들 쓰레기를 제외할수록 발열량은 낮아진다. 제3세계의 도시쓰레기에는 습기가 많은 발효성 물질이 많아 발열량이 적다. 따라서 제3세계에서 소각은 기술적으로나 경제적으로 볼 때 적합한 쓰레기처리 방식이 아니다.

생활쓰레기를 연소하면 유해가스와 '플라이 애시fly ash'라는 재가 발생한다. 소각 처리할 때에는 이 유해물질의 발생을 최소화하기 위해 노력하는 한편, 소각연기가 대기에 휘발성 중금속, 미연소 유기물질, 염화수소가스 같은 유해물질을 퍼뜨리기 전에 제염처리를 한다. 유해물질의 제거를 위해 집적, 포유包有*, 중화 및 여과 공정을 거친다. 이들 단계에서 나온 고체 유독물질은 소각쓰레기 1톤당 약 35~50킬로그램 정도이며, 화학적 안정화나 고형화 과정을 거친 후 유해폐기물 매립지에 저장한다.**

쓰레기소각 후 남은 덩어리에 들어 있는 금속 잔여물은 철강이나 알루미늄 재활용에 쓰는데, 경화나 걸러내기 같은 몇 가지 처리를 거친 후 공공시설 공사에 투입하여 통행이 뜸한 도로나 인도, 주차장, 지하 기반층을 건설하는 데 쓴다. 이런 재활용은 수질오염을 막기 위해 법적으로 규제한다. 하지만 환경단체

---

* 함정에 빠뜨리듯이 유해물질을 잡아 가둔다는 뜻 — 옮긴이
** 프랑스에서는 1급 폐기물 매립지가 유해폐기물 매립지다.

에서는 다양한 물질이 섞인 쓰레기를 소각한 후 남는 덩어리에 미연소 물질, 중금속, 유해입자 등이 남아 있을 수 있다고 우려한다.

소각은, 매립공간이 많지 않은 일본, 독일, 벨기에, 오스트리아, 네덜란드, 스위스, 스웨덴, 덴마크 등의 선진국에서 흔히 쓰는 방법이다. 소각처리를 거친 폐기물만 매립할 수 있도록 규정한 국가도 있다. 유럽에서 가장 많은 소각시설을 갖춘 프랑스는 2007년 134개의 소각장에서 생활쓰레기의 43퍼센트를 처리했다. 소각시설의 수는 줄어들고 있지만, 반면 규모는 커지고 있다.

쓰레기 연기를 거부하는 지역주민

과거에는 소각시설에서 오염물질이 다량 섞인 짙은 연기가 뿜어나오곤 했다. 이를 개선하려고 연소로 발생하는 연기, 즉 배연에 이런저런 처리기술을 적용했지만, 오래전에 지은 시설은 이런 기술을 적용할 수 없어 계속해서 분진, 중금속, 다이옥신, 염산, 산화질소, 아황산가스를 뿜어냈다.

이에 따라 소각에 관한 규제가 엄격해지고 오염물질의 대기 방출을 제한하는 첨단 정화시설을 개발하는 등 쓰레기를 좀 더 깨끗하게 소각하기 위한 노력이 활발히 이루어졌다. 하지만 프랑스의 많은 소각장은 1989년 유럽연합이 부과한 기준을 쉽게 충족하지 못했다. 그 결과 소각에 부정적 이미지가 굳어지면서 사회적 거부감이 생겨났다. 다행히 프랑스 전역에서는 새로운 유럽지침에 따라 2000년에 채택된 더욱 엄격한 기준을 신속하게 채택하였다. 최근에 건립한 소각장은 법적 기준에 맞는 시설을 갖추었으며, 오래된 소각장은 문을 닫거나 새 기준에 맞게 탈바꿈했다. 이제 연기를 처리하는 데 드는 비용은 소각장 운영비의 3분의 2 이상을 차지할 정도다.

소각처리는 시작단계에서부터 올바른 선별과 최적화한 연소로 유해물질의 배출을 제한한다. 섭씨 850도에서 2초 동안 연소하면 다이옥신을 파괴할 수 있지만, 배연의 냉각과정이나 작동에 이상이 있으면 다이옥신이 다시 형성되기도 한다. 이를 막고자 활성탄소를 이용해 다이옥신을 포집하거나 촉매를 이용해 파괴한다. 또한 산화질소의 양을 많이 줄일 수 있으며, 여러 개의 필터를 써서 배연 속의 분진이나 금속, 다른 유해입자가 대기로 배출되는 것을 막을 수 있다.

하지만 다이옥신은 여전히 우려를 낳고 있다. 다이옥신은 210여 종류로 이루어진 유기화합물 계통을 이루는데, 안타깝게도 1976년 이탈리아의 세베소Seveso 사건 이후 유명해졌다. 다른 오염사례·역시 신문지면을 장식했다. 프랑스는 사부아Savoie 지방에서 소각로에 의한 다이옥신 오염이 일어나 2001년 7,000마리의 가축이 폐사했다. 1990년대 말 노르Nord 지방의 알뢰앵Halluin에서는 폐쇄된 옛 소각장 주변 토양에서 다이옥신이 검출되어 이후 그 지역에서는 암소들이 사라졌다.

다이옥신이 인체에 미치는 영향은 오래전부터 논쟁거리가 되어왔다. 1994년 이래 미국과 프랑스의 전문가들이 공동으로 발표한 두 편의 연구논문에서부터 이미 의견이 갈린다. 이 시기에 발표한 과학원 응용위원회의 연구에 의하면, 다이옥신이 확실한 주원인인 유일한 병은 클로르아크네Chloracné다. 이 병은 다이옥신에 심하게 노출되었을 때 나타나는 피부질환이다. 하지만 미국 환경보호청(EPA)의 보고서 내용은 더욱 걱정스럽다. 아주 미미한 양의 다이옥신조차 인간의 면역체계에 교란을 일으켜 심각한 결과를 가져올 수 있다고 보기 때문이다.

생분해되지 않는 다이옥신은 토양에 축적되어 먹이사슬을 통해 식물, 육류, 생선, 우유, 생물체의 지방조직에 쌓인다. 다이옥신이 유제품을 통해 동물에서 사람에게 옮겨질 수 있고, 임신과 수유를 통해 모자감염이 이루어질 수 있다는 사실이 알려지면서 사람들의 거부감은 더욱 커졌다. 가장 자연적인 양식인 모유조차 오염될 수 있음을 의미하기 때문이다. 일본에서는 1998년 다이옥신의 모자감염 사례를 고발한 포스터가 미술대전에서 상을 받았는데 제목은 '사랑 듬뿍, 독약도 듬뿍(Lots of love, lots of poison)'이었다.

2006년 11월 프랑스 국립보건연구원[128]은 소각로의 '연기구름' 안에서 살던 사람들에게서 일부 암이 과도하게 발생했다고 발표했다. 하지만 관련 전문가들은, 이 연구결과가 1970~1980년대에 지어져 이제는 폐쇄된 소각로에만 해당한다면서, 최근에 세운 소각로에 적용한 기준은 오염물질 배출을 현저히 줄였으며, 특히 다이옥신은 1995년부터 97퍼센트 감소세를 보인다는 점을 강조한다. 또한 현재 다이옥신은 산업현장과 목재를 연소할 때 더 많이 발생한다고 주장한다.

폐기물처리 기업과 보건 전문가 그리고 지역의원들은 다이옥신 등의 오염문제가 매우 미미해졌다고 판단한다. 그러나 이들의 주장이, 과거에 비슷한 평가를 받아 중단됐던 소각장 건립예정지 주민을 온전히 안심시키는 것은 아니다. 관련 기업이 아무리 설명해도 소각장을 반대하는 사람들은 소각장의 연기에는 여전히 필터를 빠져나가 대기 안에 스며드는 미립자들이 있다고 의심한다. 또한 연기 속에 있는 분자들과 화학복합물도 위험하다고 생각한다. 과학과 기술 진보가 후광을 잃은 이 시대에 전문가들이 서로 대립하고, 연일 보건 관련 사건이 터지면서 사람들의 불신은 자꾸만 커져간다. 시민은 다시는 속고 싶지 않은 것이다.

소각장 건립계획이 인근 지역주민의 격렬한 반대에 부딪히는 일은 전 세계 곳곳에서 일어난다. 2000년 결성된 국제 네트워크 '가이아GAIA*'는 세계 소각반대의 날을 조직하여 저항운동을 벌이는데, 수백 단체가 이에 참여한다. 미국에서는 1996년부터 거의 모든 폐기물에너지 재활용공장 건립계획이 주민반대로 중단되었으며, 생활쓰레기 처리방식에서 소각처리가 차지하는 비

---

* Global Alliance for Incinerator Alternative의 약어로, '소각로대체지구연합'

율은 15퍼센트 정도에 머물고 있다. 의사들 또한 반대운동에 동참하여 프랑스에서는 '건강과 환경을 위한 전국의료연합'이 '지구를 위한 연합Alliance pour la planete'에 모인 여러 단체와 함께 소각장의 건립중단을 요구한 바 있다.* 200여 개의 지역단체로 구성된 국립폐기물정보센터 Centre national d'information indépendant sur les déchets, CNIID도 폐기물의 소각을 대체할 방안을 제시하며 적극적으로 활동을 펼치고 있다.

게다가 소각을 반대하는 쪽에서는 엄청난 에너지가 필요한 소각장이 생기면, 발열량이 높은 플라스틱폐기물을 대량으로 빨아들일 것으로 내다본다. 소각장이 건립되면 대개 그 지역 자치단체가 시설운영에 필요한 에너지를 제공해야 하기 때문이다. 소각 반대론자들은 폐기물소각이 쓰레기감량 정책의 중요성을 가리고 재활용의 발전을 저해한다고 비판하면서, 다른 유럽 국가와 비교할 때 프랑스의 재활용률이 낮아 비록 재활용과 퇴비화가 20퍼센트에 불과하지만, 그럼에도 유기성 쓰레기의 60퍼센트 이상을 소각하지 않은 채 재활용할 수 있다고 주장한다. 소각시설을 계속 가동하려면 결국 재활용할 수 있는 폐기물조차 소각장으로 향할 수밖에 없기 때문이다.

----

* 2007년 7월 창립된 건강과 환경을 위한 전국의료연합CNMSE에는 이미 창립 시점부터 소각장Puy-de-Dôme 건립에 반대하는 472명의 의사를 위시한 여섯 개 의료단체가 참여하였다.

주민의 불안을 해소하기 위한
새로운 기술들

～

국회의원이나 기초자치단체 의원들은 환경론자들의 끔찍스
러운 주장을 완화하려 할 뿐 아니라 최신 소각시설의 첨단기술
을 내세워 주민을 안심시키려고 한다. 소각시설 감사위원회에
배출물의 정기적 분석결과를 보고하며 투명한 정보제공을 내세
우는 소각장도 있다. 타이완에서는 모든 소각시설이 인터넷에
검사결과를 공개해야 하며, 런던 외곽에 있는 셀츠Selch 소각장
은 기준치를 넘는 물질이 4시간 이상 배출되면 운전을 멈춘다.
프랑스 앙주Anjou의 라스Lasse 소각장에서도 미립자, 염소, 이산
화황을 비롯한 오염물질의 배출상황을 날마다 인터넷에 공개해
야 한다.

해당 지역주민을 안심시키기 위한 다양한 조처를 하기도 하
는데, 건물 '외양'에 무척 신경 쓴 소각시설 건립이 그중 하나다.
오스트리아 빈에 있는 스피텔라우Spittelau 소각장 리모델링에는
건축가이며 예술가이자 환경론자인 훈데르트바서Hundertwasser가
참여했다. 하지만 이런 노력이 반대론자들을 모두 잠재울 수 있
는 것은 아니다. 프랑스 비트리쉬르센의 소각장 건립안은 산업
디자인계의 거장인 필리프 스타크Philippe Starck가 맡았음에도 모
형제작 단계에서 중단되었다. 스타크는 폐기물의 소각공정을
타원형의 건축물로 덮고, 공장 내부의 적나라한 모습을 보여주
지 않았다. 하지만 스타크의 미래주의 설계 역시 지역주민의 불

안을 없애기에는 역부족이었고, 결국 1999년에 건립계획을 폐기하기에 이르렀다.

반면, 2007년 파리 서남쪽 근교인 이시레물리노에서는 '이세안Isséane'이라는 멋진 이름을 단 녹색 상자 모양의 소각시설을 건립하였다. 여기에는 폐기물분리 시설과 소각로가 있는데, 대부분 땅속에 파묻어 땅 위로 보이는 것은 단지 높이 21미터의 건축물뿐이며 지붕과 측면은 온통 초목으로 덮여 있다. 도심에 소각시설을 건설하면서 시각·후각·청각적 공해를 최소한으로 줄이는 데 성공한 것이다. 이세안은 인구 100만 도시의 쓰레기를 처리하는 시설이다. 쓰레기를 소각할 때 발생하는 에너지는 7만 9,000가구에 지역난방을 제공하고, 5만 가구에 전기를 공급한다. 또한 건립 때 환경단체와의 협의 끝에 시설용량을 줄여 주민이 쓰레기배출을 줄이고 분리수거와 재활용에 참여하도록 유도하였다. 이곳은 소각시설과 분리시설이 연결되어 있다.

소각장 건립을 위한 승인을 받으려 할 때, 새로운 표현의 창조는 가장 중요한 홍보정책 중 하나다. 배출쓰레기의 감량과 에너지회수를 주된 목적으로 하는 소각로는 '재활용시설'이라는 이름으로 거듭나 새로운 지위를 얻었다.

소각시설은 반대자들의 격렬한 저항이 있어도 다른 처리방식과 보완적으로 기능하면서 폐기물처리의 한 방식으로 계속 이용될 것이다. 실제로 배출감소나 재활용, 메타니제이션, 퇴비화를 적극 추진한다 해도 잔류폐기물을 처리하는 데 소각이라는 방법을 완전히 배제하기란 쉽지 않은 일이다. 더구나 도시화가 진행되면서 매립지를 구하기가 더 어려워진 탓에 어쨌든 소각은 대안 중 하나이기 때문이다. 과거 소각에 반대하던 사람들조차 이런 점을 이해하고 있어, 관련 주체들과 협의를 거친 후 필요한 예방 및 재활용 조치를 모두 취했을 때에는 소각장 건립을 받아들이고 있다. 특히 독일과 네덜란드, 북유럽 국가에서는 쓰레기의 배출을 줄이고 쓰레기를 재활용하고자 배출 전 단계에 관한 정책을 활발히 진행하고 있다.

쓰레기를 태워서 에너지를 얻다

소각장을 처음 건립하던 때부터, 소각과정에서 나오는 수증기는 전기로 바뀌어 이용되었다. 파리 시와 수도권에서는 쓰레기를 소각할 때 나오는 수증기를 시청의 상하수도과에서 사들여 전기에너지를 생산한 후, 이를 센 강과 마른 강의 수원을 채집하는 오스테를리츠Austerlitz나 메닐몽탕Ménilmontant에 공급해 펌프를 가동하는 에너지원으로 이용했다. 이런 식으로 퍼올린 물은 분수로 보내거나 하수구 세척에 썼으며, 남은 전기는 파리 중심에 있는 앵발리드Invalides와 파리 외곽의 베르사유를 잇는 열차운행에 이용했다.

20세기 초부터 쓰레기소각으로 에너지를 생산해 산업시설이나 공공건물, 주거단지에 공급해왔다. 1903년에는 덴마크 프레데릭스베르Frederiksberg의 병원과 정신병원에서, 1930년 무렵에는 소련 레닌그라드(상트페테르부르크)의 도시난방과 세탁공장에서, 1950년대에는 프랑스 낭시Nancy나 스위스 베른의 병원에서 쓰레기소각으로 나오는 열을 재활용하였다.

1970년대 중반부터 소각에 따른 에너지활용이 일반화되었다. 1973년 가을, 석유파동 당시 몇 달 만에 유가가 네 배로 뛰면서 모든 에너지의 품귀 현상이 일어나자, 폐기물소각으로 얻는 에너지가 수익성 있는 사업이 되었다. 물론 이를 위해서는 충분한 규모의 시설이 필요하고, 소각증기의 열을 회수하여 활용하는 시설비의 감가상각이 가능할 만큼 충분한 양의 쓰레기 공급이 이루어져야 했다.

소각장에서 배출하는 가스는 소각로 내부에서 나오는 순간, 섭씨 1,000도에 달한다. 이를 400도까지 냉각하려면 주로 보일러를 통해 이동하게 되는데, 이때 얻은 증기는 열 교환기를 통해 온수로 바꾸어 소각시설 근처의 공장이나 공공시설에 공급하고 또는 열 공급망을 통해 주거시설로 보낸다. 땅속에 설치한 열 공급망은 지역 곳곳으로 연결되어 각 가정에 열을 공급할 수 있으며, 순환구조로 설치하였기 때문에 난방에 쓰인 물이 식으면 다시 생산시설로 돌아온다.

쓰레기소각 때 가스가 냉각하면서 생기는 증기가 터빈을 돌려 전기를 만드는데, 이때 전기생산율은 그리 높지 않다. 보통 폐기물 1톤낭 300~400킬로와트로, 서른 명 정도의 주민이 배

출하는 쓰레기가 한 사람에게 필요한 전기를 만들어낸다.* 열병
합발전은 열과 전기를 동시에 생산하는 시스템으로, 전기수요
와 전기매입가에 따라 열과 전기 생산을 조절하며, 전기를 판매
한 수입으로 소각시설 운영비용을 일부 충당한다. 열병합발전
은 생산과 소비 공간이 가까이 있어 지리적 조건이 유리할수록
많은 이익을 거둘 수 있다.

이처럼 도시폐기물의 에너지 잠재력은, 에너지수요가 생산지
가까이 존재할수록 커지는데, 이동거리가 짧을수록 열 손실이
줄어들기 때문이다. 이런 이유로 소각시설은 에너지수요가 1년
내내 균일한 지역 근처에 세웠고, 같은 이유로 통조림제조 공
장, 세탁공장, 도축장과 같은 산업시설 역시 가능한 한 소각시
설 근처에 건립했다. 그렇다고 이러한 '정략결혼'이 쉽게 이루
어지는 것은 아니어서, 열 소비의 수요와 공급이 시간적으로나
공간적으로 일치하지 않는 예도 자주 발생한다.

이상적인 것은 소각으로 얻는 에너지를 모두 열로 이용하는
것이다. 이는 소각에 따른 에너지생산이 기본적인 난방수요를
충족하고, 추운 겨울에는 중유나 석탄, 땔감 등을 함께 쓸 때에
가능하다. 파리나 리옹 같은 대도시가 여기에 해당한다. 그 외
에 에너지공급 대상을 다각화하고 이들의 충성도를 높이는 방
법도 있다. 대도시가 아니라면 여름에는 주거건물뿐만 아니라

---

* 가정·서비스 산업 2007년 전기소비량(전체 소비의 3분의 2인 483테라와트시)과 연
간 400킬로그램의 쓰레기배출을 근거로 환산한 수치다.

산업시설이나 다른 대규모 에너지 소비시설에 에너지를 공급할 때 수익성이 높아진다.

일드프랑스 지역에는 세 개의 '도시폐기물 처리기업TIRU' 시설이 있다. 이브리쉬르셴, 생투앙, 이시레물리노에 있는 세 시설은 2006년 일드프랑스에 거주하는 400만 주민이 버린 쓰레기를 소각하여 나오는 증기로 430킬로미터에 달하는 공급망을 통해 에너지를 공급하기 시작했다. 1927년부터 파리에 난방공급을 맡아온 파리 시 난방공사가 운영주체이며, 현재 50만 가구와 지역 전체 공공시설의 절반에 해당하는 곳의 난방을 해결하고 있다. 난방공급량의 절반은 생활쓰레기 소각장에서 생산하며, 파리 시민 열 명 가운데 하나는 자신도 모르게 쓰레기가 주는 난방을 공급받는 셈이다.

인구밀집도가 높은 다른 도시들 역시 난방공급망을 설치하여 대부분 쓰레기를 태워 열을 얻는다. 파리 시 다음으로 폐열난방공급이 발전한 도시는 그르노블로, 142킬로미터의 난방공급망을 갖추었다. 사르셸Sarcelles의 한 지역에서는 1975년부터 부족한 난방을 보충하기 위한 연료로 쓰레기를 이용해왔다. 30년이 지난 지금은 폐기물소각을 통해 10개 학교, 7개 쇼핑몰, 1만 4,000여 가정에 난방과 온수를 공급하는 중이다.

규모가 작은 지자체들은 서로 연합하여 쓰레기에서 나오는 에너지를 이용한다. 1980년대 코레즈Corrèze의 브리브Brive 지역에 있는 여러 지자체는, 폐기물소각을 통해 공동으로 에너지를 생산하여 유아식제조 공장에 공급하였다. 피니스테르 지역에 있는 30여 지자체는 생선가루 공장에 연결된 소각시설을 공동으로 건립하여 운영한 예도 있다. 이 외에도 작은 지자체들은 폐기물소각에서 나오는 에너지를 보조 난방원으로 쓰고 있다.

유럽에서는 400개 소각장에서 나오는 에너지로 1,300만 주민의 난방과 2,700만 주민의 전기를 해결한다. 이는 덴마크, 핀란드, 네덜란드 인구를 합한 규모다.[129] 도시난방 지하공급망이 특히 발달한 곳은 북유럽으로, 쓰레기와 나무, 이탄 부산물 같은 다른 연료를 함께 소각하여 난방을 해결한다. 최근 들어 화석에너지의 가격상승으로 쓰레기를 포함한 재생 가능 에너지가 대안으로 떠오르고 있다. 하지만 소각시설이 도시에서 멀리 떨어져 있으면 소각으로 나오는 에너지를 이용할 때의 경제가치가 줄어들 수밖에 없다.

최근에 세워진 소각장은, 쓰레기를 태워 생산한 전기를 자체 소비하거나 판매하게 되어 있다. 쓰레기소각으로 나오는 에너지는 땔감에 이어 두 번째로 많이 쓰이는 재생에너지 난방연료이며, 전기생산이라는 면에서 볼 때 쓰레기소각은 수력발전 다음으로 중요한 생산원이다. 유럽과 북미의 여러 나라에서는 관련 법을 제정하여, 발전소가 생활쓰레기 같은 재생 가능한 자원을 원료로 전기를 생산하면, 에너지 배급사가 그 전기를 구매하도록 하고 있다. 원자력을 포기하고 에너지의 수입을 줄이려고 노력하는 이탈리아가 그 예다. 밀라노에서는 1980년대부터 쓰레기소각 때 발생하는 열을 이용해왔는데, 전철과 전차에 필요한 전기의 25퍼센트를 소각열로 해결한다.[130] 영국 정부 또한 발전소가 공급하는 에너지의 일정비율을 비非화석에너지로 충당하도록 하면서, 쓰레기를 재활용한 에너지생산을 촉진하고 있다.

쓰레기소각에서 얻은
에너지 저장하기

～

저장과 이동이 가능한 연료를 개발하기 시작한 것은 증기보다 이용이 쉽고 불규칙한 수요에도 잘 들어맞는 에너지를 확보하기 위해서였다. 1917년 영국에서는 쓰레기에 고착제를 섞어 압축한 뒤에 벽돌 모양으로 만들었다. 벨기에에서는 1980년대 '샤르뱅charbain'으로, 프랑스에서는 쓰레기연료 Combustible Des Déchets라는 뜻의 CDD나 고체회수연료 Combustibles Solides de Récupération라는 의미의 CSR로, 영미권 국가에서는 폐기물에서 나온 연료 Refuse-Derived-Fuel라는 뜻의 RDF로 불린 이 연료가 바로 폐기물로 만든 고高발열 고체연료다. 그뿐만 아니라 바렌자르시 Varenne-Jarcy와 라발 Laval에서는 특수한 연료화 공정을 통해 종이나 플라스틱으로 연료 알갱이를 만들었다. 압축제품이어서 이동과 사용이 편리했지만, 형태가 알갱이라서 맞지 않는 시설도 많았다. 특히 플라스틱에서 나오는 염소가 보일러를 부식시켰고, 더구나 공정이 까다롭고 비용이 많이 들어서인지 고체연료 생산은 몇 해 만에 중단되는 게 다반사였다.

다른 나라에서도 새로운 연료개발에 뛰어들었는데, 대표적인 나라가 스웨덴이다. 스톡홀름 근교 코빅Kovik 시에서는 고철을 추출하고 남은 쓰레기를 건조하여 작은 공 형태로 저장한 뒤 지역 공동난방의 연료로 쓰고 있다. 주민의 원성을 사던 악취문제는 건조과정에서 해결하였다.

쓰레기를 매립하기 전에 유기물질을 최소화하고 안정화하는 기계적·생물학적 처리가 개발되자, 지자체들도 쓰레기를 선별하여 해가 없고 발열량이 큰 물질들을 고체연료로 만드는 대열에 나섰다(4장 쓰레기처리장이 만들어낸 도시풍경 참고). 재활용할수 없는 더럽고 가벼운 물질들(종이, 상자, 플라스틱)은 종류별로 빨아들이거나 바람에 날려 보내서 분리한 후 잘게 부순 다음 건조한다. 여기서 나오는 발열량은 1킬로그램당 3,000~4,000킬로칼로리로 땔감과 비슷하며 석탄의 절반 정도에 해당한다.

고체연료 생산공장은 오스트리아, 독일, 핀란드, 이탈리아, 네덜란드, 영국에 건설되었으며, 이곳에서 생산한 고체연료는 공동난방시설, 열전기발전소, 시멘트공장, 석회공장, 제지공장 등으로 보낸다. 미국에서는 소각장의 25퍼센트를 RDF, 즉 폐기물로 만든 눈송이 모양의 고체연료로 가동한다. 이런 연료의 판로나 연료를 땔 때 발생하는 오염문제는 여전히 숙제로 남아 있지만, '쓰레기학'의 점진적인 발전과 더불어 그 해결을 기대해본다.

쓰레기소각에서 나오는 열을 저장해두었다가 필요할 때 꺼내 쓸 수 있는 또 다른 방법은 물을 이용하는 것이다. 1970년 무렵

브리브Brive나 피티비에Pithiviers에서는 증기로 물풍선을 데우는 임시 저장방법이나 계절 단위로 지하수에 보관하는 방법 등을 고안했다. 파리 근처 티베르발그리뇽Thiverval-Grignon에서는 소각 열을 500미터 수심 속에 저장했다가 겨울이 되면 섭씨 180도로 가열한 물로 4,500가구에 난방을 제공한다.

쓰레기매립장에서 나오는
난방, 전기, 연료
✍

쓰레기 속에 있는 음식물쓰레기나 식물성 쓰레기, 종이 같은 유기물질은 생물분해를 거친다. 공기가 없는 혐기 환경에서 생물분해가 일어나면, 온실가스이자 지구 온난화의 주범인 메탄과 이산화탄소로 이루어진 바이오 가스가 발생한다. 바이오 가스에는 썩은 달걀 냄새가 나는 황화수소도 들어 있다. 쓰레기매립지 속에서 발생하는 바이오 가스는 시설안전과 환경보전을 위해 포집하여 연소시키는데, 최근에는 에너지로 재활용한다.

쓰레기매립장에서 유기성 쓰레기는 천천히 분해된다. 매립 후 6개월에서 1년 정도 지나면 바이오 가스가 발생하는데,[131] 가스발생량은 유기물질의 구성과 생분해성, 박테리아 종류와 그 증식조건에 따라 달라진다. 쓰레기 1톤당 120~240세제곱미터의 바이오 가스가 발생하는데, 문제는 이 발생량의 75퍼센트를 배출하는 데 20년이 걸린다는 점이다. 바이오리액터를 쓰면 이

시간을 줄일 수 있다(4장 쓰레기처리장이 만들어낸 도시풍경 참고). 실제로 바이오 가스를 만드는 메탄 발생 박테리아는 변덕이 심한 편이어서, 2~3년 동안 발효가 쉬운 요소를 먼저 분해하고, 이후 여러 해에 걸쳐 나머지 유기성 요소를 분해한다. 게다가 이 작은 생물은 산소를 매우 싫어하고 습하고 닫힌 공간만 좋아한다.

매립가스 회수방법은 두 가지가 있는데, 매립이 끝난 매립지와 매립이 진행 중인 매립지에 각각 적용한다. 매립이 끝난 매립지에는 수평관으로 연결된 수직 시추갱이 필요하다. 매립 중인 매립지에는 쓰레기가 얼마나 축적했느냐에 따라 가스추출 시스템을 설치·가동하는데, 콘크리트관들을 수직으로 쌓아올리고 배관망에 연결하여 가스를 포집한다.

정제된 메탄은 천연가스에 거의 가까운 성질을 띤다. 메탄은 보일러에서 열로 바꾼 후에 주거시설, 사무실, 공장, 온실, 양식장 등의 난방원으로 쓰거나 전기로 만들어 프랑스 전기공사EDF 같은 전력공사에 공급한다.* 1970년 무렵에는 영국의 한 벽돌제조 공장에서 유럽 최초로 석탄 대신 매립지 가스를 연료로 사용했다. 현재 미국 앨라배마에서도 매립지에서 나오는 메탄을 이용해 벽돌제조 공장을 가동한다. 이 매립지는 2007년 에너지 소비의 40퍼센트를 제공했고, 10년 후에는 에너지 소비 전체를 매

---

* 메타니제이션과 매립지 바이오 가스 구매가격은 2006년 7월 10일 법령에 따라 결정한다.

립지 가스로 충당할 것으로 보인다. 메탄은 주거시설이나 공공 건물에도 에너지를 공급한다.

매립지 바이오 가스의 재활용은 미국에서 활발하게 이루어져 2006년 425개 시설이 78만 가구의 전기와 51만 8,000가구의 난 방을 해결했다. 바이오 가스가 파이프라인을 통해 지역의 도시 가스가 되는 것이다. 미국 환경보호청은 메탄가스 배출량을 줄 이고 쓰레기의 에너지재활용 효율을 높일 수 있는 사업에 다양 한 지원을 아끼지 않고 있다.

로스앤젤레스 근처 팔로스베데스 Palos-Verdes 매립장은 1975년 건설된 이후, 2,000만 톤에 달하는 생활쓰레기에서 날마다 5만 세제곱미터의 바이오 가스를 생산해왔다. 지역 가스공사에서 정제와 압축 공정을 거쳐 생산한 바이오 가스를 주민 3,500명에 게 공급하였지만, 1980년 매립장의 폐쇄를 기점으로 가스 생산 은 쇠락했다. 캘리포니아 주의 푸엔테 힐스 매립지는 1987년 문 을 연 이후, 여러 해 동안 7만 가구에 전기를 공급하고 여분의 가스로는 자동차 연료인 압축천연가스를 만들었다. 메탄가스는 청정연료이긴 하지만, 정제와 압축에 상당한 비용이 든다.

규모의 경제가 가능한 대규모 매립지에서는 바이오 가스 추 출단가가 낮아 재활용이 쉬워진다. 프랑스에서는 파리 근교 에 손 Essonne에 있는 베르르그랑 Vert-le-Grand을 비롯해 몇몇 지자체 에서 바이오 가스의 재활용사업을 시작하였다. 최근 유기성 쓰 레기의 매립지 반입이 금지되면서 바이오 가스의 앞날이 조금 어두워졌지만, 바이오 가스의 생산량을 증대해줄 바이오리액터

기술이 일반화한다면 상황은 달라질 수 있다(4장 쓰레기처리장이 만들어낸 도시풍경 참고).

쓰레기에서 바이오 가스를 추출하기 위해 전문시설을 짓기도 한다. 발효성 쓰레기는 단독으로, 아니면 다른 유기성 쓰레기와 함께 바이오 소화조인 바이오디제스터biodigestor에서 메타니제이션 과정을 거친다. 이 밀폐된 반응기에 가정에서 분리 수거한 쓰레기나 선별시설에서 분리한 쓰레기가 들어간다. 과거에 오염된 진흙의 소독과 탈취, 안정화를 위해 이용하던 공정과 그 원리가 같은 바이오디제스터는 1970년대 플로리다 주 폼파노비치Pompano-Beach, 1988년 프랑스 아미앵에서 고체폐기물을 처리하는 데 쓰이기 시작했다. 이 기술은 이후 다른 나라에도 전파되어 독일과 덴마크에서는 오래전부터 가축분뇨와 농업쓰레기, 유기성 쓰레기 등을 처리하고 있다.[132]

프랑스 칼레Calais에서도 지역의 유기성 쓰레기로 바이오 가스를 생산하여 전기와 에너지로 이용한다. 릴에서는 2007년 '유기물재활용센터'라는 이름의 바이오 가스 공장을 건립하였다. 이곳에서는 해마다 65만 지역주민이 분리 수거한 생분해성 쓰레기를 10만 톤 이상 처리하는데, 가정과 음식점의 음식물쓰레기, 정원쓰레기 등이 이에 해당한다. 생분해성 쓰레기는 분쇄 후 1차 퇴비화 과정을 거쳐, 섭씨 57도의 바이오디제스터에서 20여 일 정도 발효과정을 거친다. 쓰레기는 바이오 가스와 잔류 유기물로 변하고, 잔류물은 6주간 숙성하여 농가에서 쓰는 유기비료가 된다. 바이오 가스는 정제 후 지하도관을 통해 100여

대의 시내버스를 움직이는 연료가 된다. 앞으로 릴의 시내버스 전체를 바이오 메탄가스로 운행할 예정이다.[133] 쓰레기를 메탄 발효하여 재활용하는 것은 여러 면에서 유용하지만, 잔류물의 판매가 쉽지 않아 아직은 고비용의 처리방법이라고 할 수 있다.

쓰레기로 만든 바이오 가스는 자동차 연료로도 쓰는데, 휘발 유와 비교할 때 매연이나 산화질소 배출이 적고, 황화합물이 거 의 없으며, 엔진소음 또한 작다는 이점이 있다. 릴도 스톡홀름, 로마, 베른, 할렘, 예테보리Götebory 같은 여러 유럽 도시처럼 시 청 관용차량에 화석연료 대신 바이오 가스를 쓰는 '바이오가스 맥스Biogasmax' 프로그램에 참여하고 있다.

쓰레기를 연료로 만들려는 연구는 오래전부터 진행돼왔다. 독일은 제2차 세계대전 당시, 석탄으로 휘발유를 만들던 기술 을 다시 활용하여 중합체에 적용했는데, 이는 기체나 액체 형태 의 탄화수소 분자를 분리하는 기술이다. 공기 없이 이루어지는 느린 연소인 열분해에 따라 섭씨 700~800도에서 플라스틱을 분해한다. 북미 등 다른 지역에서는 기업들이 이와 유사한 기술 을 개발했으나 선별된 플라스틱만 쓸 수 있었고, 처리 중에 독 성물질이 발생했다는 점은 쓰레기의 연료화 산업에 걸림돌이 되기도 했다.

다양한 플라스틱 용기포장재는 비교적 수월하게 재활용할 수 있는데, 예외가 있다면 폴리염화비닐(PVC)이 그것이다. 하지만 라가벤드라 라오Rhagavendra Rao가 촉매제를 이용해 독성물질의 발생 없이 폐기물을 코크스, 액화가스, 연료 등으로 만드는 기술을 개발하면서, 플라스틱의 재활용에 새로운 전기를 마련하였다. 이 인도 기술자가 개발한 플라스틱의 처리기술은 인도의 기술혁신상을 받았으며, 네덜란드의 한 기업은 이 기술을 상용화했다. 독일과 이탈리아 공장들도 이 기술을 이용하여 전기로 바뀌는 등유를 생산한다.[134] 하지만 소각 대신 이용하는 열분해나 저장할 수 있는 가스로 만드는 가스화는 아직 실험단계다.

6장

낭비는 그만,
모두 분리합시다!

오래전부터 파리 시는 시민에게 쓰레기 분리수거 장려책을 실시해왔지만, 그 시도는 대부분 실패했고, 쓰레기 발생원에서부터 쓰레기를 분리하려는 정책은 늘 제자리걸음이었다. 파리 사람들은 쓰레기를 종류에 따라 각기 다른 수거함에 분리해야 하는 의무를 수세기에 걸쳐 지키지 않았기에 관련 법은 유명무실했다. 예를 들어, "각 가정에서는 버리는 돌, 도자기, 깨진 병이나 거울, 창유리, 고철 등을 바구니나 큰 용기에 넣어 길가에 내놓고 길가의 오물과 섞이지 않도록 잘 쌓아두라." 는 1782년의 칙령이 그중 하나다.[135] 이로부터 약 100년이 지난 1884년, 부엌에서부터 쓰레기를 분리하고 깨진 그릇이나 유리 도자기 등은 따로 분류할 것을 의무화한 푸벨 지사의 명령 역시 파리 시민은 거의 지키지 않았다.

같은 시기 미국에서도 쓰레기 관련 법규를 위반했을 때 벌금을 물리거나 징역형에 처하는 조항이 있었으나 큰 효과가 없었다. 브루클린에서는 각 가정의 쓰레기분리를 법으로 정하고 위반하면 벌금과 징역에 처했으나 지키는 사람은 거의 없었다.

세계대전 직후 미국에서 출현한 새로운 경제전략이 20세기 중반 전 세계로 퍼져나갔다. 그것은 바로 면도기, 볼펜, 휴지, 기저귀, 종이 접시와 같은 일회용품과 계획된 제품의 노후화(진부화)였다. 제품이 빨리 낡아질수록, 즉 수명이 짧을수록 새 물건으로 바꾸려는 수요가 많아져 소비와 생산을 촉진한다는 개념이다. 그러나 이러한 경제관은 대량의 쓰레기를 양산한다. 현재 북미와 서유럽에서는 해마다 1인당 600~700킬로그램의 쓰레기를 배출한다. 프랑스에서는 1인당 하루 쓰레기배출량이 1킬로그램 이상으로, 1960년과 비교할 때 두 배에 이르며 100년 전과 비교하면 열 배에 달한다. 쓰레기의 3분의 1은 포장물이고 4분의 1은 대부분 재활용할 수 있는 유기물이다.

풍요와 낭비가 특징인 현대사회에서 쓰레기통은 재활용품과 재활용자원의 엄청난 보고다. 소비사회에서 '절약사회conserver society'로 나아갈 것을 주장하는 퀘벡 시민의 말처럼 우리 시대의 쓰레기통은 "재활용자원이 끝없이 나오는 요술 모자"인 것이다. 1973년에 처음 등장한 '절약사회'라는 개념은 사람들의 행동양식을 바꿔 자원의 개발과 낭비가 아닌, 자원의 보존을 도모하자는 취지를 지닌다.

경제성장과 쓰레기수거의 체계화로 이제 전통적 넝마주이들이 설 자리는 거의 사라졌다. 하지만 몇 해 전부터 생활쓰레기의 수거와 재활용이 다시 관심을 얻으면서 종이, 상자, 플라스틱, 유리, 또는 금속으로 된 포장재질의 재활용이 이루어지고 있다. 이들 폐기물은 유용한 '이차원료'이며 특히 새로운 용기 포장재를 만드는 데 쓰인다. 오랫동안 분리수거를 꺼리던 서방 국가의 시민은 이제 이에 적극 참여하게 되었다.

쓰레기선별은 이처럼 분리수거를 통해 정교화하였다. 수거한 쓰레기를 종류별로 구분하고 정확하게 분리할수록 재활용이 쉬워지고, 최종으로 처분해야 할 쓰레기양도 줄어든다. 독일에서는 쓰레기를 일곱 가지로 분리하는데, 이 중 종이와 상자, 다양한 포장재와 비닐봉지, 발효성 쓰레기, 부피가 큰 폐기물, 최종 처분 쓰레기 등의 다섯 종류는 가정에서 배출할 때 이미 분리하므로 그대로 수거하면 된다. 유리와 유해물질은 정해진 장소에 버리는데, 쓰레기처리장에서는 약 15개 종류의 쓰레기를 수거한다. 독일에서는 유리병이나 플라스틱병을 보증금 환불제로 회수하여 재활용한다.[*]

쓰레기 분리수거는 이제 일반화되어 가정에서의 분리수거는 유용하게 버리려는 일상이 되었고, 사람들은 쓰레기통의 내용물에 관심을 두게 되었다. 일차적으로 가정에서의 분리를 거쳐 모은 쓰레기는 완벽한 분리수거를 위해 분리수거장에서 다시 한 번 선별작업을 하게 된다.

---

[*] 한국에서는 1991년 7월부터 쓰레기 분리수거를 실시했으며, 재사용이 가능한 빈 유리병에 대해 보증금을 돌려주는 제도는 1985년부터 시행되고 있다. — 옮긴이

처리장의 쓰레기 선별,
기계에서 다시 손으로

～

19세기에 생활쓰레기 처리시설이 처음으로 들어섰을 때 쓰레기분류는 수작업으로 했다. 프랑스는 이런 처리시설에 '분쇄장넝마주이'들을 고용하여 벨트컨베이어 위로 지나가는 쓰레기에서 다시 쓸 만한 물건을 전부 집어내도록 했다. 이런 처리시설은 북미와 유럽의 산업화가 이루어지던 지역 대부분에서 볼 수 있었다. 미국 허드슨 강 주변 시설에서는 벨트컨베이어를 따라 늘어선 인부들이 조금이라도 상품가치가 있는 쓰레기를 골라냈다. 1895년 부다페스트에서도 여자와 어린아이들이 쓰레기를 골라냈는데, 이 시설은 20년 후 폐쇄되었다.[136]

쓰레기수거 전에 가정에서 직접 쓰레기를 분리하기도 했다. 20세기 초 포츠담을 비롯한 독일 도시들은 여러 개의 칸으로 된 쓰레기수거함을 설치했는데 칸마다 수거빈도가 달랐다.[137] 미국에서는 '삼중분리'를 시행하여 일반쓰레기(종이, 상자, 부스러기, 금속, 깨진 그릇, 유리조각, 나뭇조각, 가죽), 부엌쓰레기(과일 껍질, 음식찌꺼기, 뼈), 땅을 메우는 데 쓰는 재로 구분했다. 정성스레 '종이', '일반쓰레기'라고 쓴 표지판을 붙이는 주민도 있었다. 하지만 전후 급속한 경제성장 시기에 이르자 일반쓰레기는 그냥 버려졌으며, 금속을 제외한 쓰레기의 재활용은 1960년대 말 환경운동이 출현하기까지는 휴지기에 머문다.[138] 위스콘신 주도인 매디슨 시에서는 1967년에 매립지 공간이 부족해지자 신문을 집집이 수거해갔다.

일본은 공간부족 문제를 해결하기 위해 오래전부터 주로 쓰레기를 소각했는데, 쓰레기분리 방식은 다양했다. 1980년대부터 각 가정에는 최소한 두 개 이상의 쓰레기통을 마련하여 소각할 쓰레기와 연소할 때 염화수소 가스를 배출하는 플라스틱처럼 소각하지 않을 쓰레기로 구분하였다. 이미 여러 도시에서 쓰레기를 다섯 가지나 그 이상으로 분리하여 수거했는데 히로시마에서는 재활용쓰레기, 가연성 쓰레기, 불연성 쓰레기, 유해물질, 대형폐기물로 분리하여 수거했다. 작은 수거차량이 집집이 방문했는데, 길이 좁아 차량진입이 어려울 때에는 일정한 수집장소로 주민이 쓰레기를 갖다놓으면 그곳에서 수거해갔다.[139]

선진국에서는 경제적 이유와 위생문제로 수작업 대신 정교한 기계가 쓰레기선별 작업을 수행했다. 자동화 기술을 이용한 '쓰레기분리기'는 알곡과 쭉정이를 구별해낸다. 지자체 소속 쓰레기 운반차량이 분리시설에 도착하면 수거해온 쓰레기를 커다란 구덩이에 쏟아낸다. 문어발 모양의 금속갈고리에 걸려 벨트컨베이어 위로 떨어진 쓰레기는 몇 단계의 처리 과정을 거치게 된다. 먼저 쓰레기가 담긴 비닐봉지의 옆구리가 터지고 여기서 나온 잔해들은 잘게 찢기고 으깨진다. 파쇄된 쓰레기는 얇게 층층이 쌓여 운반된 후 구성물질을 추출하는 다양한 공정을 거친다. 탄도 분리법, 밀도 측정법, 자기 이용법, 정전기 기법, 압축 공기법, 광학 선별법 등을 분리공정에 이용하며, 이 외에도 차별 점착법, 제련법 그리고 송풍이나 흡입, 튀어오르게 하기,

체로 걸러내기 등의 방식을 쓰기도 한다.

이리저리 얽혀 있는 컨베이어를 번잡스럽게 지나, 수많은 장애물을 넘어, 수차례에 걸친 분쇄공정을 거치고 나면 쓰레기는 '쓰레기학'의 놀라운 기적을 보여준다. 이 모든 처리 과정을 거치고 나온 쓰레기는 얌전하게도 헝겊, 깨끗해진 금속용기, 유리조각, 무색이나 유색 플라스틱조각, 둥그랗게 압축된 종이와 상자 등으로 분리되어 해당 차량에 실려 새로운 모험을 찾아나선다. 조금 떨어진 곳에는 퇴비로 변할 유기성 물질이 쌓여 있는데, 그곳에서는 열기와 증기가 뿜어져나온다.

그런데 문제는 복잡하고 비용이 많이 드는 이런 처리 과정이 그다지 효율적이지 않다는 데에 있었다. 최첨단 시범시설에서조차 회수된 쓰레기 물질에 불순물이 들어가 있는 예가 많았다. 그러다 보니 기업이나 농가에서는 재활용한 물질을 쓰지 않으려고 했다. 불순물과 외관 그리고 오염 가능성 때문이었다. 처리시설은 이익을 내기가 어려웠다. 선별기계는 상당히 정교했지만, 사람의 작업을 대신할 정도는 아니었다. 자동선별 기계에 실망한 환경단체와 지자체는 이제 쓰레기 발생원에서의 선별과 분리수거로 눈을 돌리게 되었다.

프랑스의 르아브르Le Havre나 라로셸La Rochelle에서는 1974년부터 선구적으로 종이와 상자를 분리 수거했다. 같은 해에 유리 폐기물을 거둬들이는 수거함이 처음으로 오트마른Haute-Marne의 한 마을에 설치되었는데, 이후 수천 개의 수거함이 프랑스 전역에 설치되었다. 서구의 소비자들은 이미 사용한 병을 들고 나와 수거함에 넣었고 보증금제도가 있으면 상점으로 가져갔다. 주민은 포장용기와 폐지를 분리하여 수거차가 가져가도록 집 앞에 내놓거나 공공장소에 설치된 수거함으로 가져갔다. 선진국에서는 정부가 쓰레기 분리수거를 권장하거나 법으로 의무화한다.

이런 식으로 수거한 용기포장재와 종이류 중에서 유리 용기는 곧바로 공장으로 보내고 나머지는 전문 선별공장으로 보내 세척과 새로운 가공공정을 거친다. 이때 체로 불순물을 걸러내고, 자석분리기로는 철제 용기를 걸러내며, 맴돌이 전류 기계를 이용하여 알루미늄 용기를 걸러낸다. 진동판은 크기와 무게에 따라 선별하고, 흡입과 송풍 방법으로는 매우 가벼운 물질이나 먼지를 제거한다. 밀도 측정법 선별에서는 입자크기는 같아도 밀도가 다른 입자를 분리한다. 카메라, 적외선 센서, 비색분석기, 금속탐지기 등을 이용하여 다양한 구성물질을 분리해내는데, 갈수록 정교해지는 자동분리 시설은 사전분리 작업을 거친 금속의 순도를 높여준다.

기계선별 작업을 마무리하는 건 수작업이다. 벨트컨베이어 곳곳에 배치된 선별인력이 쓰레기에서 필요한 물질을 손으로 직접 끄집어내 정해진 통에 넣는다. 이러한 수작업은 초기에 많은 논란을 불러일으켰다. 중세시대로 퇴보한 작업이라는 반대론과 기계로는 완벽하게 작업할 수 없으므로 오히려 일자리가 필요한 사람에겐 고용기회가 된다는 옹호론이 맞섰다. 작업장에 따라 정도의 차이는 있겠지만, 수작업 선별은 힘든 노동이었다. 일반기업과 사회편입을 지원하는 회사가 나서서 수작업 선별의 효율성을 높이고, 인체공학적 작업환경을 개선하는 데 힘썼다. 또 기계화는 수작업의 노동강도를 줄여주기도 했다.

기업에서 원하는 기준에 부응하는 원료를 얻으려면 쓰레기 발생원에서건 선별작업장에서건 결국 사람의 손이 필요하였다. 그러나 현재 수작업에 의한 선별작업은 주로 용기포장재와 건조한 고체폐기물 선별에서 이뤄지고 있으며, 더는 쓰레기더미를 직접 다루지 않는다. 자동광학 분리기가 개발되어 재활용을 위한 선별, 특히 유리와 플라스틱 용기포장재 선별에서는 수작업 비중이 많이 줄었다. 이것은 컴퓨터에 연결된 자동광학 분리기의 카메라가 용기의 성분을 파악해 적당한 수집상자로 분류하는 원리다.

골칫덩어리 쓰레기인
용기포장재

過거 우리 할머니들이 우유나 버터, 밀가루, 기름, 식초, 잼, 절인 채소나 과일 등을 유리병이나 도자기 그릇에 보관했던 것을 독자들은 기억할 것이다. 예전에는 식품을 개별 포장하지 않았으므로 무게로 달아 구매한 후 용기에 넣어 보관했다. 절약정신에서건 즐거움에서건 환경보호를 위해서건 여전히 시골에는 이런 전통을 따르는 사람들이 있다.

수십 년 전부터 상품의 다양화와 셀프서비스 판매의 발전으로 일회용 포장용기의 사용량이 급속도로 증가해왔다. 1970년대의 상품광고는 모두 '포장시대' 이전의 어려웠던 시기를 소비자에게 떠올리게 하여 현대적 포장의 장점을 강조했다. "포장이란 게 없다면 아직도 소금으로 양치질하고, 항아리를 들고 우유를 사러 가겠지요. 파리 몇 마리가 둥둥 떠 있는 큰 우유 통에서 우유를 퍼오러 가는 거죠. 물건을 살 때는 상표나 정확한 중량을 잘 모른 채 대강 무게로 달아 낡은 신문지에 싸서 집으로 들고 오겠지요!"라고 말이다. 편하고 위생적인데다가 내용물에 관한 정보까지 제공하는 매력적인 현대의 포장 시스템은 엄청난 성공을 거두었다.

포장을 향한 열광은 끝이 없었다. 상품은 두 겹, 세 겹으로 포장되었고, 대부분 그냥 버려지는 이들 포장재는 쓰레기양을 천문학적으로 늘려놓았다. 셀프서비스와 소형식품 포장이 일반화하면서 포장용기는 계속 늘어나는 추세다. 선진국에서는 여성의 경제참여와 1인 가구가 증가하면서 조리식품 소비가 늘어나 더욱 많은 포장쓰레기를 생산해낸다. 소형구매가 늘어나자 덩달아 일회용 포장용기의 수요 또한 증가하였다. 일회용 포장용기는 유럽 전체 쓰레기의 4분의 1을 차지할 정도인데, 단 한 번의 사용을 위해 에너지와 자원을 지나치게 많이 쓰는 셈이다. 한 사람당 연간 쓰레기배출량이 1960년 36킬로그램에서 최근 200킬로그램까지 증가한 프랑스는 포장용기 최대 사용국 중 하나다. 프랑스 가정에서 날마다 10개의 포장쓰레기를 버린다는 얘기다.

1980년 무렵 포장과의 전쟁이 시작되면서, 가정에서의 분리 배출과 공동분리수거 시스템이 도입되었다. 기업들은 몇 달에 걸쳐 로비를 벌였으나 클라우스 퇴퍼Klaus Töpfer 독일 환경부 장관은, 1991년 제품의 제조기업과 유통회사가 포장용기를 수거하고 재활용에서 폐기까지 책임지는 법령을 승인한다. 기업들은 '듀얼 시스템Dual System'이라는 수거제도를 마련하고 이를 운영할 'Duales System Deutschland'라는 회사를 설립한다. 이 회사는 쓰레기수거 회사들을 고용해 통조림 캔과 알루미늄 용기, 병, 종이와 상자를 수거·분리한다. 이런 식으로 분리 수거한 쓰레기는 재활용센터로 보내거나 재활용회사에 판매한다.

이 시스템을 위한 경비는 제품의 제조기업과 유통회사가 제품가격에 포함한 부담금으로 조달한다. 포장용기 대부분에 붙인 녹색 포인트라는 뜻의 'Grüne Punkt' 로고는 바로 해당 제품에 부담금이 들어 있음을 나타낸다. 소비자들은 사용한 포장용기를 공공장소에 설치된 전용 쓰레기통이나 대형수거함에 버린다. 과대포장 제품은 이 로고를 받을 수 없다.

기업으로서도 이런 식으로 강요된 '자발성'이 나쁘지 않다. 용기포장재나 빈 병을 직접 수거할 필요가 없는 '발송자에게 재발송'하는 시스템이기 때문이다. 즉 '오염자-부담' 제도다. 독일 정부는 법적 장치를 이용해 포장쓰레기를 절반으로 줄이려고 했는데, 결과는 긍정적이었다. 소비자들이 예상을 뛰어넘어 열심히 쓰레기를 분리하고 또 수거함에 가져다놓으면서 적극 협조했기 때문이다. 처음에 기업들은 그렇게 많은 포장쓰레기가 수거되리라고 예상하지 못했으므로 무척 당황했다. 그래서 재활용기술이 아직 걸음마 단계였던 플라스틱 포장용기는 츠바이브뤼켄Zweibruecken의 옛 미군 주둔지와 엘베 강에 정박한 선박에 쌓아놓거나 프랑스, 아시아, 동유럽의 매립지로 보냈다.

그러자 라인 강 건너편의 프랑스 기업들 역시 제품가격에 반영한 부담금으로 기금을 형성하여 용기포장재의 재활용을 시작했다. 관련 법령*이 시행되기 전인 1993년 1월부터 포장쓰레기를 재활용하려고 조처한 것이다. 우선 국가공인을 받은 '에코앙발라주Éco-Emballages' 회사가 이 기금을 관리한다. 이 회사는 지자체별로 생활쓰레기의 분리와 수거비용을 책임지며, 분리된 폐기물을 합의한 가격에 구매하겠다고 지자체와 계약한다. 단, 이 계약을 보장받으려면 폐기물이 일정한 품질기준을 충족해야 한다. 구성물질이 같아야 하며 내용물은 제거되고 형태는 둥글거나 사각 모양이어야 한다. 이러한 '최소한의 기술적 제한요건'은 기업과 지자체 의회 간 분쟁의 원인이 되기도 한다.

두 개의 화살표가 하나의 원을 그리고 있는 '에코앙발라주' 로고는 현재 일상 소비제품 대부분에서 볼 수 있다. 이 로고는 생산자가 포장용기의 분리, 수거, 재활용과 폐기 비용을 위한

---

* 1992년 4월 1일 제정된 법령

부담금을 지급했음을 의미한다. 포장기업이나 유통기업 대부분은 '에코앙발라주'에 가입해 있으며 지자체에 분리수거와 선별, 회수를 위탁하고 있다.

정부 승인 아래 이루어지는 이들 제도는 다른 나라에서도 시행하고 있다. 유럽의 30여 개 포장용기 회수기업이 모인 협회가 프로유럽Pro-Europe이라는 이름을 달고 2007년 설립되었는데, 이 협회는 '녹색 포인트'를 부여하고 분리수거 발전을 위한 공동정책을 구상한다. 다른 서방국가도 정부와 기업 간에 이와 유사한 협약을 체결하였다.

현재 제조사, 유통사, 수입사에 대한 '오염자-부담' 원칙은 점점 더 많은 제품에 적용되고 있다. 이 원칙은 '확대생산자책임제'라는 좀 더 긍정적인 명칭을 얻었으며,* 기업들이 시판하는 자신들의 제품에 대해 사용 이후의 처리까지 책임지는 데 그 핵심이 있다. 기업은 대개 다른 기업들과 함께 '환경기구'를 설립해 기술적·재정적 책임을 진다. 그러나 기업들의 경제활동으로 양산된 쓰레기에 대해서 당사자인 기업들이 지는 책임은 부분적이다. '에코앙발라주'를 통한 기업의 비용부담은 수거와 처리를 위한 전체 경비의 3분의 1에서 2분의 1 정도다. 프랑스와는 달리 부담금 자체가 훨씬 큰 독일에서는 비용 전체를 모두 이 제도로 충당한다.[140]

---

* OECD 규정에 따른 원칙

분리수거를 장려하기 위해
돈을 쓰다

분리수거 참여를 유도하고 잘 분리된 쓰레기를 얻으려면 주민에게 많은 정보와 동기를 제공해야 한다. 자연보호, 자원낭비 방지, 자선 구호사업, 폐기물처리비용 감축 등 온갖 논리를 동원한다. 처음에는 대부분 공감하며 가정에서부터 쓰레기를 분리하겠다는 열성을 보이는데, 이는 단독주택 거주자나 아파트 거주자나 마찬가지다.

그러나 말과 행동은 늘 차이가 나는 법이라 시간이 흐르면서 시민의 참여는 약해지고 방만해진다. 쓰레기를 버리기 전에 분리하는 데는 노력이 필요한데, 아무래도 쓰레기를 보관할 공간이 있고 또 쓰레기 일부를 가축사료나 땔감, 텃밭의 비료로 쓸 수 있는 농촌에서는 기꺼이 이런 수고를 감당하겠지만, 도시에서는 어려운 일이다. 2006년 프랑스 도시에서 분리수거한 용기 포장재와 종이는 26킬로그램에 불과해 농촌의 절반에 그쳤다. 따라서 분리수거 참여를 독려하는 것도 중요하지만, 분리수거에 드는 노력을 줄여주는 것 역시 필요하다.

재활용대상 쓰레기는 수집센터나 각 가정에서 수거한다. 풍성한 수확과 자발적 참여를 이루려면, 수거함 수가 많고 주차장이나 대중교통 정거장, 쇼핑몰처럼 통행이 빈번한 곳에 수거함을 설치해야 한다. 그러나 수거함을 많이 설치하려면 비용이 그만큼 많이 들고 통행에 지장을 줄 수 있다는 문제점이 있다.

게다가 사람들이 수거함에 재활용쓰레기를 집어넣거나 수거함을 비울 때 발생하는 소음도 문제다. 도시에서는 도로폭이 좁아 수거함을 설치하기가 어렵기도 하고, 수거함 근처 주민은 주변에 병조각이 널려 있다며 항의하기도 한다. 이런 점들을 해결하고자 소음방지 수거함을 땅속에 완전히 파묻거나 아니면 절반 정도만 땅 위로 올라오게 설치하고 있다.

수거인력이 가정마다 방문하면, 주민이 직접 수거함으로 가져오는 것보다 더 많은 양을 수거할 수 있지만, 그만큼 비용이 더 든다. 이에 좀 더 효과적인 수거 시스템을 고안하거나 여러 칸으로 구성된 신종 수거차량을 이용한다. 신종 수거차량을 기존 수거차량과 교대로 운행하거나 때로는 두 종류 차량을 동시에 운영한다. 효과적인 분리수거를 위해 여러 칸으로 나눈 쓰레기통을 개발하여, 좁은 부엌에 놓을 쓰레기통의 수를 줄이는 방안 역시 활용하고 있다.

효과적인 분리수거는 재활용의 생산성을 좌우한다. 따라서 시민의 꼼꼼한 분리가 필수적이며 이를 위해 습관을 바꿔야 한다. 또한 성공적인 분리수거를 위해서는 간편한 분리방식이 필요하다. 너무 복잡한 분리수거는 시민의 참여율을 떨어뜨리고 오히려 비생산적인 분류를 낳는다. 분리방식이 간단하고 설명이 잘되면 시민의 참여가 높다는 평가가 있는 만큼, 정확한 정보를 정기적으로 제공할 필요가 있다.

지역주체들의 적극적 참여를 보여주는 좋은 예인 콜로라도 주의 볼더Boulder 카운티에서는, 1980년대 한 협회의 자원봉사자들이 구역 리더가 되어 일일이 이웃을 방문해가며 종이, 유리, 알루미늄의 수거일을 가르쳐주고 쓰레기분리를 호소했다.[141]

이 운동은 곧 유럽으로 번져갔다. 지자체에서 분리수거 홍보대사를 모집해 올바른 분리수거 방법과 재활용의 유용성에 관한 홍보업무를 맡겼는데, 주로 사회편입을 지원하는 고용의 일환이었다. 프랑스는 2006년 1,300명의 분리수거 홍보대사를 두었다. 쓰레기분리 방식은 때로는 복잡하기도 하고 지역마다 약간씩 다르다. 그래서 지역주민이 매우 다양한 포장용기를 어떤 폐기물로 분리해야 할지 잘 모르는 일이 빈번하게 일어나고, 가족이나 이웃 간에 실랑이를 벌이기도 한다. 플라스틱병은 재활용에 적합하지만, 떠먹는 요구르트 용기는 나라에 따라서 재활용대상이기도 하고 프랑스처럼 재활용하지 않는 나라도 있다. 그 까닭은 재활용사업을 하기에는 분량이 많지 않고 고분자화학 측면에서 어려움이 발생하는 수지원료를 포함하고 있으며 또 고발열 플라스틱 소각로가 필요하다는 점 때문이다.

분리수거센터에서는 수거함을 다시 살펴서 잘못 들어온 쓰레기를 골라낸다. 평균적으로 수거함의 4분의 1은 잘못 버려진 쓰레기가 차지한다. 이 '분리오류'를 줄이고자 종종 어떤 기업은 재활용할 수 있는 포장재인지, 어느 수거함에 분류해야 하는지를 소비자에게 선명한 로고로 보여주기도 한다. 환경보호에 관한 시민의식 일깨우기나 놀이개념 이용하기, 또는 절약이나 양심에 호소하기 등 분리수거 장려책은 다양하다.

각종 행사나 운동경기가 있을 때 길거리나 해변에 가장 흔하게 버려지는 음료수 캔을 회수하려고 재밌는 수거방식을 적용하는 때가 자주 있다. 알루미늄으로 상상의 나래를 펼치는 것이다. 몇 해 전 프랑스의 지자체에서는 아이들을 대상으로 '알루미늄 찾기' 놀이를 개최하여 아이들이 '알루미늄을 입힌' 봉지를 입고 자석 '마술봉'을 이용해 알루미늄과 쇠붙이를 구별해내는 놀이를 벌였다.

스위스에서는 자동판매기 같은 '럭키 캔Lucky Can' 기계를 대형할인점이나 학교, 주유소 근처에 설치하고 길거리에 버려지기 쉬운 알루미늄 음료수 캔을 수거한다. 캔을 넣을 때 현금, 열쇠고리, 초콜릿, 요요 같은 경품도 받을 수 있다. 프랑스의 두 젊은 여성은 '카니발Canibal'이라는 회사를 만들어 2001년 처음 대학 캠퍼스에 이 기계를 설치했다. 학교나 쇼핑몰에 설치되어 캔을 수거하는 임무를 수행하면서 때로는 푸짐한 상품도 선사하는 이 기계는 전 세계로 퍼져나가는 중이다.

캐나다나 중국을 비롯한 여러 나라에서는 구직자, 퇴직자, 자원봉사자들이 금속용기나 페트병을 모은다. 경품 때문이 아니라 생계를 위해, 돈을 더 벌려고, 학교에 기부하거나 자선활동을 위한 적립금을 마련하기 위해서다. 브라질에서는 20세기 말 약 15만 명이 캔을 모아 재활용센터로 가져갔고 캔 수거에 종사하는 인력이 자동차 산업 종사자보다 많았다.[142]

하지만 놀이나 자원봉사로도 분리수거 참여가 부족하자 사회적인 압력이 행사되기 시작했고 심지어 경찰력이 동원되기까지 했다. 지자체는 재활용쓰레기용 투명비닐을 배포해 분리가 잘

되었는지 점검하였는데, 이를 사생활 침해로 여기는 의견도 있었다. 런던에서는 경찰이 거리를 순찰하며 주민이 분리수거를 제대로 했는지 수거함 뚜껑을 열어본다. 유리병, 페트병과 금속용기, 음식물쓰레기가 세 개의 함에 잘 분리돼 있는지를 살피면서 분리수거를 수차례 어기면 무거운 벌금을 물린다. 쓰레기를 감시하는 경찰은 주민의 실수를 용납하지 않는다.[143]

건물에 있는 일반쓰레기 수거함의 수거빈도를 줄여서 분리수거를 유도하는 때도 있다. 쓰레기통이 가득 차 있으면 재활용쓰레기는 따로 버리기 때문이다. 쓰레기통을 같이 쓰는 주민끼리 서로 주의를 듣지 않으려고 규정을 준수하면 분리수거를 더 잘할 수도 있다.

무엇보다 가장 효과적인 방법은 오염자-부담 원칙에 따라 분리수거를 하는 것으로, 이 원칙에 철저할수록 쓰레기수거 비용의 감소 효과를 크게 볼 수 있다. 배출하는 쓰레기의 무게와 용적에 비례하여 수거료를 내는 가정은 주거건물의 시가나 식구 수에 따라 수거료를 내는 가정보다 분리수거에 좀 더 적극적이다. 이런 취지로 미국에서 시행 중인 'Pay as you throw', 즉 버린 만큼 부담하는 제도를 통해 많은 가정이 재활용쓰레기의 분리수거는 물론 유기성 쓰레기의 퇴비화에 이르기까지 적극 참여하고 있다(8장 쓰레기통 비만예방의 '종량제, 버리는 만큼 내기!' 부분 참고).

쓰레기에게
새로운 삶을

∼

　대형폐기물은 가정에서 쓰는 쓰레기통에 들어가지 않는 물건을 말한다. 망가진 가전제품, 낡은 식탁, 걸음마를 익힌 아이가 미련 없이 버린 보행기, 구식 텔레비전 수상기, 수없이 뒤척이던 불면의 밤으로 폭 꺼진 침대 매트리스 같은 것들이다. 환경 보전에 별 관심이 없는 사람들은 이런 대형쓰레기를 길거리나 도로 주변, 강가나 수풀 뒤에 몰래 버리기도 한다. '괴물'이라 부르는 이 대형쓰레기의 노상묘지가 늘어나지 않도록 몇 년 전부터 무단투기자들을 막을 방법을 많이 동원하고 있다.

　이를 위해 마련한 방법은 다양하다. 우선 이동식 운반차량이 주차장 같은 공공장소에 하루나 며칠 동안 정차해 있으면서 수거하는 방식이다. 그러나 이 방법은 고령자나 장애인 가구, 그리고 덩치 큰 쓰레기를 모아둘 만큼 공간이 넉넉하지 못한 공동주택에는 적합하지 않다. 이보다는 차라리 지자체나 기업에서 집마다 방문하여 수거하는 게 더 나을 것이다. 이 방법은 무상으로 또는 유료로 운영할 수 있다. 일본에서는 대형폐기물수거센터에 전화하면 물건을 버릴 때 붙이는 스티커에 적을 번호를 알려준다. 스티커는 상점에서 살 수 있는데, 버릴 물건의 종류에 따라 그 가격이 달라진다. 이를테면 침대는 소파보다 비싸다. 스티커를 붙인, 즉 수거료를 낸 대형쓰레기는 수거 당일 아침 일찍 길에 내어놓으면 된다.

1970년대부터 지자체의 대형쓰레기 폐기장 설치의무를 법으로 규정한 미국[144]을 비롯해 선진국에서는 대형쓰레기 폐기장 설립이 활발하게 이루어졌다. 1981년 프랑스에서는 보르도 시가 처음으로 이러한 시설을 설립했다. 쓰레기를 불법으로 버리던 사람들이 불편을 겪지 않도록 그들이 주로 버리던 곳에 폐기장을 설치하였는데, 그 결과 사람들은 차를 세우고 물건을 버리는 데 쉽게 익숙해졌다. 2007년에는 대형쓰레기와 유해폐기물을 수거하는 폐기장이 4,000여 개에 달했다.

대형쓰레기 폐기장은 외부와 차단된 시설로, 낡은 가구나 매트리스, 고장 난 가전제품이나 자전거, 정원쓰레기 등을 종류별로 버리도록 공간이 구분돼 있다. 하지만 사람들은 이곳에 용매, 페인트, 엔진오일, 건전지, 배터리, 수리·보수 제품, 스프레이는 물론 인체와 환경을 해치고 폭발위험이 있는 쓰레기까지 가져왔다. 매우 위험한 물질을 몰래 가져오는 예도 있는데, 한번은 셰르부르Cherbourg에서 번호판이 없는 차가 와서 시안화물이 든 커다란 통을 놓고 갔다. 어떤 이는 실험용 침팬지 주검을 가져와 돌려보낸 적도 있다고 한다. 폐기장이라고 아무거나 다 받을 수는 없다.

이처럼 폐기장 관리인들은 사람들이 올바르게 분류하여 버리도록 설명하고, 폐기장을 감시하고 관리한다. 폐기장 공간이 가득 차면 쓰레기 회수업자나 수거회사에 연락하는 것 역시 관리인의 몫이다. 쓰레기가 폐기장을 떠나 재활용, 퇴비화, 매립, 열처리, 화학적 처리, 물리적 처리 중에서 제 길을 찾아나서게 하는 것이다.

이처럼 대형쓰레기 폐기장은 무단투기를 막고 쓰레기를 처리하는 과정에 유해물질이 들어가지 않도록 한다. 여기서 끝이 아니다. 이것은 처리와 재활용, 보관으로 가기 위한 전 단계일 뿐이다. 즉 버려진 것의 일부를 되찾고 소각이나 매립으로 제거하게 될 쓰레기의 양을 줄여주는 준비작업이다.

안전, 위생, 운영의 문제를 우려하여 금하고 있는데도 사람들이 폐기장까지 들어와 필요한 물건을 가져가는 일이 종종 일어난다. 특히 밤에 철문을 넘거나 철조망을 뚫고 들어와 폐기장을 뒤져서 물건을 가져간다. 금속원료의 가격이 올라가면서 절도가 늘고 있으며 때로는 범죄 무리끼리 아니면 고철상인끼리 싸움도 벌인다. 이런 폭력이나 절도에 놀란 지역 당국에서는 전자보안장치나 경찰견으로 맞서고 있다.

폐기장 운영시간에 사람들을 들어오게 하여 필요한 것을 가져가도록 하는 예도 있다. 폐기물을 재활용이나 처리 시설로 옮기기 전에 단 며칠 동안만이라도, 수리하여 다시 쓸 수 있는 가구나 전자제품, 장난감, 정원용 도구, 땔감 등을 단체나 개인이 가져갈 수 있게 하자는 취지다. 예를 들어 론Rhône 지역의 모르낭Mornant에서는 '기타 물건들'이라는 뜻의 사회편입 지원단체 '오트르쇼즈Autres choses'로 하여금 모아놓은 폐기물 중에서 보수하거나 판매할 만한 것들을 가져갈 수 있게 했다. 이는 사회사업의 하나로, 영국에서도 자선단체가 지자체와 협약을 맺고 폐기장에서 쓸 만한 것을 수확해가도록 한다. 이때에도 쓰레기의 선별이 매우 중요하다. 그래야만 더 많은 물건과 기계의 회수, 재사용, 재활용, 재판매가 가능하기 때문이다.

일본은 폐기장에서 수리·보수 서비스까지 제공하는데, 오사카에서는 폐기물을 직접 수리하여 다시 쓰려는 사람들을 위해 기초 보수기술 강의도 제공한다. 자전거나 전자제품, 가구 등 다시 수리해 쓸 수 있는 물건을 골라 집으로 가져가거나 즉석에서 수리할 수 있도록 하기 위해서다.

전기·전자 폐기물, 수거에서 재활용까지

이미 넘쳐나는 일회용 제품과 씨름하던 지자체는 이제 냉장고, 텔레비전, 청소기, 컴퓨터 등 현대사회의 삶 곳곳에서 버려지는 전기·전자 제품과의 싸움이라는 새로운 문제에 부닥치고 있다. 빠르게 발전하는 기술혁신으로 신제품은 금방 낡은 물건이 되어, 컴퓨터나 휴대전화의 기대수명은 채 3년이 안 된다.

이제 생산자는 자신들이 만든 물건의 폐기처리까지 책임져야 하며 특히 전기·전자 제품은 그 책임이 더 무겁다. 지금까지는 지자체에서 폐기비용을 부담했으나 이제는 좀 더 친환경적인 폐기와 부품의 재사용, 에너지화, 재생 자원화를 위한 틀을 마련하고 있다. 폐기물의 배출과 부작용을 줄이고자 제품 판매 때 환경부담금을 판매가에 포함하여 이후의 폐기비용을 부담하게 하거나 폐기할 때 비용을 물리는 방법 등을 쓴다.

일본은 2010년부터 전자제품의 단순폐기를 법으로 금지하였다. 이 법에 따라 소비자는 50유로 정도의 꽤 높은 비용을 내야 하며, 냉장고는 분해와 부품 처리, 재활용의 과정을 거쳐 폐기한다. 생산자는 분해하기 쉬운 제품으로 디자인해야 하고, 1994년 기업들이 모여 결성한 가전폐기물처리협회가 지자체의 가전폐기물 관리를 지원한다. 협회의 목적은 제품의 안전성 제고, 적절한 전기사용, 그리고 폐기물의 처리다. 협회에서는 '친환경처리 판매자조합'을 설립해 조합에 가입한 판매자가 폐가전을 회수하고 처리회사에 위탁하도록 하고 있다.

유럽 또한 2003년 환경오염과 낭비 성향의 소비를 막기 위한 제도적 규제를 마련하기 시작했다. 유럽지침을 채택함으로써 제품 내 유해물질 제거, 폐가전제품 전량수집, 재활용의 의무를 생산자에게 돌려놓은 것이다. 2006년 11월 유럽지침을 국내법에 적용한 프랑스에서는, 소비자들이 가전제품을 살 때마다 제품사용 이후의 처리에 드는 환경부담금을 낸다. 휴대전화는 1센트이며 냉장고나 냉동고는 13유로 정도다. 제조사 대부분은 폐가전제품 처리를 맡는 네 개의 환경보전 기관 중 하나에 가입한다. 이 중 하나인 '에코 시스템'은, 수리할 수 있거나 아직 쓸 만한 폐가전제품의 재사용을 가능하게 해주는 두 단체인 엠마우스Emmaüs, 앙비Envie 네트워크와 업무협약을 체결했다(8장 쓰레기통 비만예방 참고).

전기·전자 폐기물은 갈수록 늘어나 전 세계에서는 시간마다

400만 톤의 폐가전이 발생한다. 폐가전을 제대로 처리하지 않으면 암이나 신경계통 질병을 일으키는 중금속(카드뮴, 크롬, 납, 수은)과 다이옥신이 방출된다. 유리병, 신문, 금속 음료수 캔의 재활용은 생산과정과 비슷해서 비교적 쉬운 편이다. 반면에 가전폐기물은 부품과 구성물질이 다양한데다 독성물질을 포함하고 있어 재활용이 쉽지 않다.

기업과 연구진이 폐가전부품의 오염제거와 재활용에 매진해온 결과, 폐가전은 첨단기술을 이용한 처리시설에서 수작업을 거치는 준비작업과 정교한 기계처리를 받는다. 2008년 프랑스 앙제Angers 근처에 건립한 처리시설에서는 냉장고의 압축기와 본체에 들어 있는 폴리우레탄 폼의 프레온가스를 제거하는데, 진공흡입, 초음파를 이용한 오일분리, 질소에 의한 불화, 냉동처리에 의한 액화 공정이 끝나면 대형 수직 실린더 안에 냉장고를 강력체인으로 매달아 서로 부딪쳐서 부서지게 한다. 이 과정에서 폴리우레탄 폼을 쉽게 분리할 수 있다.

텔레비전, 컴퓨터, 소형가전제품, 전자 장난감이나 도구는 먼저 수작업으로 준비한다. 뇌 손상으로 장애가 있는 작업 인부들이 벨트컨베이어에서 필요 없는 물질을 골라내고, 텔레비전 브라운관이나 컴퓨터의 머더보드 같은 부품을 선별한 전자폐기물은 수직 실린더로 들여보내 진동작용으로 분해한다. 분해된 물질은 파쇄, 자석, 밀도측정, 화학 및 광학 분리 과정을 거치면서 철, 알루미늄, 구리, 다양한 고분자화합물 등으로 추출하여 제련소나 플라스틱가공 공장에서 재활용한다.

이 시설은 매달 프랑스 서부지역에서 오는 1,600톤의 전기·전자 폐기물을 처리하는데, 소형가전의 65퍼센트, 컴퓨터 모니터와 냉장고의 90퍼센트를 재활용한다.* 대단한 성과라 할 수 있지만, 버려지는 전기·전자 폐기물의 총량과 비교하면 여전히 미미한 수치다. 일본이나 미국 같은 선진국에도 같은 시설이 있으며, 매사추세츠 주와 캘리포니아 주는 매립지에 폐가전의 반입을 금지한다.

자선사업, 소외계층, 폐기물

오래전부터 종교단체의 구호기관이나 일반구호단체는 일상생활에서 나오는 생활쓰레기를 집집이 방문하여 수거해왔다. 19세기 말 로마에서는 자선단체가 각 가정을 돌며 뼈, 종이, 헌옷, 담배꽁초 등을 수거했고, 프랑스에서는 자선단체가 쓰레기를 수거하면서 넝마주이들과 경쟁했다.

1883년 8월 한 학교 시상식에서 마르보Marbot 수사는 "나라에서 많은 돈을 절약하고 있습니다. 올해 치사하게도 보조금을 모조리 삭감해버렸기 때문입니다."고 하면서 모자란 재원확충을 위해 수도사들이 헌 종이를 거둬들이는 넝마주이 일을 하고

---

* Triade Avenir-Véolia-propreté 사

있다고 역설했다. "어떤 넝마주이는 불운의 희생자입니다. 돈도 주인도 없이 여기저기 빵을 구하러 다니지요. 또 다른 넝마주이는 한때 잘나가다가 망해서 베일로 얼굴을 가리고 다닙니다. 단순히 쓰레기 뒤지는 게 좋아서 넝마주이가 된 사람도 있습니다. 마지막으로 부모에게 물려받은 넝마주이가 있습니다. 그들은 넝마 속에서 태어났고, 아무런 욕심도 명예도 없이 넝마 속에서 죽어갈 것입니다. 〔……〕 우리는 바로 이 흥미로운 업종을 택하기로 했습니다. 그러나 우리가 선택한 넝마는 모든 넝마 가운데 가장 고귀한 것입니다. 바로 헌 종이입니다. 우리는 그것만을 모읍니다!"[145]

자원봉사자들은 쓰레기나 폐품을 수거하면서 사람들에게 참여를 호소했으며, 폐품을 판 이익금으로는 교육과 제3세계 개발, 소외계층의 사회편입 등을 지원했다. 1980년대 샤랑트Charente에서는 뵈즈Veuze 제지사의 제안과 성당의 지원으로 청소년 자원봉사단과 앙굴렘 천주교 구호단체가 폐지를 수집하여 아프리카 구호기금을 마련했다. 당시 이 지역에는 폐지·상자 회수업자가 하나뿐이었으므로 학교와 지역단체에서는 충분한 물량을 확보할 수 있었다. 회수업자는 미사가 끝날 무렵 신부에게 다음 회수 날짜를 안내해달라고 부탁했다.

제2차 세계대전 후 엠마우스 공동체는 대규모 폐품수거 사업을 벌였다. 엠마우스 공동체의 모태는 1946년 사회사업과 국제교류를 위해 '아베 피에르(피에르 신부)'로 알려진 앙리 그루에스Henri Grouès가 파리 근교 뇌이플레장스Neuilly-Plaisance에 설립한

단체였다. 이 단체는 가난한 사람들을 돌보았는데, 당시 주택난이 심했으므로 집 없는 사람들이 몰려들었고, 공간이 부족해지자 지역의원이던 아베 피에르가 땅을 임대하고 불법으로 집을 짓기 시작했다. 이것이 엠마우스 공동체의 시작이다.

아베 피에르가 재선에 실패해 세비를 받지 못하자 행정적이고 재정적인 어려움이 극에 달했다. 그때 어느 넝마주이 출신 회원이 공동체를 먹여 살릴 해결책으로 제시한 사업이 바로 넝마주이였다. 이 회원은 직업의 비결을 전수했는데 '쓰레기통 뒤지기'와 '고물수집'이었다. "쓰레기통 뒤지기는 치열하게 전념해야만 수확이 있어요. (……) 기술도 있어야 하지요. 소소하게 모으는 게 아니라 조직적으로 규모 있게 모아두었다가 중간상인 없이 직접 도매상과 거래해야 합니다. (……) 고물수집은 창고나 지하실, 헛간, 아파트 구석방 등에 버려진 물건을 모았다가 다시 쓸 수 있도록 고쳐서 벼룩시장이나 고물상에 되파는 것입니다."146

엠마우스의 친구들은 쓰레기통을 뒤지기 시작했고, 그렇게 얻은 수확은 공동체의 재정을 메워주었다. 그러나 이 일은 오래가지 못했다. 며칠이 지나자 예견했던 사건이 터졌기 때문이다. 관례상 쓰레기통 내용물의 임자로 인정받는 넝마주이들이 엠마우스가 자기들의 영역을 불법으로 침범했다면서 들고일어선 것이다. 거리의 쓰레기통을 독점하던 넝마주이와의 충돌을 피하려고 아베 피에르는 고물수집으로 노선을 바꾸었고, 이때부터 가정방문을 통한 고물수집은 엠마우스의 주요한 재원이 되었다. 엠마우스의 친구들은 도시와 농촌 구석구석을 다니면서 헌 가구, 낡은 물건, 옷, 고철을 무상으로 수집한다. 엠마우스는 프랑스에서만 100여 개의 공동체와 4,000명의 회원을 둔 탄탄한 조직이 되었고, 각 공동체는 회원들이 함께 일하고 거주하는 삶의 터전을 갖추고 있다. 그곳에는 주거공간과 상점, 작업장(목공소, 전자제품 수리소, 재봉실 등) 등이 있어서 수집·분리한 헌 물건을 고쳐 새로운 물건으로 다시 태어나게 한다. 덩어리로 묶인 옷감은 도매상에 넘기고, 가구와 소소한 골동품은 저렴하게 판매한다. 엠마우스 공동체는 재정운영 방식이 자율적이지만, 시대변화를 겪을 수밖에 없다. 유리, 상자, 고철, 헌 옷 등의 분리수거 시설과 다양한 재활용 시스템의 발전으로, 공동체 수입의 원천이 조금씩 메말라가는 탓이다. 현재 엠마우스 공동체는 40여 개 국가에서 활동 중이다.

헛간을 뒤지고 폐품을 수거하고 벨트컨베이어에서 물건을 선별하는 데에는 특별한 기술이 필요 없으므로, 이 일에는 사회편입을 원하는 사람들이 많이 참여한다. 반면에 특별한 기술이 필요한 부분도 있다. 대형폐기물 집하장 직원은 반입되는 폐기물의 종류를 구별하고 특수폐기물을 식별해야 하며, 주민에게 올바른 폐기방법을 홍보·계도하고 시설물 전체를 관리할 수 있어야 한다. 또한 퇴비화 시설의 제작, 해당 물질의 준비와 포장, 페인트 용기 처리, 부품해체, 전기기계 및 가전제품 수리 등에도 전문기술이 필요하다.

지자체나 학교에서 하는 재활용교육을 소외계층 사람들에게 맡기기도 한다. 1980년대 독일 하이델베르크에서는 실업자들이 교사들과 함께 퇴비용 쓰레기수거함인 '그린 쓰레기통'의 사용법을 설명하고 다녔다. 일회용 기저귀를 그린 쓰레기통에 넣으면 안 되는 이유는, 플라스틱과 베이비크림이 함유돼 있어 그 속의 아연성분이 토양과 식물에 아주 유해하기 때문이라는 식의 교육을 통해 어떤 쓰레기를 넣어야 하는지, 또 어떤 쓰레기는 넣으면 안 되는지 주인과 학생들에게 자세히 설명할 수 있게 했다.

쓰레기수거와 재활용의 발전으로 수천 개의 일자리가 만들어졌다. 주로 관련 단체나 사회적 기업, 지자체에서 소외계층에 임시직을 제공하여 사회 '궤도에 다시 오를' 수 있도록 돕고, 나아가 가능하면 정식 일자리를 찾도록 지원하는 예가 많다. 사회 재편입을 준비 중인 사람들은 이런 작업을 통해 자존감을 되찾고 자신감을 회복하게 된다. 쓰레기와 자선사업의 동반관계는 아주 오래전부터 있었으며 경제적으로 어려운 시기일수록 더욱 긴밀해지는 경향이 있다.

7장

다양한 재활용의
세계

포장용기가 우리 사회를 습격하기 전까지 생활쓰레기 재활용은 늘 해오던 일이었고, 특히 시골에서는 일상적으로 이루어졌다. 채소나 과일 껍질은 가축사료나 토양비료로 썼고, 종이나 상자는 땔감으로 썼다. 형이 입던 옷은 아우에게 물려주는 식으로 옷 하나를 몇 번 물려 입다가 끝엔 걸레로 썼다. "이 빠진 그릇, 손잡이가 떨어진 냄비, 금 간 접시는 음식보관 그릇이나 가축의 밥그릇으로 썼고, 아니면 꽃을 심어 화단을 꾸몄다. 할아버지가 입던 외투는 잘라서 아이들이 축제 때 입을 옷이나 실내화를 만들었다."[147] 한마디로 더 쓰지 못할 것만을 버렸다.

　위생과 환경 관련 규제가 강화되고 특히 매립 및 소각 비용과 원료가격이 상승하면서 재활용이 다시 주목받았다. 풍요의 시대를 살아가던 우리 사회는 1980년대 초부터 재활용에 열의를 보이며 어떻게 낡은 것에서 새것을 만들까 고민하기 시작했다. 유리, 종이, 금속을 회수해 같은 제품의 생산요소로 투입하는 것이 그중 한 방법이다. 이것은 유리병조각들로 새 유리병을 만드는 것으로, 천연원료의 사용을 전적으로 또는 부분적으로 줄일 수 있다. 플라스틱 용기로 야외용 테이블을 만드는 방식처럼, 회수한 폐품을 전혀 다른 제품의 생산요소로 투입하는 방법도 있다. 이처럼 우리는 일상생활에서 점점 더 많은 재활용품을 쓰는데, 용기포장재가 가장 대표적이다. 2006년 프랑스에서 쓰인 금속의 57퍼센트, 종이와 상자의 58퍼센트, 유리의 36퍼센트, 플라스틱의 19퍼센트가 재생원료로 생산한 것이다.

재활용품의 이미지 역시 점점 좋아지면서 조악한 물건이라는 인식이 줄어들었으며, 때로는 혁신적이거나 '트랜디한' 제품으로 여겨지기도 했다. 패션을 비롯한 다양한 분야의 디자이너들은 쓰레기통에서 작품의 영감이나 재료를 구하고 있다. 폐플라스틱으로 만든 가방이나 옷, 알루미늄 캔으로 만든 의자, 낡은 청바지를 씌운 안락의자, 재활용품을 이용한 고급 인테리어 제품 등 쓰레기의 쓰임새는 무궁무진해 보인다.

쓰레기회수는 저개발국가나 신흥산업국가의 경제를 돌아가게 하는 중요한 요소다. 기업들이 비싼 천연원료와 에너지 그리고 수입 관세 때문에 재생원료를 선호하기 때문이다. 이는 환경을 보호하는 효과도 얻을 수 있다. 실제로 금속, 플라스틱, 유리를 만들려고 광물, 석유, 규토를 과도하게 채굴하는 것은 자연을 파괴하고 물과 공기를 오염하며 온실효과를 증대하는 결과를 낳는다.

환경인식이 높아지고 쓰레기처리 비용이 늘어나자 선진국

정부는 재생원료의 보고인 생활쓰레기 재활용정책을 채택하고, 생산라인에 폐기물을 투입하도록 하는 다양한 정책을 펼쳐왔다. 프랑스는 1975년 생활쓰레기에 자원의 지위를 부여했다.[*] 재활용은 매립이나 소각보다 원료파괴가 적은, 이점이 많은 쓰레기처리 방법이다. 또 천연원료를 이용한 생산보다 에너지 소비가 적으며 온실가스 배출도 줄일 수 있다.

천연자원의 고갈, 원료의 가격상승과 수요증가로 재생원료에 관한 관심이 높아지고 있다. 부국에서 나오는 쓰레기가 다른 나라에는 적은 인건비와 처리비용으로 재활용할 수 있는 자원의 보고가 되는 것이다. 현재 재활용시장은 세계화하면서 규모가 크게 성장했으며, 그 종류가 처음에는 주로 재활용이 쉬운 고철, 비철금속, 종이에 한정됐다면 이제는 좀 더 복잡한 플라스틱, 폐가전으로 확대되었다. 저개발국가에서는 특히 플라스틱과 폐가전의 재활용을 반긴다.

헌 옷, 추락했던 쓰레기의 꽃이 패션쇼로 부활하다

의류의 회수와 재활용은 아주 오랜 역사가 있다. 우리 조상은 낡고 해진 옷이나 홑청을 자르고 붙이고 바느질해서 다시 이

---

[*] 1975년 7월 15일 제정한 법

용했다. 어른이 입던 남루한 옷을 줄여 아이 옷을 짓고, 구멍 난 스웨터는 실을 풀어 다른 것을 짜고, 낡은 모직 코트는 잘라서 숄이나 담요를 만들었다. 과거에는 새 옷이 무척 비쌌으므로 사람들은 대부분 헌 옷을 입었고 도저히 입을 수 없는 상태가 되면 넝마주이들이 가져가 펄프로 만들었다.

근대 초 유럽에서는 중고의류 거래가 매우 활발히 이루어졌는데, 이는 주로 여성의 일이었다. 엄마들은 아이들 옷을 팔았고, 하녀들은 주인집 헌 옷을 팔았다. 가족 중에 누군가 죽으면 그가 입던 옷을 팔거나 다른 옷과 교환했다.[148] 의류의 유통은 이처럼 주로 중고판매를 통해 이루어졌는데, 그만큼 중고품을 나쁘게 여기지 않던 시대였다.[149]

1835년 1,550여 곳의 상점이 모여 있던 파리의 탕플Temple 시장은 파리 곳곳에서 온 손님들로 가득했다. 이곳은 서민은 물론 철마다 새 옷을 사고 싶어하던 멋쟁이 여성이나 고급 모직 숄과 검은색 벨벳 코트를 사려는 부유층 여성들이 즐겨 찾았다. 필리프 페로Philippe Perrot는 탕플 시장의 생동감을 다음과 같이 적고 있다. "이 광대한 의류점포에 옷을 대는 사람들은 길거리를 돌아다니며 헌 옷을 사는 헌 옷 상인과 넝마주이였다. 염색과 수선을 거친 헌 옷은 새 옷으로 다시 태어나 노동자나 하녀들의 나들이옷이 되었다가 점점 더 아래 계층으로 내려가면서 낡고 해진 헝겊이 되었다."[150] 탕플 시장에는 정가가 없었으며 흥정이 필요했다.

다른 가게나 노점상에서도 헌 옷을 팔았으며 특히 노트르담

성당이나 소르본 의과대학 근처의 상점에서는 병원에서 사망한 사람들의 의복이나 상복, 군복이 많이 나왔다. 이런 옷들 역시 염색하고 수선해서 작업복, 마부들이 입는 외투, 연극이나 예식에 입는 의상으로 다시 태어났다. 수리전문 재봉사들은 유행에 맞게 다시 수선하는 전문가들이었다.

그러나 1860년부터 헌 옷 사업은 내리막길을 걷는다. 우선 헌옷 장사들의 호객행위를 금지하면서 이들은 벨빌Belleville, 메닐몽탕, 라 빌레트la Villette 등 파리 근교로 물러났다. 사람들의 생각도 달라져 헌 옷 수요가 덩달아 줄어들었다. 사람들은 의심쩍은 호객행위보다 현대적 상점의 가격표시제를 선호하기 시작했고, 그와 더불어 남이 입던 옷도 멀리했다. 혹시 병균이라도 묻어 있을까 봐 헌 옷을 건강을 위협하는 존재로 바라보면서 중고의류 판매는 도시에서 자취를 감추고 만다.

오늘날 서방국가 대부분에서는 엠마우스, 천주교 구호단체 스쿠르가톨릭, 적십자사와 같은 자선단체들이 헌 옷에 눈독을 들이는 형편이다. 적십자사는 1863년 스위스의 앙리 뒤낭Henri Dunant이 솔페리노Solferino 전투의 살육을 목격한 뒤 어떤 도움조차 받지 못하는 부상자들을 도우려고 세운 단체다. 이들 구호단체는 철이 바뀔 때나 상을 당한 후에 사람들이 보내오는 헌 옷을 많이 받는다. 세탁소나 구두수선집에서도 고객이 찾아가지 않은 옷과 신발을 기부하며, 의류점에서는 할인행사 후에까지 잘 팔리지 않은 재고를 보낸다. 또한 재활용업체가 지역 행정당국의 지원을 받아 헌 옷 수거함을 설치하기도 한다. 하지만 못

입거나 유행이 지난 옷의 20퍼센트만을 회수하는 실정이며, 대부분은 쓰레기통으로 들어가고 있다.

수거된 헌 옷은 선별과 수선, 세탁, 다림질 등의 작업을 거치는데, 대부분 사회적 고용인력이 이 일을 맡는다. 프랑스에서는 의류회수업체의 3분의 2가 사회적 기업이다. 상태가 좋은 옷은 다른 사람의 옷이 된다. '중고의류센터'로 전달되어 난민이나 출옥수, 가출청소년 등 대개 사회시설이나 자선단체의 도움이 필요한 사람들의 옷이 되는 것이다.

적십자사는 화재나 자연재해, 전쟁 등의 위급상황이 발생했을 때 의류를 지원하거나 겨울에 프랑스를 방문하는 앤틸리스 제도Antilles 청소년들에게 두꺼운 옷을 제공한다. 이들은 공항에서 곧장 의류보관센터로 와서 옷을 빌리고 따뜻한 고국으로 떠나기 전에 반납한다. 단순한 지원을 넘어 시민의 참여를 유도하고자 의류판매장을 열어 아주 저렴한 가격에 중고의류를 판매하는 구호단체도 있다.

중고의류의 판매를 촉진하려고 '수거와 연대'라는 패션쇼를 조직한 여성들도 있다. 프랑스 남부 페르피냥Perpignan의 '카리스토크Carit Stock'라는 의류 구호단체와 스쿠르가톨릭의 지부 '연대의 직조'라는 자선단체가 주관한 이 패션쇼에서는 구직 중인 디자이너들이 헌 옷으로 최신유행 샘플을 만들어 전시했다. "디스코퐁 티셔츠에 있던 금속장식들로 수놓은 가방, 모자의 꽃장식으로 단장한 웨딩드레스, 재킷의 안감으로 만든 가벼운 여름셔츠"가 그 작품들이었다.[151] 2007년 3월 파리에서 열린 패션쇼에는 정치인, 기자, 기업대표들이 참석해 어려운 처지에서도 패션쇼를 마련해 헌 옷으로 만든 멋진 의상을 선보인 '단 하루의 모델'들에게 찬사를 보냈다.

하지만 헌 옷 대부분은 이런 영예를 누리지 못한다. 그중 3분의 1 정도는 중고의류가 되지만, 대부분 무게로 달아 도매업자에게 넘겨지고, 도매업자는 이 옷 중에서 좋은 것을 골라 시장에 팔기도 한다. 극장무대에서 새로운 옷으로 태어나거나 아프리카 시장으로 가는 옷들도 있다. 2005년 아프리카 사람들의 85퍼센트가 중고시장에서 정기적으로 옷과 신발을 구매했다. 인도에서는 직물, 특히 모직 옷의 실을 풀어 다시 짜는 산업이 발달했다. 자동차나 건축에서는 재활용직물을 회수해 시트 속이나 단열재로 쓴다.

그러나 현재는 이런 직물거래도 쇠락하는 중인데, 그 주된 원인은 의류품질의 저하다. 의류의 재활용은 60퍼센트에서 30퍼센트로 감소했고, 중국, 인도, 파키스탄 등지에서 만들어져 전 세계로 팔려나가는, 싼 대신 견고하지 못한 새 옷들과의 경쟁도 힘겨운 상태다. 이런 제품들이 유럽에 대량 수입되면서 재활용사업은 물론, 아프리카의 재사용시장도 위협받고 있다. 철만 바뀌어도 유행이 지나면 버려버리는 '패스트 패션' 시대가 닥친 것이다.

사회적 기업이 줄줄이 도산하자 유럽의 자선단체들은 수천 명의 실직사태를 막기 위해 나섰다. 2006년 11월 의류, 리넨류, 신발에 일종의 환경세를 매기는 제조세와 수입세 법안이 프랑

스 의회를 통과했다. 엠마우스에서 '확대생산자책임제'의 원칙
을 강경하게 주장한 결과였다. 쓸 만한 상태의 제품을 내다버리
는 것은 이만저만한 낭비가 아니기 때문이다. 그리고 소외계층
에 새로운 기회를 제공하는 것이기도 했다. 이 환경세로 헌 옷
수거업자들과 의류지원 구호단체에 재정 지원을 했다.

영원한 재생물질,
유리

유리는 메소포타미아 문명의 발명품으로, 기원전 1500년대
부터 써왔다. 유리로 만든 병과 용기의 재사용은 그 역사가 길
며, 유리조각은 재활용 대상이었다. 과거에는 깨진 병을 사들
이는 병 장수가 마을을 돌며 재밌는 가락으로 사람들의 시선
을 끌었다. 유리조각에서 얻은 '파유리'는 대형파쇄기로 가루
를 낸 다음, 새 유리병이나 창유리, 사포의 원료로 이용했다.
19세기 무렵, 공장의 여공들이 뜨거운 양잿물 대야에 유리조
각을 넣고 쇠삽으로 휘저은 다음 세척하여 색깔별로 선별한 것
이 '파유리'다. 파유리는 새 유리제품의 생산라인에 투입되었다.
코르크 마개는 잉크 판매업자가 구매하거나 와인 제조업자가 와
인 몇 병과 교환했다. 잔여물은 양탄자나 신발 밑창에 이용했다.
유릿가루를 분쇄하여 세척한 파유리는 석유파동 이후 대량으
로 쓰였다. 유리 제조업체는 에너지 소비를 줄이기 위해 파유리

를 썼다. 1976년 시작된 유럽의 유리재활용 프로그램은 소비자
의 참여를 근간으로 한다. 재활용유리 대부분이 생활쓰레기에
서 나오기 때문인데, 나머지는 외식업체와 주류판매업소, 단체
급식소에서 나온다.

유리는 섭씨 1,500도가 넘는 용해로에서 규사, 석회석, 소다
회를 혼합해 만든다. 녹은 유리 덩어리는 성형기에 넣어 성형
한다. 천연원료 대신 파유리를 쓰면 자원, 특히 모래이용을 줄
일 수 있으며, 용해온도를 낮출 수 있어 에너지 소비가 줄어
든다. 실제로 파유리 1톤을 쓸 때마다 모래 700킬로그램, 중유
10킬로그램을 절약할 수 있고, 대표적인 온실가스인 이산화탄
소 배출이 300그램 줄어든다. 하지만 파유리의 운송이나 분쇄
에 필요한 에너지를 고려하면 절감 효과는 이보다 적다. 유리병
을 회수해 얻을 수 있는 또 다른 이점은 폐기물의 흐름에서 생
분해되지 않고 소각이나 매립 때 장애가 되는 포장용기를 제거
할 수 있다는 점이다.

주민이 자원절약에 참여하게 하고 빈 병을 정해진 수거함에
버리게 하려고 지역 행정당국은 프랑스 국립암연맹과 업무협약
을 맺었다. 당시는 환경문제를 암처럼 심각하게 받아들이지 않
을 때였다. 오트마른 지역에서는 처음으로 가정에서 나오는 빈
병을 수레를 이용해 수거했다. 이 지역의 유리공장 책임자가 오
트마른 지역의회에 제안하길, 빈 병을 주면 암 연구비를 지원하
겠다고 한 것이다. 소비자들은 의학연구를 위해 기꺼이 빈 병을
기부했고, 프랑스의 다른 지자체에서도 빈 병의 판매를 통해 지

금까지 암 연구를 지원하고 있다.

빈 병 수거는 보통 자발적으로 정해진 곳에 가져오는 거점수 거를 통해 이루어졌다. 곳곳에 빈 병 수집함을 설치했고 10병 중 6병 이상을 재활용함으로써 2008년 유럽 용기포장재 재활용 지침이 정한 60퍼센트를 달성했다. 하지만 이 성과는 유리 재활 용률이 90퍼센트를 넘는 독일, 덴마크, 네덜란드, 스웨덴, 스위 스 등 다른 유럽 국가와 비교할 때 소박한 수치다.

유리는 프랑스 생활쓰레기 전체중량의 10퍼센트를 차지하는 데, 유리병 이용은 강력한 경쟁자인 플라스틱의 등장으로 감소 하는 추세다. 유리병은 재활용이 가장 쉬우며 생산요소로 다시 편입하기가 쉽다. 앞으로는 유리병의 색깔별 선별이 일반적으 로 발생지에서 또는 광학적 설비를 갖춘 처리시설에서 이루어 져야 할 것이다. 유색 파유리가 섞여 있으면 무색투명 유리를 만들 수 없기 때문이다. 처리시설에서 선별공정은 색분해를 이 용해 무색유리와 유색유리를 자동 분리한다. 파유리는 유리병 과 용기제작 외에도 연마제, 유리섬유 단열재, 도로포장재, 건물 외장재나 운동장 바닥재로도 쓰인다.

유리재활용에서 가장 큰 어려움은 도자기, 사기, 파이렉스, 전구, 깨진 유리창 등이 섞여 있어 융해를 방해하고 양질의 완 제품 생산을 어렵게 한다는 점에 있다. 대형흡입기, 광학 선별 기, 자석 선별기 등을 써도 이러한 불순물을 완전히 제거하기는 어렵다. 이론적으로 유리는 무한재활용이 가능하지만, 불순물 이 유리재활용의 걸림돌이 되고 있다. 파유리를 이용할수록 이런 문제점이 발생하기 때문이다. 무색유리 생산에는 파유리를 50퍼센트 이상, 유색유리 생산에는 80퍼센트 이상 투입하는 예가 있어 파유리의 품질이 매우 중요하다.

천연섬유와 만난
폐지의 영생

인류의 지식과 사상은 오랫동안 입에서 입으로 전해졌다. 하지만 인간은 선사시대부터 생각이나 사건을 전하려는 목적으로 돌이나 동물 뼈, 금속, 나무, 점토에 무언가를 새기기 시작했다. 이후 이집트에서는 돌이나 나무보다 편리하고 보관이 쉬운 종이를 발명했는데, 나일 강의 갈대로 만든 파피루스였다. 시간이 좀 더 흘러 사람들은 양이나 송아지, 또는 염소 가죽으로 만든 양피지도 쓰게 되었다. 기원전 3세기 무렵 중국에서는 대나무나 뽕나무 껍질, 아마나 대마 껍질로 종이를 만들었으며, 중국인들은 오랫동안 이 종이제작법을 비밀에 부쳤다. 종이는 여러 번 쓰는 귀한 물건이었다. 역사가들에게는 낭패스러운 일이었으나 흔히 서기들은 종이에 적힌 글을 지우고 그 위에 다시 다른 내용을 적었는데, 그러다 보니 키케로의《국가론》같은 저술 일부가 소실되었다.

오늘날 종이를 모으는 쓰레기통에는 상자, 잡지, 신문, 광고지, 기타 종이류로 가득하다. 25퍼센트 정도가 종이와 상자이며 그 분량은 나라마다 다르다. 프랑스는 해마다 1인당 180킬로그램, 미국은 300킬로그램, 아프리카는 2킬로그램을 배출한다. 프랑스 작가 마그리트 유르스나르Marguerite Yourcenar는 책을 내려면 종이를 써야 하고 또 종이의 원료가 필요하다는 사실이 속상하다고 표현한 바 있다.

하지만 펄프를 만들 때 쓰는 나무는 보통 제재소에서 나오는 목재찌꺼기와 가지치기, 솎음질 같은 조림의 부산물이다. 벌목업자는 발육상태가 좋은 나무들이 훌륭한 목재로 자라도록 발육상태가 좋지 않은 주변의 나무를 잘라낸다. 프랑스에서는 이렇게 베어내는 것보다 더 많은 나무를 심는데, 숲의 면적이 1945년 1,100만 헥타르에서 2008년 1,500만 헥타르로 증가해 1850년과 비교하면 두 배에 달하며 지금도 계속 증가하고 있다.

그러나 재활용해야 하는 분명한 이유가 있다. 가장 먼저 들수 있는 것이 천연자원의 절약이다. 종이 1톤이나 신문 7,000부를 만들려면 10~17그루의 나무가 필요하다. 게다가 폐지를 쓰면 물과 에너지 소비가 줄고, 매립하거나 소각해야 할 쓰레기도 줄어든다. 또한 제지산업이 경제적 이유를 내세우며 삼림개발에 가하는 압력도 줄일 수 있다. 정보화 시대에는 정보의 새로운 전달방식과 저장방식이 도래해 종이 사용이 감소할 것으로 예상했으나 펄프 소비는 해마다 1~2퍼센트 증가하고 있다.*

---

* 월드워치연구소World Watch Institute 보고서 참고. 이 기관의 설립자이자 대표는 레스터 브라운Lester R. Brown이며, 해마다 30여 개의 언어로 《지구환경 보고서 L'État de la planète》를 출간하고 있다.

게다가 제지회사들의 셀룰로오스 섬유 수요를 맞추려고 숲을 조성하는 나무군을 생태학적으로 훨씬 빈약한 나무들로 바꾸기도 했다. 몇 해 전만 해도 흔히 볼 수 있었던 개벌皆伐은 현재 많이 사라졌지만, 아직도 몇몇 원목 수출국은 이 같은 파괴적 관행을 자행한다.

폐지의 회수는 1980년대 초부터 이루어졌고, 라 로셸La Rochelle 같은 선도적 지역의 시민단체와 지자체가 나서서 분리수거를 담당했다. 렌 시에서는 단풍잎이라는 뜻의 '라 푀유 데라블La Feuille d'érable'이라는 단체가 1983년부터 가정과 상점을 호별 방문하여 선별수거를 시행하였으며, 재활용지를 판매하고 학교에서 재활용에 관한 홍보교육을 하였다. 이 단체는 사회적 기업으로 발전해 시의 지원을 받아 상점, 공공기관, 기업에서 나오는 폐지와 상자를 수집한다.

폐지는 울타리를 만들거나 달걀처럼 깨지기 쉬운 물건의 포장에 이용할 수도 있다. 1986년 브르타뉴 브레스트에 있는 설비 운영 단체에서는 '종이연대'를 시행하여, 실업자들에게 일자리를 제공했다. 이들은 폐지를 선별하여 기업난방을 위한 땔감으로 만들었다. 미국에서는 미시간의 한 출판업자가 전화번호부로 축사 바닥을 깔았는데, 그 전화번호부는 가축에 자극이 없도록 콩기름으로 생산한 무독성 잉크로 인쇄하고 수용성 접착제로 제본한 것이었다.[152]

일본에서는 소규모 기업들이 신문과 잡지, 상자 등을 집집이 수거하고 그 대신 두루마리 휴지를 나누어주었다.[153] 네덜란드에서는 폐지와 상자 회수단체들이 추진하고 학생들이 주축이 되어 폐지를 수거했다. 아이들은 부모의 폐지수거 참여를 유도하였고, 더 적극적인 아이들은 자전거나 장난감 밀차, 유모차에 신문지를 가득 싣고 수거장소로 가져왔다. 네덜란드에서 신문의 분리수거는 조건반사와 같은 습관이 되었고, 폐지수집에 직접 나선 학교들은 폐지를 팔아 학습교재를 구입하였다. 교사들도 폐지수거를 통해 아이들에게 환경문제를 다루었으며, 제지 공정을 설명하는 등 교육적 측면을 담당했다.

폐지재활용은 현재 소규모 가내수공업 단계에서 산업형태로 발전했다. 재활용펄프는 운반용 상자나 제조업 부산물에서 나오는 '의무 회수분'이다. 하지만 가정에서 실천하는 종이회수 역시 증가하고 있으며, 많은 지자체도 신문과 잡지 수거정책을 이행하고 있다. 기업에서는 파지나 봉투 등 종이류만 버리는 쓰레기통을 사무실에 둔 덕분에 사무실에서 나오는 폐지량 또한 많이 증가하고 있다. 수거한 폐지는 선별 후 더미로 묶어 재활용공장으로 보낸다.

폐지는 대부분 펄프로 재활용하는데, 그 원리는 간단하다. 제지공정이 셀룰로오스 섬유를 결합하여 건조하는 것이라면, 폐지재활용에서는 폐지를 물에 녹여 섬유입자가 되면 펄프제조기에 넣어 혼합한 후, 절단과 마찰을 가해 죽처럼 만든다. 여기서 플라스틱조각이나 철사, 클립, 고무줄 등의 불순물을 제거한다. 마지막으로 비누나 세척제 또는 과산화수소수를 이용한 '부유분리법'을 통해 잉크 입자를 제거함으로써 신문이나 잡지를 인쇄하는 데 적합한 백색에 가까운 펄프를 만든다.

그러나 종이를 무한 재활용할 수는 없다. 재활용을 거듭할수록 셀룰로오스 섬유가 약해지고 길이는 줄어들어 대여섯 번 재활용하고 나면 더는 재생할 수가 없다. 즉, 폐지만으로는 새 종이를 만들 수가 없다. 새 펄프를 섞으면 종이를 만드는 원료의 구조가 달라지면서 신문이 늘 신문으로 부활하지 못하고 상자나 화장지가 된다. 게다가 기저귀, 벽지, 고문서와 같이 너무 더러운 폐지나 일회용 종이는 회수에서 제외된다. 종이와 상자 중 60퍼센트만이 수거되는 현실이다.

지구 곳곳에서 폐지재활용이 증가해 2007년에는 50퍼센트에 달했으며, 폐지 소비는 1990년 이후 두 배로 증가했다. 프랑스에서 폐지사용률은 제품마다 차이가 있는데, 포장상자는 80퍼센트 이상이다. 신문의 절반은 재생셀룰로오스로 만든다. 반면에 재활용지는 환경적으로 이점이 있음에도 필기를 즐기는 사람들이나 화이트칼라의 마음을 사지 못한 탓에 출판물과 노트의 15퍼센트 정도만을 재생펄프로 만든다. 최근에는 재생기술의 발달로 새 종이와 별반 다르지 않은 재생지를 생산하게 되었다. 특히 행정기관이나 기업에서 재생지를 많이 쓰는데, 그중 전화번호부나 관보를 인쇄할 때 가장 많이 이용한다.

폐지에서 나오는 셀룰로오스 시장은 세계적 규모이며, 중국이 최대 수입국이자 소비국이다. 유럽, 호주, 미국, 일본에서 온 신문, 잡지, 상자, 재고출판물로 가득한 컨테이너가 상하이에 도착하여 짐을 내리고 나면, 빈 컨테이너에 다시 중국산 옷, 장난감, 전자제품 등을 싣고 되돌아간다. 홍콩에서는 수입폐지와 '스캐빈저Scavengers'라고 부르는 홍콩의 폐지수거인들이 모은 폐지를 섞어 펄프, 포장재, 종이타월, 휴지를 만들어 전 세계로 수출한다.

인기 많은 고철

강철은 다른 금속과 비교할 수 없을 정도로 널리 쓰인다. 2005년 1인당 사용량은 170킬로그램으로 지역마다 큰 차이가 있지만, 19세기에 출현한 알루미늄보다 더 많은 양이다. 가벼움이 최대장점인 알루미늄은 자전거, 비행기, 자동차를 만들 때 많이 찾는다. 가벼울수록 에너지 소비가 적기 때문이다. 가볍고 외부충격을 받아도 깨지지 않고 늘어나는 성질이 좋은 알루미늄이 등장한 덕분에 강철 역시 변신을 시도하여 무게를 줄이고 유연성을 늘리게 되었다.

그러나 알루미늄의 원료인 보크사이트 채굴로 독성이 강한 적니赤泥*가 발생해 지표를 오염하고 지하수층까지 침투하기도 한다. 자메이카, 브라질, 호주에서는 적니로 인한 환경오염으로

---

* 광석이나 기타 원료에서 알루미늄을 뽑아 정제하는 과정에서 나오는 폐기물로, 산화철을 주성분으로 하는 붉은빛을 띤 갈색이다. — 옮긴이

인간과 동물이 함께 고통받고 있다. 게다가 알루미늄 생산에는 전기가 많이 필요해서 전 세계 전기생산량의 3퍼센트를 소비하는데, 이는 아프리카 전체 전기소비량과 맞먹는 양이다.[154] 브라질 기업들은 아마존 지류에 수력발전 댐을 건설하고자 정치적 압력을 행사했다. 인근 주민의 이주문제나 생물 다양성 파괴 등은 전혀 고려하지 않은 처사였다. 알루미늄 기업들의 요구는 때로 가장 중요한 가치인 생태계를 교란한다.[155]

제철소나 제련소에서 금속을 재활용하는 것은 오랜 역사가 있으며 지금도 활발하게 이루어진다. 광물자원 채굴에 드는 비용이 상승하고 중국이나 터키 같은 신흥국의 수요가 증가하면서 금속가격이 급등한 탓에 재활용에 관심이 더욱 높아졌다. 중국은 세계 철광수출량의 절반을 수입해 5년 전부터 해마다 전 세계 철강제품의 35퍼센트 이상을 생산한다.[156] 1980년대에 전기를 이용한 아크로arc爐*가 등장하면서 고철을 강철로 만드는 공정의 효율성이 높아졌고 재활용 또한 더욱 발전했다.

자동차나 가전제품에 들어 있는 강철의 4분의 3은 재활용되며, 통조림 캔의 80퍼센트는 강철생산에 재투입된다. 수거한 강철폐기물은 분쇄하여 체에 거른 뒤 주석과 불순물을 제거한 다음 주물과 용해하면 '천연강철'이 되는데, 그 후 정제과정을 거쳐 두꺼운 띠 모양의 강철판으로 변신한다. 여기에 주석을 입히

---

* 아크 방전에 의하여 생기는 높은 온도를 이용한 용광로로, 특수강과 합금강을 만드는 데 널리 쓴다. — 옮긴이

면 성형 가능한 금속이 되어 금속부품, 손잡이, 철근골조, 포장 용기 등으로 새로운 삶을 시작한다.

고철로 강철을 만들면 천연광물로 강철을 만들 때보다 에너지 소비가 4분의 1로 줄어든다.[157] 대기오염과 수질오염을 막고 자연훼손도 줄일 수 있다. 생활쓰레기 중 분리 수거한 용기포장재와 소각찌꺼기에서 채취한 고철은 제강소에서 쓰는 철광석 전체를 대신할 수 있다. 즉, 고철만으로도 새 강철을 만들 수 있다는 얘기다.

가정에서 나오는 알루미늄폐기물은 주로 음식포장재, 통조림 캔, 주방용 도구, 그리고 가장 큰 부분을 차지하는 음료수 캔이다. 알루미늄 포장은 개봉이 쉬운 원터치 캔이 나오면서 더욱 많이 쓰이고 있다. 음료수 캔 670개면 자전거 한 대를 만들 수 있을 만큼 경제적·환경적 이점이 있지만, 전 세계에서 재활용으로 생산하는 알루미늄은 채 3분의 1이 되지 않는다. 하지만 매립지에 묻힌 알루미늄이 사라지려면 무려 100~500년이 걸린다. 브라질과 일본은 알루미늄 캔의 회수 및 재활용이 90퍼센트에 달하는 일등 국가인데, 이 성과는 꽤 높은 액수의 보증금 제도 덕분이다.

반면에 해마다 1,000억 개의 알루미늄 음료수 캔을 쓰는 최대 소비국인 미국의 재활용률은 50퍼센트에 머무르고 있다. 워싱턴에 있는 용기재활용연합회Container Recycling Institute에 따르면, 음료수 캔 전부를 재활용한다면 130만 미국 가정의 전기수요를 충당할 수 있으며 네다섯 구의 광산개발을 피할 수 있다.[158] 유

럽도 2007년 알루미늄 포장용기 재활용률이 40퍼센트에 그쳤
으며* 프랑스의 성적은 더욱 부진해 25퍼센트에 머물고 있다.[159]

플라스틱, 전혀 다른 제품으로
되살아나다

가장 최근에 발명된 플라스틱은 과거에서 현대로 나아가는
상징으로 출현한 제품원료다. 플라스틱의 사용으로 일회용 문
화가 확산했고 젖병에서 수의까지, 즉 요람에서 무덤까지 플라
스틱은 우리 삶 곳곳에 깊숙이 들어와 있다. 플라스틱의 등장으
로 가구, 장난감, 건축에 쓰이던 목재가 사라졌고, 포장재와 파
이프에 쓰이던 유리와 금속도 제자리에서 밀려났다. 플라스틱
은 면이나 실크, 마 대신 섬유를, 고무 대신 구두를, 도자기 대
신 그릇을 만드는 데 쓰였고, 깃털이나 면 대신 베개와 쿠션을
채우는 데도 쓰였다. 우리가 사는 세상이 온통 플라스틱으로 변
했다고 해도 지나친 말이 아니다.

가볍고 관리하기 쉬우며 가단성, 방수성, 방부성, 내구성이
큰 고분자화합물 플라스틱은, 어떤 환경에도 적응할 수 있어 다
양한 형태로 온갖 제품의 재료가 된다. 하지만 쓰레기통에 점
점 큰 부담이 되는 것 또한 사실이다. 선진국에서는 용기포장재

---

* 대부분 음료수 캔이다.

의 40~50퍼센트가 합성수지인데, 이를 매립한다 해도 미생물의 영향을 받지 않으므로 분해되는 데 약 200~1,000년 정도 걸린다. 반면에 불에 잘 타는 성질이 있어 발열량이 높은 동시에 독성물질도 다량 배출한다(5장 쓰레기에서 나오는 에너지 참고).

기업에서는 플라스틱의 회수와 재활용을 위한 사업을 시작할 수밖에 없었다. 플라스틱류 폐기물은 선별, 파쇄, 정화, 세척, 건조, 입자화를 거쳐 재생수지가 되었다. 재생플라스틱은 생산라인에 투입되어 파이프, 드럼통, 구두 뒤축, 유아용 시트, 포장재, 욕실용 벽 재료, 방음벽, 정원용 가구, 포도나무 지지대, 물탱크, 팔레트, 단열판, 쿠션, 이불, 침낭의 원료로 쓰인다. 페트PET*병 일부는 식품 용기로 재활용할 수 있는 승인을 받아 다시 쓰는 자원순환형 재활용품이 되었다. 그러나 페트병의 재활용은 불순물과 색상, 기타 첨가제로 어려움을 겪기도 한다.

패션에도 플라스틱을 이용한다. 플라스틱을 얇은 막으로 자르고 녹여서 더 얇게 늘인 후 모, 실크와 혼합해 빗질한 뒤 제사 공장으로 보내 실을 만든다. 이 실로 니트나 직물을 만들어 양탄자, 스웨터, 원피스, 운동복, 내복 등의 원료로 쓴다. 일회용으로 쓰이는 페트병은 폴라플리스 섬유로 다시 태어난다. 2리터짜리 페트병 27개면 폴라플리스 스웨터나 점퍼를 만들 수 있고, 36개가 있으면 1제곱미터 크기의 양탄자를 짤 수 있다. 그러나 페트병의 재활용은 아직 미미한 수준이다. 프랑스에서는 페트

---

* polyéthylène téréphtalate의 약자로, 폴리에틸렌 테레프탈레이트

병 다섯 개 중 한 개만 재활용하고, 독일의 재활용률은 이보다 높은데, 그 이유는 플라스틱병 외에도 요구르트병이나 사각 용기, 랩까지 재활용하기 때문이다.

플라스틱재활용에 적극 나선 인도에서는 이 산업이 계속 발전하고 있다. 델리 근교 문드카Mundka에서는 인도 전역은 물론 영국이나 다른 나라에서 온 200종류가 넘는 고분자화합물을 100여 개의 도매업체가 선별해 재활용기업에 판매한다. 플라스틱폐기물을 색깔별로 구분해 수산화나트륨 용액으로 세척하고 탈수한 다음, 칫솔이나 자동차 전조등 등 여러 제품을 만든다.

플라스틱 1톤을 재활용할 때마다 700~800킬로그램의 원유를 절약할 수 있다. 그러나 재활용 과정은 여전히 복잡하고, 폐플라스틱의 보고는 곳곳에 혼재하며 종류도 제각각이다. 성질이 달라 섞일 수 없는 다양한 합성수지로 구성돼 있기 때문이다. 실제로 석유나 가스에서 나오는 플라스틱은 특이한 이름의 여러 플라스틱으로 나뉜다. 폴리염화비닐PVC, 폴리프로필렌PP, 폴리스티렌PS, 고밀도 폴리에틸렌PEHD, 직물에 쓰일 땐 폴리에스테르라고도 부르는 폴리에틸렌 테레프탈레이트PET 등이 그것이다. 폴리에틸렌 테레프탈레이트와 고밀도 폴리에틸렌은 재활용이 가장 쉬운 플라스틱류다.

게다가 플라스틱은 재활용을 위해 용해할 때마다 유연성이 감소하며 다른 종류의 합성수지가 섞일 땐 그냥 버릴 수밖에 없다. 따라서 플라스틱재활용은 한 번에 그치며 그것도 주로 전혀 다른 제품으로 태어난다. 용기포장재 생산업체를 비롯한 플

라스틱제품 생산기업들은 비용이 덜 드는 새 플라스틱을 선호
한다. 품질이 더 확실하고 색상을 다루기도 쉽기 때문이다. 결
국 포장용기를 비롯한 폐플라스틱은 제3세계나 신흥국으로 흘
러들어가 재활용산업의 외주화를 형성한다. 인도에서는 선진국
에서 들여온 폐플라스틱으로 말미암아 자국의 플라스틱가격이
무너지고 넝마주이들의 생계가 위협받고 있다. 하지만 화석에
너지가격이 급등하고 그 결과 플라스틱의 가격 또한 덩달아 상
승하면서, 폐플라스틱 재활용의 경제적 가치까지 함께 올라가
고 있다.

재활용,
좋기만 할까

유럽연합은 1994년 유럽지침을 채택해, 2001년 포장용기의
50~65퍼센트는 폐기하지 않고 경제 시스템으로 재투입해야 하
며, 이 중 25~45퍼센트는 재활용해야 한다는 의무를 각 회원국
에 부과했다. 모든 원료는 최소한 15퍼센트 정도 재활용해야 하
며, 허용되는 재활용방식은 재사용, 원료재활용 그리고 에너지
생산이었다. 에너지생산 조항은, 폐기물을 원료로 재활용하는
데 선도적이던 독일과 네덜란드로서는 크게 환영할 일이 아니
었지만, 여러 회원국은 자국의 상황에 따라 재사용, 퇴비화, 소
각에 의한 에너지화, 유리·철강·종이류·플라스틱 등의 재생원

료 생산 중에서 선택하면 되었다. 차후 유럽지침이 부과한 재활용률은 상향 조정되었다. 2008년 말 포장용기는 중량 기준으로 60퍼센트를 다시 사용해야 했으며, 여기서 재활용률은 최소한 55퍼센트여야 했다. 이 비율은 원료마다 조금씩 달라서 유리, 종이, 상자는 60퍼센트, 금속은 50퍼센트, 플라스틱은 22.5퍼센트였다.

치열한 논쟁을 불러일으킨 이 지침의 이면에는 커다란 경제적 이해관계가 숨어 있었다. 원대한 재활용 목표 뒤에, 어떤 나라는 통상과 자유로운 경쟁을 막으려는 의도를 숨긴 채 의심스러운 정책을 펴기도 했다. 덴마크는 자국에서 재활용할 수 없는 용기포장재의 수입을 금지하려 했고, 독일 술집들이 보증금제도를 시행하는 포장용기를 선호한 탓에 외국 양조업자들은 빈 병을 수거하여 자국으로 돌려보내야 하는 불이익을 겪었다.

50퍼센트 이상 높은 재활용률을 보이는 나라는 오스트리아, 독일, 네덜란드, 핀란드다. 핀란드는 재활용, 재사용, 퇴비화가 가능한 폐기물을 소각하거나 저장하는 시설을 금지했다. 이들 국가에서는 포장용기의 회수, 재사용, 재활용에 막대한 투자를 단행했고 재활용품 이용을 적극 장려했다. 플랑드르 지방에서는 폐기물의 선별수거와 재생원료 이용을 장려하려고 다양한 요금제를 시행했다. 선진국 가운데 프랑스는 2008년에도 재활용 분야에서 뒤처져 생활쓰레기의 약 13퍼센트 정도만을 재활용하고 6퍼센트 정도만을 퇴비에 쓰는 데 그쳤다.

재활용을 주장하려면 경제적·환경적인 효과를 증명해야

한다. 왜냐하면 수거, 선별, 재활용이 다른 처리방법보다 효율성이 떨어지거나 환경을 더 오염하는 때도 있기 때문이다. 분리수거와 선별을 위한 인프라에는 인적·물적 투자가 필요하다. 현재 가능한 기술과 재생원료의 경쟁자인 천연원료의 저렴한 가격을 고려했을 때 비용이 너무 많이 드는 재활용산업도 있다. 따라서 재생원료 판매를 통해 이런 비용이 어느 정도 보전돼야만 한다. 재생원료의 시장진입은 제품의 품질, 이미지, 가격, 그리고 대체할 원료의 가격 등에 달려 있다.

경기 또한 재활용의 결정적 요인이다. 경제위기를 겪을 때 기업들은 쓸모 있는 휴지통에 눈을 돌리지만, 저렴한 에너지와 원료가 넘치는 시대에는 상황이 달라진다. 재생원료는 천연원료와 경쟁해야 하는데, 재생플라스틱이 석유로 만든 새 플라스틱보다 늘 경쟁력이 있는 것은 아니다. 따라서 재활용이 좋든 싫든, 시장의 법칙은 매우 냉정하다는 점을 잊지 말아야 한다. 원료가격은 국제시장의 동향에 따라 상승과 하락을 반복한다. 선진국에서건 제3세계에서건, 재활용은 불안정한 재활용시장과 재생원료가격의 요요현상 때문에 어려운 점이 많다. 이때 가격변동의 폐해를 줄이고자 매수자와 매도자 사이에 가격보장 계약을 맺기도 한다.

경제적으로 수익성이 없을 때에도 재활용은 환경적인 측면에서조차 다른 폐기물 처리방식과 비교하여 효율성이 떨어지는 예가 많다. 분리수거와 재활용 과정에서 에너지와 물이 많이 들어가고, 세척 등의 공정에서 환경오염이 발생하기 때문이다. 재활용에 따른 환경피해가 심하고 이 과정에서 절약한 자원보다 더 많은 자원을 소비한다면 환경은 더 파괴될 수밖에 없다.

'요람에서 무덤까지' 수명주기 전체를 대상으로 하는 재활용 산업의 환경영향 평가는, 재활용 공정이나 제품이 환경에 미치는 결과를 평가하고 비교하는 것이다. 여기에는 운송과 처리 공정이 해당한다. 하지만 환경영향 평가를 위한 방법에는 한계가 있다. 건강과 산업 리스크에 관한 분석은 제외되며, 자연과 주변경관에 관한 영향 등 미적 분석은 미미하기 때문이다. 쓰레기의 재활용보다 수질오염이나 대기오염을 막는 게 더 낫지 않을까 하는, 즉 환경보전에서 무엇을 우선시할 것인가에 관한 판단이 없는 탓이다.

'지속 가능한 발전'이라는 좀 더 총체적인 시각에서, 고용창출이라는 긍정적인 면과 오염비용 같은 부정적인 면의 사회적 측면을 환경적 측면과 함께 분석기준에 넣어야 할 것이다. 쓰레기는 일반제품과 다르며, 고전적인 시장 접근으로는 재활용의 손익을 계산할 수 없다. 정부와 지자체들은 대부분 규제나 세제혜택, 재정지원을 통해 개입하고, 쓰레기처리 부담을 생산자와 유통기업에 안기는 실정이다. 실제로 제품가격에 환경세를 포함해야 한다는 생각이 지배적이다.

재활용은 기술적 한계 또한 있다. 자원순환형 재활용에서는 훼손되는 재료들도 있기 때문이다. 고품질의 재생원료를 만들기 위한 연구를 통해 재생원료 사용비율을 높일 수 있다. 이를 위해서는 가전제품을 비롯한 모든 상품의 고안과 제조 단계에서부터 폐기와 재활용을 예측하고 부품해체와 원료분해가 쉽게 이루어지도록 해야 한다. 태어나는 순간부터 죽음은 물론, 가능하다면 부활까지 생각해두어야 한다는 말이다. 지금은 부품분리 과정이 어렵거나 복잡한 제품들은 눈총받는 시대다.

재활용할 수 없을 듯 보이는 물질도 재활용하기 위한 연구가 꾸준히 이루어져, 'CHARM*'이라는 미국의 연구소에서는 기업들에 재활용이 어려운 재생원료의 사용을 홍보하고 있다. 컴퓨터 부품 전체를 재활용하는 캘리포니아의 기업, 휴대전화 한 대당 1달러 가격으로 브라질과 태국 등지에 수출하는 기업, 신다가 버린 운동화로 스포츠센터 바닥재를 만드는 스포츠화 제조사 등도 있다. 그러나 이런 흥미 있는 재활용의 시도 뒤에는 환경평가, 특히 재생원료의 장거리이동에 따른 운송과 관련한 환경 측면에서 손실이 있다는 점을 간과해서는 안 된다.

이렇듯 재활용에는 비용적·기술적·경제적·환경적인 한계가 있다. 모든 것을 재사용하거나 재활용할 수는 없다. 선진국은 모든 자원의 재활용을 목표로 연구개발에 정진하지만, 문제는 이런 노력조차 걷잡을 수 없이 늘어나는 쓰레기를 감당할 수 없다는 점이다. 여전히 재활용할 수 없는 상품이 많은데다 용기포장재도 결국은 폐기물이다. 힘들게 분리수거한다고 해도 재생품을 위한 시장이 없다면 재활용될 리가 없다.

---

* Center for Hard to Recycle Material의 약자. 미국 재활용산업의 선도적 역할을 담당하는 기업인 에코사이클Ecocycle이 설립한 재활용연구소

재활용에는 기업들의 역할도 필요한데, '확대생산자책임제'가 그것이다. '환경부담금'은 포장, 폐가전, 미수취 우편물 등 다양한 분야에 적용할 수 있다. 기업한테 재활용전략은 상품의 감소나 재사용과 비교할 때 부담이 적은 선택이다. 소비증가나 생산증가에 피해를 주지 않기 때문이다. 오히려 적극적인 재활용에의 참여는 적절한 기업홍보 정책을 통해 친환경기업이라는 인식을 심어줄 수 있으므로 기업이미지 제고에 도움이 된다.

어쨌거나 이제 재활용은 만능해결책으로 여길 만한 공동의 주제가 되었다. 함부로 버린다는 죄의식을 덜어주므로 소비자로서도 나쁘지 않다. 하지만 소비방식을 바꿔야 할 필요성을 희석할 위험 또한 있다. 플라스틱 포장용기를 재활용수거함에 넣는 것으로 자원낭비에 대한 책임감이 무뎌질 수 있기 때문이다. 재활용할 거니까 맘껏 생산하고 판매해도 된다는 생각을 심어주어 결국 쓰레기를 양산하는 대량소비의 책임을 피하는 출구가 될 위험이 있다. 일단 수거함에 넣고 나면 일회용 제품과 포장용기가 산더미처럼 쌓인 모습은 보이지 않기 때문이다. 이런 문제의식은 재활용을 위한 분리수거가 더 이상 일회용 플라스틱제품의 판매를 정당화해서는 안 된다는 인식을 싹트게 했다. 한 가지 예로, 미국 버클리의 환경보호센터는 대대적인 분리수거 프로그램을 실시하면서도 '악마의 합성수지'인 플라스틱의 수거는 과감하게 제외했다.[160]

고갈의 시대를 대비한
자원과 순환 경제

~

부유한 사회에서는 낭비가 팽배하지만, 빈곤한 국가에서는 수거와 재활용이 실업과 빈곤퇴치에 이바지한다. 사람들이 버린 물건과 원료는 능숙함, 창의성, 기발함을 바탕으로 하는 서민경제의 다양한 직종을 먹여 살린다. 대부분 가내수공업 수준인 소상공인들은 쓰레기를 변형하여 새로운 형태의 물건을 만드는데, 때로는 버려지기 전의 쓰임새를 그대로 간직한 물건을 만들기도 한다. 용기포장재를 그냥 버리는 생각 없는 사람들에게는 빈 병이나 통조림 캔이 아무 의미가 없지만, 솜씨 좋은 사람들이 볼 때는 이런 것들이 필요한 곳이 분명히 있다. 가난한 고객에게 싼값에 팔면 쓰레기도 멋진 삶을 살 수 있다.

정어리통조림 용기나 연유 통은 납작하게 펴서 물뿌리개나 냄비, 꽃받침, 북, 미용 롤, 화로, 석유램프, 물통, 강판, 깔때기, 계량컵, 새 조각물을 만든다. 자동차 실린더헤드로는 냄비를 만들고, 목조 화물운반대로는 가구를 만든다. 자동차나 화물차, 자전거의 타이어는 대형바구니, 좌석의 충격완화제, 집수 및 저수용 부대, 신발 끈이나 밑창, 물통, 쓰레기통, 화분 등으로 다시 태어난다. 인도 콜카타에서는 동물 뼈를 끓여서 나온 기름을 곱게 갈아 비료로 쓴다.

쓰레기 중에서도 플라스틱폐기물은 장난감, 석유통, 자동차 앞유리로 환생한다. 헌 옷이나 천은 모아서 홑청을 만들거나 실을 풀어 양탄자를 만든다. 아프리카에서는 쌀자루 여러 개를 이어서 안에다 짚과 종이 끈을 넣어 서민이 주로 쓰는 매트리스 덮개로 쓴다. 캄보디아에서는 생선가루를 담았던 주머니로 시장바구니나 식탁 매트를 만든다. 서구의 공정연대무역 가맹점이나 백화점에서 이것들을 판매한다.

인도의 비정부기구 '컨서브Conserve'는 뉴델리 넝마주이나 빈곤층 여성들이 색깔별로 분리 수집한 폴리에틸렌 봉투로 핸드백을 만든다. 비닐봉지를 씻고 여러 개를 붙여 고열압축기로 두껍게 하면 기술자들이 난디타 샤우니크Nandita Shaunik*의 디자인에 따라 색을 첨가하지 않고도 아주 화려한 가방을 만들어낸다. 이 비정부기구의 성과를 잘 볼 수 있는 전시실과 아틀리에에는 재생원료를 이용한 가방생산 기술과 과정이 전시돼 있다. 쓰레기로 만드는 이 가방은 유럽으로 수출되어 고급 부티크에서 팔린다. '컨서브'는 가방 외에도 벨트, 샌들, 전등갓, 다양한 인테리어 용품을 만든다. 이 단체와 사업을 기획한 아니타 아우야Anita Ahuja는 비정부기구의 이런 사업이 자립적이고 지속 가능해지려면 시장진출이 가능해야 한다고 지적한다.

서류가방 '코코cot-cot'는, 프랑스 장관 장피에르 코Jean-Pierre Cot가 세네갈에서 재생원료로 만든 이 가방을 들고 회의에 참석하면서 유명해졌다. 케이스는 나무로, 커버는 음료수 캔이나 통조

---

* 쓰레기를 이용한 가방을 만들어 빈곤층의 사회참여를 돕는 인도의 유명한 디자이너다. — 옮긴이

림 포장용기로 만들어졌으며, 가방 내부는 신문, 잡지, 만화책 등으로 덮여 있다. 이 가방은 선진국에서 온 관광객과 주재원들에게 인기가 많다.

'제조공-교육자'들은 젊은 수련공들에게 버려진 것들을 어떻게 쓸 수 있는지 가르친다. 흔히 '비공식' 경제로 부르는 이 분야는 실직자, 장애인, 고령자처럼 기존의 개발정책으로는 빈곤에서 벗어나기 어려운 소외계층에게 일할 기회를 준다. 부족한 인적 자원과 물적 자원을 해결하는 방법이기도 하다. 이런 지역은 쓰레기가 많지 않지만, 재활용과 재사용률이 매우 높다.

지역기업의 입장에서는 자영 폐기물수거업자들이 저비용의 인력을 제공해주는 이점이 있고, 또한 쓰레기에서 얻는 원료가 수입원료보다 싸다는 이점이 있다. '비공식' 경제 분야는 미미해 보이지만, 지역경제에서 중요한 역할을 담당하고 있으며 쓰레기배출량 또한 줄이고 있다.

쓰레기에서 점점 더 많은 실용품과 장식품, 유희적 창작물을 만들어낸다는 것은 고갈의 사회를 살아가는 인류의 상상력을 보여준다. 사용가치나 상품가치가 조금이라도 남아 있는 쓰레기는 분리 수집하여 재활용한다. 이는 수공업적 노하우를 무기로 산업 시스템의 부재를 극복하고 고가의 천연원료를 대신하며 창의적 경제를 촉진한다. 지역에서는 가능한 한 능력을 개발하여 자립하고자 하는 서민의 참여를 통해 복지를 강화하고 자존감을 되찾게 한다. 국가가 해주지 못하는 부분을 스스로 해결하고 있는 셈이다. 이 새로운 문화는 극심한 빈곤과 사회해체를 막는 최후의 보루이기도 하다.

현재 중국을 비롯한 신흥국에서는 자국의 쓰레기는 물론이고 아메리카와 유럽에서 대량으로 수입한 쓰레기로 제품과 용기포장재를 만들고 이를 다시 수출한다. 중국은 '순환경제'로의 전환을 결정했고, 홍콩 같은 항구도시는 확실한 자원으로서 그 지위가 높아진 쓰레기를 거래하는 국제적 요충지가 되었다. 재생원료는 이제 거대한 컨테이너선에 실려 전 세계 바다를 누비고 있다.

미국 '재생원료'의 대중국 수출은 급성장하는 중이다. 1994년에서 2006년 사이 폐지수출은 35만 톤에서 910만 톤으로 증가했고, 주로 폐차장에서 나오는 고철수출량은 17만 톤에서 200만 톤으로 늘었다. 폐플라스틱과 폐가전의 수출량은 더 놀라운 성장세를 보인다. 과거 레이건 정부의 경제참모였던 폴 크레이그 로버츠Paul Craig Roberts는 "이런 추세대로라면 미국경제는 제3세계 국가처럼 원료를 수출하고 제조품을 수입하는 국가가 될 것이다."라고 우려한 바 있다.[161] 실제로 미국은 이에 관한 대책을 세우고 있다. 수십 년 전부터 재활용산업을 구축해왔고, 재활용기업들은 매립장에서 재활용할 원료를 회수해왔다. 과연 쓰레기에서 부를 창출할 수 있을까?

8장

쓰레기통 비만예방

현재 우리는 할아버지 시대보다 열다섯 배나 많은 물건을 곁에 두고 산다. 특히 사용시한이 점점 짧아지는 전자제품과 전기제품이 큰 부분을 차지한다. 산업사회가 만들어내는 제품은 하루살이처럼 곧 사라진다. 고장 나거나 파손된 것은 폐기 처분하는데, 그중에는 고치면 계속 쓸 수 있는 것들도 상당수다. 신기하고 기발한 제품의 소비가 많아져 쓰레기통이 넘쳐난다. 이들 제품의 포장 역시 무수한 쓰레기를 양산해내 인류가 언제까지 견딜 수 있을지 걱정스러울 정도다.

　행복한 풍요의 시대가 가고 오염과 낭비에 관한 인식이 싹트면서 인류는 쓰레기의 쓰나미를 막고 쓰레기를 줄이기 위해 계속해서 여러 방안을 모색하고 있다. 우선 제품기획에서부터 쓰레기배출 문제를 고려하는 것에서 출발했다. 지구가 무한한 자원의 보고가 아니라는 점을 인식하면서 자원이용에 관한 새로운 형태의 경제가 꼭 필요했던 것이다. 현재 기업들은 친환경제품을 고안하여 생산하고, 유통업계에서는 포장재를 줄이고 있다. 정부 차원에서는 쓰레기를 원천적으로 줄이려고 다양한 세제혜택을 주거나 부담을 법규화하면서 쓰레기문제에 관한 사회인식을 강화하고 있다. 소비자들 또한 물건을 사고 버리는 행동에 변화를 모색하기 시작했다.

쓰레기통의 비만문제도 치료보다 예방이 먼저다. 소비자들은 좀 더 지혜롭고 검소한 소비를 지향하면서, 지속 가능하고 재생 가능한 제품을 선호하기 시작했다. 나아가 중고품 거래를 찾았으며, 물건을 소유하는 대신 대여하거나 공유하는 문화를 만들어가기 시작했다.

친환경적이고 오래 쓸 수 있으며 최소한으로 포장된 제품을 선호하기, 유기성 쓰레기로 퇴비 만들기, 고장 난 것은 수리해서 다시 쓰기, 이면지 쓰기, 광고전단을 사절한다고 우편함에 써 붙이기 등은 모두 쓰레기를 줄이는 좋은 실천방법이다. 좀 더 능동적인 실천으로는 '탈성장' 경제전략을 위해 부자들의 소비자제를 주장한다.

현재 선진국에서는 쓰레기정책에서 예방을 우선시한다. 실제로 적극적인 예방정책은 매우 효과적이어서 일본의 1인당 연간 쓰레기배출량은 프랑스와 비교하여 약 100킬로그램 정도 적다. 중요한 것은 쓰레기배출량뿐만 아니라 독성까지 줄이는 것이다.

환경을 해치는
과도한 포장 없애기

제조업체와 유통업체는 제품의 불필요한 포장을 없애고 있지만, 포장이 불가피한 때에는 가장 가볍고 적합하게 만들어 재활용성을 높인다. 유리, 페트병, 요구르트 용기들은 형태와 크기는 같아도 무게가 반으로 줄었고, 플라스틱 용기는 10년 동안 무게가 4분의 1 이상, 통조림 캔은 3분의 1 정도 가벼워졌다. 하지만 이를 이유로 새로 개발하는 용기포장재들이 너무 약하다거나 구성물질이 복잡해져서는 안 될 것이다. 그렇게 되면 재사용이나 재활용이 어려워지기 때문이다.

유통업체가 팩으로 포장하여 판매하는 우유는 집에서 주전자나 병에 담아 먹을 수 있다. 세탁세제도 고농축으로 만들어 사용량을 줄였고, 세척제는 친환경 리필제품으로 생산하여 상자용기로 포장할 때보다 쓰레기양을 75퍼센트까지 줄여놓았다. 치약이나 로션 등도 종이상자로 포장하지 않는다. 미리 포장하지 않고 무게로 달아 팔면 쓰레기를 줄일 수 있다. 옛날에는 못을 개수나 무게로 팔았지, 지금처럼 여러 개를 플라스틱 용기 안에 넣어 팔지 않았다. 제품형태에 맞춘 플라스틱 포장재는 재활용할 수가 없다. 최근에는 식품을 플라스틱 랩이나 폴리스티렌 용기에 포장하지 않고 다시 무게를 달아 팔고 있다. 소비자도 과일이나 채소를 무게나 개수로 사고, 고기나 생선 역시 원하는 만큼 무게로 달아 산다. 치즈도 무게대로 잘라 파치먼트 페이퍼에 포장해간다.

많은 유기농산품 소비자조합에서는 곡물, 설탕, 말린 과일을 미리 포장하지 않은 채로 판매한다.* 게다가 이런 구매방식은 필요에 따른 적절한 구매를 유도하고 낭비를 줄이는 효과가 있다.

무엇보다 쓰레기통을 가득 채우는 페트병이 문제다. 해마다 프랑스에서 쓰는 85억 개 페트병 가운데 절반을 재활용하지 못한 채 매립하거나 소각한다. 2007년 기준으로 페트병에 담긴 생수를 1인당 135리터나 마시는 프랑스는 생수를 가장 많이 소비하는 나라다.[162] 수돗물에서는 염소 냄새가 나고 질산이나 살충제가 함유돼 있다는 이유 때문이다. 하지만 질산함유량은 50밀리그램 이하, 살충제는 0.5마이크로그램 이하로 규정하는 유럽 기준을 초과하는 수돗물은 거의 없다. 예외적으로 일부 농업 및 축산업 집중지역에서 지하수와 지표수가 오염되어 이 기준을 초과하는 때가 어쩌다 한 번씩 있을 뿐이다.

세계자연보호기금World Wide Fund for Nature, WWF은 2001년, 생수가 수돗물보다 더 안전하지도 않고, 건강에 더 좋지도 않다는 연구결과를 발표했다. 이를 근거로 생수 소비를 줄이자는 여론이 형성되기 시작했다.[163] 유럽과 북미에서는 관련 법규로 철저하게 수돗물을 관리하지만, 기업의 노련한 마케팅 탓에 사람들은 여전히 생수가 몸에 더 좋다고 생각한다. 위생 당국은 수돗물의 위생상태를 비방하거나 수질에 의혹을 품게 하는 생수회사들의 광고에 항의하면서, 지하수나 하천의 물을 공장에서 처

---

* 프랑스 친환경상품 유통연합Biocoop의 회원 조합들을 말한다.

리하고 관리하여 생산한 생수가 수돗물보다 품질이 더 우수한 것은 아니라고 반박한다. 또 미네랄과 미량원소가 천연으로 풍부하게 함유된 생수가 모든 사람에게 적합한 것도 아니라고 설명한다.

수도관을 통과하는 동안 미생물의 상태가 변하지 않도록 염소를 첨가하는데, 이 냄새를 없애려면 수돗물을 물병에 담고 뚜껑을 열어놓으면 된다. 몇 시간 만에 수돗물을 틀어 쓰려고 할 때 납 성분이 남아 있는 것 같다면 처음 나오는 물은 흘려보내는 것이 좋다. 그리고 수돗물에 생수와 같은 감각적 특성을 띠게 하는 필터가 있어 수도꼭지에 설치할 수 있다. 다만 이 장치들은 자리를 차지하고 비용이 든다는 단점이 있다.

샌프란시스코 부근에 있는 '파니스네'는 캘리포니아의 유명한 식당이다. 이 식당은 손해를 무릅쓰고 생수 판매를 중지했다. 생수는 시중 소비자가격의 네 배 정도로 팔 수 있었는데도 말이다. 그 대신 수돗물을 여과하고 탄산을 주입해 손님들에게 제공했다. 캘리포니아 주의 환경단체들은 310억 개의 생수병을 수천 킬로미터 운반하는 데 드는 환경비용과 또 이들이 만들어내는 많은 쓰레기에 관하여 사람들에게 널리 알렸다. 워싱턴에 있는 '지구정책연구소Earth Policy Institute'에 따르면, 310억 개의 플라스틱 생수병을 만드는 데 석유 15억 배럴이 필요하다. 운송에 필요한 연료까지 포함하면 그 양은 훨씬 더 늘어날 게 분명하다.

미국의 17개 대도시 시장들은 업계가 벌인 공격적 로비에도 2008년 시청직원들에게 더 이상 생수를 제공하지 않기로 했다.

생수와의 전쟁은 국가의 물 자원을 기업들이 장악하지 못하게 하려는 정책의 일환이다.[164]

프랑스에서도 플라스틱폐기물을 줄이고 자원을 절약하고자 생수이용을 자제하기 시작했다. 수돗물은 리터당 0.003유로지만, 생수가격은 수돗물의 100배이며 그중 80퍼센트가 용기비용이다. 물병에 수돗물을 받아 마시는 것이 최근 다시 유행하고 있다.

미국의 환경단체와 소비자들은 패스트푸드 매장에서 대량으로 쓰는 폴리스티렌 용기에 주목했다. 그리고 전국적으로 'Sent it back'이라는 캠페인을 시작해 패스트푸드 매장 본사로 플라스틱 포장용기를 보내는 운동을 벌였다. 3년 후 굴지의 한 패스트푸드 기업이 폴리스티렌 용기를 더는 쓰지 않기로 하자 다른 기업들이 줄줄이 이에 따르는 도미노 현상이 일어났다.

일회용 시대, 병과 비닐의 선택

인간의 충실한 동반자인 비닐봉지는 인간과 늘 함께 다니며 쓰레기를 담는 일처럼 하잘것없는 편의를 제공한다. 비닐봉지는 가볍고 질기며 방수성이 좋아 사람들의 옹호를 받지만, 다른 한편으로는 환경을 파괴한다는 비난을 받는다. 비닐봉지는 쉽게 바람에 날려 나무에 달라붙고 자연을 변질시킬 뿐만 아니라 작게 찢어져도 생분해되지 않고 분해되는 데 오랜 시간이 걸린다. 이 과정에서 토양의 영양분을 앗아가고 때로는 더욱 심각한 환경파괴를 불러온다. 물론 가게에서 받은 비닐봉지를 쓰레기봉투로 쓰면서 죄책감을 줄일 수는 있다. 하지만 그 숫자는 주방쓰레기에 필요한 수량을 훨씬 뛰어넘는다.

비닐봉지 대신 재사용할 수 있는 시장바구니를 제공하는 마트나 가게가 늘고 있다. 또한 쇼핑한 물건을 집까지 가져갈 수 있도록 종이상자나 바구니를 제공하는 상점도 있다. 2002년 아일랜드는 비닐봉지 한 개에 0.15유로의 세금을 부과하는 선구적인 정책을 시행했는데, 그 결과 비닐봉지 사용이 90퍼센트 줄어드는 놀라운 효과가 있었다. 그 무렵 코르시카도 대형할인점에서 더는 비닐봉지를 무상으로 제공하지 못하도록 했다. 중국에서는 '백색 오염'이라 불리는 비닐봉지를 2008년부터 금지하여 이제 상점에서는 비닐봉지를 무료로 나눠줄 수 없다. 다른 국가에서도 이와 유사한 조치를 시행하고 있다.

하지만 비닐봉지의 수거 및 처리 시스템을 갖추지 못한 국가의 마을과 도시는 이 오염물질로 몸살을 앓는다. 플라스틱으로 된 병과 용기, 봉지가 강가와 해안에 쌓이며 태평양에는 현재 동물성 플랑크톤보다 여섯 배나 많은 플라스틱이 떠 있다.[165]

아프리카를 비롯한 여러 지역에서는 비닐봉지를 먹은 반추동물이 소화장애와 변비, 체중감소, 공격성 증대 등의 문제를 보인다. 인도에서는 신성한 소들이 그러하고, 적도에서 남극과 북극에 이르기까지 해마다 수천 마리의 조류, 돌고래, 해양 포유류가 비닐봉지를 해파리인 줄 알고 잘못 먹어서 소화장애가 생기고 때로는 질식사할 때도 있다. 바다거북 멸종의 가장 큰 원인이 바로 비닐봉지다.

게다가 이 봉지들은 배수구나 배수관을 막아 심각한 재해를 일으키기도 한다. 말리에서는 비닐봉지가 빗물이 흐르는 배관을 막는 바람에 파리와 모기알집이 급속하게 증가하여 말라리아 등의 전염병이 창궐하였다. 방글라데시에서는 비닐봉지가 하수관을 막아 심각한 홍수가 발생한 적이 있어, 2002년 비닐봉지 제조를 불법업종으로 정하고 생산을 금하고 있다.[166]

인도 내륙 시킴Sikkim 주에서는 1997년 몬순 절기에 토사가 무너져 두 아이가 참변을 당하는 사건이 일어났는데, 도랑을 막아 빗물이 흐르지 못하게 한 비닐봉지가 범인으로 지목되었다. 이에 시민사회의 노력으로 일회용 비닐봉지를 법으로 금지하였고, 경찰을 포함한 감시위원회가 발족하여 법 준수를 계몽하고 있다. 비닐봉지를 제공하는 상인은 상당한 벌금을 물어야 한다. 이제 사람들은 신문지로 음식을 포장하고 황마나 두꺼운 플라스틱으로 만든 바구니를 들고 시장에 간다.

소비자나 봉지생산자들이 저항했지만, 세계 곳곳에서 벌어지는 비닐봉지 사용반대 운동과 정책 덕분에 비닐봉지의 대량 증가를 간신히 막아내는 형편이다. 생분해 비닐의 이용을 대안으로 거론하고 있지만, 확실한 해결책은 아니다. 생분해 비닐도 자연에서 사라지려면 몇 달이 걸린다. 결국 다른 쓰레기와 마찬가지로 소각하거나 매립할 수밖에 없다.

일회용 병과 깡통도 쓰레기통에 넘쳐난다. 플라스틱, 유리,

철, 알루미늄으로 만드는 병과 캔이 넘쳐나면서 보증금제도를 통해 병을 회수하는 재활용 시스템이 사라지고 있다. 보증금제 도란 병이나 포장용기의 보증금을 제품가격에 포함하여 판매한 후, 나중에 소비자가 용기를 판매자에게 가져오면 보증금을 돌 려주는 제도다. 1970년 이전에는 음료수 용기를 대개 20회 정 도 재활용할 수 있었다. 보증금제도가 정착되는가 싶더니 뒷걸 음친 것이다.

다양한 크기와 형태의 유리 용기를 생산함에 따라 식품업계 는 대형 유통업계와 손잡고 '버리는 유리'를 내세우며 소비자의 편의를 위해서라고 설명했다. 일회용 병은 1930년대 미국에서 처음 생산했는데, 제조기업이 많아지면서 사용이 급증했다. 그 러나 음료회사의 기업집중이 강화되고 유리병 형태가 다양해지 면서 보증금제도와 재사용이 어려워졌다. 보증금제도와 재사용 을 위해서는 어느 정도 병들이 규격화되고 음료수 생산지와 소 비장소가 가까워야 했다. 일회용 용기포장재가 일반적이 되면 서 군소지역 음료회사들은 거대기업에 편입되었다.

병을 회수하려면 물류동선을 바꿔야 하고 세척시설과 보관 장소를 갖춰야 했다. 이를 부담스러워한 음료회사와 유통업자 들은 수익감소와 위생문제를 이유로 들며 병 회수제도에 반대 했다. 하지만 환경단체와 경제학자들은 사라져버린 병 보증금 제도를 다시 살려야 한다고 역설한다.

맥주를 비롯한 음료수에 일회용 용기 사용을 법으로 금지하 여 병의 재활용을 유지하는 나라가 있다. 덴마크와 핀란드에서는 유리병 대부분과 일부 플라스틱병을 보증금제도에 따라 회수하여 재활용한다. 페트병 재활용운동을 벌이는 독일이나 네덜란드, 그리고 북유럽국가에서는 소비자들이 가게에 병을 갖다주거나 자동수거기에 투입한다. 재사용할 수 있는 병에 보증금제도를 시행하는 미국의 11개 주에서는 재활용률이 다른 지역의 두 배인 70퍼센트를 웃돈다.

병을 재사용하면 병 1톤을 제조할 때 필요한 석유 300킬로그램의 에너지비용을 절감할 수 있다. 물론 병의 운송과 세척, 살균에 에너지가 필요하므로 실제 절감효과는 이보다 적을 것이다. 그러나 월드워치연구소에 따르면 유리병, 금속 캔의 재활용을 통해 전체적으로 얻는 이득은, 새 제품의 제조비용과 비교할 때 더욱 크게 나타난다. 여기에 재활용을 위한 선별비용과 재활용공장으로 보내는 운송비용, 재활용공정을 거친 병을 음료회사로 운반하는 비용 등을 고려하더라도 재활용은 유익하다. 일회용용기와 비교하여 재활용은 에너지와 원료의 절약, 쓰레기 절감, 대기오염과 수질오염의 감소라는 이점을 지닌다.[167]

버리기보다
고쳐서 다시 쓰기

우리 조상은 물건을 아껴 썼다. 소유한 물건을 잘 관리하고 고장이 나면 고치고 붙여서 되도록 오래 썼으며, 자손에게도 장난감을 잘 간수하도록 가르쳤다. 또 물건이 귀하고 구하기 어려운 만큼 소중하게 다뤘다. 요새는 가구나 세탁기, 시계나 구두를 고쳐서 다시 쓰는 일이 흔하지 않다. 이제는 물놀이 튜브나 자전거 바퀴에 구멍이 나면 접착고무로 메워 다시 쓰는 게 아니라 그냥 버린다. 물건이 비싸지 않고 쉽게 살 수 있으므로 수선할 필요를 느끼지 않는다.

20세기 중반까지 기계나 설비는 오랫동안 쓸 수 있도록 고안했다. 그런데 1960년대부터 미국을 비롯한 여러 나라에서, 소비자들로 하여금 물건을 빨리 교체하게 하여 판매수익을 올리려던 기업들이 이른바 '계획된 낙후성' 전략을 취하기 시작했다. 이 전략이 비판받자 기업들은 혁신, 편리함, 기능개선, 안전, 물과 에너지 절약 등을 내세우며 맞섰다. 그러나 소비자들은 여전히 견고하고 내구성 있으며 보수가 가능한 상품을 고를 수 있다.

품질이 조악하여 쉽게 고장 나고 수리할 수 없는 상품이 난무함에 따라 고쳐 쓰는 문화는 더욱더 설 자리를 잃었다. 같은 종류의 물건이라도 회사마다 부품이 다르고 그나마 구하기가 쉽지 않은 탓에 가능한 한 물건을 수리해 쓰려는 노년층 소비자까지 이제는 고쳐 쓰기를 포기했다. 저개발국이나 신흥국에서 싼값에 만든 물건이 다량으로 들어와, 수리해 쓰는 것이 새것을 사는 것보다 더 비쌀 때가 다반사다. 유행과 '트렌드'를 지나치게 강조하는 상업적 탐욕과 광고홍수 역시 옛것의 가치를 깎아내리고, 고쳐 쓰기보다는 미련 없이 버리도록 소비풍조를 조장한다.

끝없이 새로 등장하는 기술도 강력한 유혹이다. 그 좋은 예가 평면 텔레비전인데, 전자제품 제조사들은 브라운관 텔레비전 시장이 99퍼센트 포화상태에 이르자, 갖고 싶은 신상품이라는 광고로 소비자들을 유혹했다. 'TV 중독자'들은 신상품에 몰려들었다. 그런데 이 상품을 생산하려면 에너지는 물론 인듐이라는 희귀금속이 많이 필요하며 폐기물 또한 다량 배출해야 한다. 게다가 이 원료의 재활용기술은 아직 개발되지 않은 상태다.

이처럼 오늘날의 쓰레기통은 좀 더 쓸 수 있는 물건들로 가득하다. 따라서 소비자들은 물건을 수리하여 다시 씀으로써 쓰레기로 버리는 시점을 늦추고, 광고홍수 속에서 새로운 물건의 유혹을 견뎌내는 현명한 선택을 해야 한다. 구두나 옷 수선집을 자주 드나들고, 괘종시계는 시계수선공에게 맡기고, 불이 깜빡거리는 전등은 집에서 직접 고쳐보고, 냉장고나 옷을 살 때 중고매장을 찾는 습관이 필요하다. 가구가 필요하다면 중고가구를 사서 새로 칠하는 방법도 있다.

오스트리아 빈에서는 60명 정도의 기술자와 장인들이 수선네트워크를 구성하여 시의 지원을 받아 시민이 가져오는 고장 난 물건을 수리해준다. 일회용 문화를 거부하는 이 네트워크는 사회적 기업의 도움을 받아 실업자들에게 일거리를 마련해주는 역할도 한다. 또한 네트워크에 참여하는 기술자들의 연수프로그램과 홍보서비스를 맡고 있으며, 물건을 고쳐 쓰도록 시민에게 다양한 상담서비스도 제공한다. 2005년 이 네트워크에서 수리한 물량은 자전거, 컴퓨터, 가전제품 등 총 5만 대에 달하며, 이는 600톤의 쓰레기가 줄었음을 의미한다. 빈 시가 거둔 성과에 다른 시에서도 유사한 프로그램을 마련하였다.

이와 더불어 남은 음식을 버리지 않는 움직임이 일어났다. 선진국의 쓰레기통은 먹을 수 있는 음식쓰레기로 가득 차 있었다. 영국은 음식의 3분의 1을 그대로 버려서[168] 런던 시민 1인당 해마다 140킬로그램의 음식을 버리는 셈이었다. 심지어 포장된 채로 버려지는 것도 있었다. 오스트리아 빈 시민은 그라츠Graz 주민 25만 명이 먹을 빵의 양에 맞먹는 음식물을 날마다 쓰레기로 버렸다.[169] 이 사실에 충격을 받은 빈 시민은 좀 더 현명하게 구매하고, 요리하고, 덜 버리는 운동을 시작했다. 이 운동의 리더인 미카엘라 크니엘리Michaela Knieli는 양로원을 찾아가 할머니들의 경험을 듣고, 이를 바탕으로 매우 편리한 생활지침을 엮어 책으로 펴냈다. "남은 재료로 요리하면 버릴 것이 없다."는 게 골자였다.[170] 쓰레기의 8퍼센트가 음식물인 브뤼셀에서도 1999년 지속 가능한 소비운동본부가 발족하여 '스페인식 토르티야', '명품 빵 수프' 등 남은 재료를 이용한 요리법을 소개하는 등 다양한 운동을 펼쳤다.

환경을 생각하는 아기를 위한 천기저귀

서구 아기들은 본인의 의지와 상관없이 자연과 적대적인 관계로 인생을 시작한다. 세 살이 될 때까지 5,000~6,000개의 종이기저귀를 쓰기 때문이다.* 이는 나무 4~5그루에 해당하며 단지 생리적 해결을 위해 무려 1톤에 달하는 쓰레기를 버리는 것과 같다. 1960년대 말 시장에 등장한 일회용 종이기저귀는 엄청난 성공을 거둬 해당 기업에 막대한 이익을 안겨주었다.[17]

대개 몇 시간 정도 착용하는 것이 보통이지만, 몇 분 만에 갈기도 하는 종이기저귀를 생산하려면 많은 에너지와 물, 그리고 무엇보다 나무가 필요하다. 서구 쓰레기 전체부피의 6퍼센트를 차지하는 기저귀는, 버려진 후 분해되는 데 수십 년이 걸린다. 종이기저귀를 재활용하려는 시도는 아직 걸음마 수준이며, 미국과 캐나다에서는 기저귀의 유기물질을 퇴비나 바이오 가스로 만들려고 시도하고 있다.

종이기저귀의 대안은 빨아 쓰는 천기저귀다. 최근에 나오는 천기저귀는 과거에 옷핀으로 집어서 쓰던 기저귀와 전혀 달라서 사용하기 편리하다. 종이기저귀에서 장점을 가져와 허리와 다리에 고무밴드를 붙였고 찍찍이나 똑딱단추를 이용해 입고 벗기 아주 쉽게 만들었다. 기저귀 안쪽에 아기 살이 닿는 얇은 막은 생분해성이라 배설물과 함께 변기에 내려보낼 수 있다. 천기저귀를 쓰면 버리고 매립해야 할 종이기저귀가 줄어 세균과 바이러스 오염을 줄일 수 있다.

얇은 커버 막을 떼어내고 나면 천기저귀는 다른 빨래와 함께 세탁하거나 천기저귀 전문세탁소가 가까이 있으면 이용하면

---

* 2007년 300만 톤의 기저귀가 팔렸는데, 기저귀 시장은 6억 유로에 달했다.

된다. 천기저귀의 대여·세척·배달 서비스를 제공하는 전문세
탁소에서는 더러워진 기저귀를 수거해 가서 깨끗하게 빤 뒤 다
시 배달해준다. 독일, 네덜란드, 영국, 벨기에 등 여러 유럽 국가
에서는 이미 애용하는 서비스다. 프랑스에서는 천기저귀를 파
는 매장이 많지 않으며 주로 인터넷 쇼핑몰에서 팔고 있다.

천기저귀를 만드는 데 들어가는 에너지와 원료 사용량은 일
회용 종이기저귀의 그것보다 적다. 천기저귀가 환경에 미치는
영향을 비교하려고 물·에너지·세제 사용을 측정해보았다. 하
지만, 사실 이런 연구는 실행이 어렵고 연구에 따라 결과에 차
이가 났다. 그러다 보니 종이기저귀 회사에서는 종이기저귀가
생각처럼 환경에 유해하지 않다고 선전했는데, 이 선전을 믿
지 않는 환경단체와 지자체들은 여전히 천기저귀 사용을 장려
한다. 벨기에의 여러 도시에서는 구매보조금제도를 통해 천기
저귀의 사용을 독려하고 있다.

런던 남쪽에 있는 인구 20만의 밀턴 케인스Milton Keynes 시에
서는 해마다 2,500만 개의 기저귀를 써왔다. 1999년 종이기저
귀 쓰레기를 6퍼센트 줄이기로 한 시 당국은 주민이 천기저귀
를 사고 전문적인 세탁서비스에 가입하도록 지원금과 필요한
정보를 제공했다. 세탁서비스 제공업체는 일주일에 한 번 천
기저귀를 수거, 배달한다. 영국 아기의 20퍼센트는 정기적으
로 또는 부정기적으로 12개 정도의 회사에서 만든 천기저귀를
쓴다.[172]

보통 2시간에서 2시간 반 동안 아기를 깨끗하게 유지하는

데 들어가는 비용은 꽤 된다. 2007년에는, 기저귀 품질에 따라 차이가 나긴 했지만, 아기 한 명당 연간 기저귀 비용이 대략 1,000~2,200유로 정도였다. 이 비용에는 지자체가 종이기저귀의 쓰레기처리를 위해 쓴 비용은 포함되지 않았다. 하지만 천기저귀 비용은 물과 전기, 세제까지 포함한다 해도 종이기저귀의 2분의 1에서 3분의 1에 지나지 않을 것이다.

주인을 바꾸어
쓰레기 구제하기
✍

헌 옷은 주로 자선단체에 기부하거나 재활용수리센터 혹은 자원센터로 보낸다. 엠마우스 단체의 대기실은 가정에서 불필요해진 물건과 버려지기 일보 직전에 기사회생한 물건이 들어오는 곳이다. 이곳에서 선별, 관리, 세척, 수리 등의 작업을 거쳐 새로운 물건이 되어 다시 팔린다. 대부분 본디 기능을 되찾지만, 오래된 냉장고가 찬장으로, 난방기가 스탠드로 탈바꿈할 때도 있다.

프랑스에서는 북부 우아즈Oise에 있는 보베Beauvais 시에 처음으로 재활용수리센터가 설립된 이후 서른여 곳이 뒤이어 생겨났다. 이 중에는 1980년대 캐나다 퀘벡에 설립된 '자원센터'를 모델로 한 곳도 있다. 이 센터들은 2007년 네트워크를 형성하여 가능한 한 버리는 부분 없이 재활용할 수 있도록 집집이 다니며 폐품을 모으거나 주민이 직접 가져오는 물건을 수선했다. 대개

수거센터, 수리센터, 재활용품판매센터가 이웃해 있다.

가정과 매장, 기업에서 버리는 가구, 전등, 의류, 자전거, 건축 자재 등의 재활용과 마찬가지로 자원센터들은 또 하나의 진정한 재활용산업으로 인정받고자 한다. 이런 재활용센터와 재활용품 판매센터는 몇 년 전부터 선진국을 중심으로 활발하게 퍼져가고 있다. 네덜란드에서는 모든 시에 재활용센터 설립을 의무화했고, 중고품판매점 또한 여러 지역에서 쉽게 찾아볼 수 있다.

그러나 이런 노력에도 시장에는 싸더라도 내구성이 적은 탓에 재활용하기 어려운 가구들이 넘쳐난다. 그 결과 예전처럼 헌 옷이나 가구를 다시 쓰는 사례가 점점 줄고 있다. 몇 세대에 걸쳐 물려 써도 견뎌내던 예전의 가구나 옷이 아쉬울 뿐이다.

독일에서는 필요 없어진 물건을 집 밖에 내놓기도 한다. 시에서 정한 수거 전날에 입지 않는 옷이나 쓰지 않는 물건을 길에 내놓으면 이웃끼리 그중에서 필요한 것을 가져갈 수 있다. 물론 무료다. 어떤 이는 가구를 가져가고 흔들거리는 전기스탠드, 변좌, 푹 꺼진 소파나 해진 카펫 등을 가져가는 학생들도 많다.

기부문화는 전 지구적으로 발전하고 있으며 특히 인터넷 덕분에 온라인 기부가 활발하다. '기부를 위한 공동체'인 프리사이클Freecycle은 2003년 애리조나 주 투손Tucson 시의 한 환경 운동가가 만든 무료나눔 운동으로, 2007년 400만 명 이상이 100여 개 지역사무소를 통해 이 운동에 동참하였다. "이제 버리지 말고 온라인으로 기부하세요!"라는 구호 아래 사람들은 서로 안 쓰는 물건을 주고받으며 필요한 물건을 얻는다. 필요 없어진 문짝, 소파, 팩스, 사냥개에 관한 잡지가 있으면 온라인 게시판에 올리고 관심을 보이는 사람과 연락하면 된다. 모든 것이 무상인 프리사이클 운동의 목적은 이미 존재하는 물건을 더 잘, 더 많이 이용해서 소비의 급증을 막자는 데에 있다.

전자폐기물의 홍수를 막고자 전자제품을 회수하는 단체들도 있다. 앙비 네트워크의 첫 번째 센터가 1984년 스트라스부르에서 문을 열었는데, 이 센터의 설립취지는 처지가 어려운 청소년들에게 아직 쓸 수 있는 전자제품의 수리를 맡겨 일자리를 제공하고 전문기술을 배우게 하는 것이었다. 설립 이후 2006년까지 앙비가 고용한 인원은 45개 기업에 750명이다.

교육생들은 보증기간이 몇 달 정도인 값싼 전자제품을 수집하여 분해하고 수리한다. 수리센터에 모인 물건 중에서 쓸 만한 것들을 선별하여 깨끗이 닦은 다음 고쳐서 안전검사를 한다. 전자기기의 해체나 원료추출, 우선선별에는 많은 노동력이 필요하다. 분해과정에서 나온 부품과 원료는 북아프리카를 비롯하여 여러 지역의 중고품 가게로 보낼 제품을 수리하는 데 쓰기도 한다. 고철장수는 재활용할 수 없는 금속을 회수하여 분쇄한 다음 제련소로 보낸다.

세계 곳곳의 재활용 프로그램 중에는 수리작업과 기술지침을 준수하고 벨기에의 엘렉트로레브Electrorev 같은 인증라벨을 받는 프로그램도 있다. 하지만 물과 에너지 소비가 많은 세탁기 수리처럼 고쳐서 쓰는 것이 새 제품을 사는 것보다 환경적 이점이

별로 없는 예도 있다. 따라서 전자제품은 단순히 사용기한을 늘리는 것보다 최적의 사용이 중요하다.

신상품 구매로 인한 빈번한 제품폐기 시기는 제품에 따라 다른데, 냉장고는 여름이 성수기고, 세탁기와 주방 가스레인지는 초겨울이 성수기다. 반면 중고품 가게에서 이뤄지는 판매는 계절에 따른 차이가 없다. 중고품 구매자는 충동구매보다는 필요에 따라 구매하기 때문이다.

엠마우스 단체에서도 휴대전화수거 프로그램을 정하여 버려진 휴대전화를 모은 다음, 사회적 기업인 '아틀리에 뒤 보카주 Ateliers du Bocage'로 보내 수리하거나 아니면 분해하여 재활용할 원료를 회수한다. 이런 식으로 컴퓨터를 재사용하면 문서나 스프레드시트 작성 정도의 간단한 작업을 하는 사람들은 적은 예산으로 컴퓨터를 마련할 수 있다.

물건의 사용기간을 연장하는 방법은 여러 가지다. 골동품 가게에서 건진 가구를 수선하고, 중고 냉장고나 컴퓨터를 사고, 중고의류판매장에서 옷을 사고, 벼룩시장이나 창고세일, 위탁판매점, 중고스포츠용품점 또는 사회연대상점이나 지역신문, 웹사이트에서 그릇이나 책, 필요한 용품을 살 수 있다.

프랑스에서는 15세기부터 있던 릴 시의 유명한 중고시장을 제외하면, 개별적으로 서로 중고물건을 교환하거나 사고파는 일이 1970년대에 시작되어 1980년대에 성행했다. 온 가족이 나와 이런저런 물건을 늘어놓은 좌판을 기웃거렸다. 일요일에 열리는 이런 시장은 좋은 물건을 찾아 멀리서 오는 수집가나 중고

상인들로 가득했다.

물건을 버리지 않고 고쳐서 다시 쓰면 쓰레기양을 줄일 수 있고 원료 또한 절약할 수 있다. 또한 장인의 기술이나 수선 공방의 보존이 가능하고 사회연대경제에서 수선기술자의 고용을 창출할 수 있다.

광고의 유혹과
과잉소비에서 벗어나기

많은 현대인은 '살려고 소비하는' 것인지 '소비하려고 사는' 것인지 고민스럽다. 반복적인 광고는 사람들의 정서와 감정을 자극하여 조건반사적인 구매욕구를 불러일으킨다. 소비와 행복을 연결짓는 서구의 왜곡된 생활방식은 지구의 다른 곳으로 퍼지고 있다. 하지만 소비중심의 삶을 거부하는 사람들은 덜 일하고, 덜 쓰고, 덜 소비하는 소박한 삶을 선택한다. 그들은 많은 물건을 사기보다 공동체와 함께하는 행복한 삶을 추구한다.

광고와 소비의 지배에 저항하는 움직임은 1960년대 미국에서 인간의 환경파괴에 관한 자각과 함께 시작되었다. 살충제가 새와 물고기, 곤충에 가하는 폐해를 고발한 레이첼 카슨의 《침묵의 봄》은 충격 그 자체였다.[173] 이 무렵 반문화 지지자들은 기존의 인위적 삶, 특히 소비지상주의가 추구하는 삶의 방식을 거부하기 시작했으며 풍요의 사회가 낳은 쓰레기를 재활용하기도 했다.[174]

오늘날 많은 단체는 광고가 만들어내는 인위적 필요를 거부한다. 로마의 스토아 철학자 에픽테토스Epictetos의 어록에 나온 '행복한 절제'와 한스 요나스Hans Jonas*가 주장한 '자발적 검소함'에 가치를 두고 속도와 돈, 자원에 연연하지 않는 삶을 추구한다. '탈성장'론자들은 성장과 진보와 행복을 함께 묶는 태만한 이념을 고발하면서, 상상력을 억누르고 창의성을 해치는 사회에 맞서 자율적 공간을 되찾고자 한다. 소박한 삶을 위한 운동은 미 대륙에서 큰 힘을 얻고 있다.

과도한 소비를 반대하며 잠시나마 소비를 중단하는 사람들도 있다. '하루 동안 소비하지 않기'라는 국제적 운동은 지나친 소비를 되돌아보게 한다. 2006년 1월 1일 샌프란시스코 해안에 거주하는 주민은 한 해 동안 식품과 속옷, 약품을 제외하고는 절대 새 물건을 사지 않으면서 서로 물건을 교환하거나 빌리거나 중고매장에서만 구매하기로 했다. '더 콤팩트The Compact'라는 단체를 만들어 세상을 오히려 악화시키는 과도한 소비사회를 거부한다는 뜻도 밝혔다. 이들은 고쳐 쓰는 미덕을 알게 되었고, 많은 것이 없어도 잘 지낼 수 있다는 사실을 깨달았다. 또한 소유가 존재를 지배하는 사회, 부수적인 것이 본질을 호도하고 덧없이 사라지는 일회용 상품이 지속 가능한 것을 대체하는 사회를 거부했다. 이 운동은 조용히 번져나갔다. 이들 중에는 꼭 필요한 것이 아니라면 친환경상품조차 거부한 사람들도 있다.

---

* 1903~1993. 사전예방 원칙을 창안한 독일의 생태철학자

아무리 친환경이라 해도 환경에 온전히 해가 없을 수는 없다는 이유에서다.

이 정도로 엄격하지 않더라도 과소비를 거부하는 사람들은 대형할인점이라는 새로운 신전으로 들어가기 전에 먼저 필요한 물건의 목록을 작성하여 충동구매는 물론, 강박적 구매를 자제할 것을 권한다. 무료 광고전단이나 카탈로그도 받지 않음으로써 폐지를 치우는 부담을 줄이고 구매유혹도 뿌리칠 것을 제안한다.

프랑스 가정의 우편함에는 해마다 40킬로그램의 광고전단과 무가지가 쌓이는데, 주로 대형할인점에서 보낸 것들이 대부분이다. 광고전단 사절이라는 메모를 붙이고 아예 전단을 받지 않을 수도 있다. 2006년 스위스에서는 우편함의 40퍼센트가 '광고지 사절'이라는 스티커를 붙였다. 반면에 프랑스는 그 수가 5퍼센트에 불과했다. 한쪽에서 일방적으로 보내는 광고지를 설령 전체 가구의 절반이 거부한다 해도, 해마다 수만 톤의 종이가 광고지로 버려지는 셈이다.

우편함에는 봉투 안에 넣어 보내는 광고물 또한 많다. 미국에서는 그런 광고물이 매년 200만 톤 정도 발생하는데, 그중 40퍼센트는 개봉이 안 된 채 버려진다. 이런 광고물을 만들지 않는다면 25만 가구의 난방에 필요한 에너지를 절약할 수 있다. 광고물을 거부한다는 표시와 함께 발송인에게 되돌려보내는 사람도 있다. 덴마크에서는 광고우편물을 거부한다고 우체국에 신청하면 우체국에서 직접 발송인에게 되돌려보내준다. 광고지 발송대상 목록에서 이름을 지워달라고 요청할 수도 있다.

하지만 관행을 바꾸려는 이런 시도는 고용증가가 경제성장이나 구매량에 달려 있다는 생각에 부딪히고, 전능한 소비이데올로기는 광고나 생산 및 판매 기업들의 압력으로 유지된다. 즉, 소비를 포기하는 것은 정치적으로 옳지 않다는 생각이 지배적이다. 이미 1930년대부터 미국의 유명잡지《하우스 앤드 가든 House and Garden》은 "올바른 시민이라면 낡은 것을 고쳐 쓰지 않고 새것을 삽니다."라고 적었다. 이런 생각에 충실했던 부시 대통령은 2001년 9·11 사건이 터진 다음 날에도 국민에게 나가서 물건을 사야 한다고 강조했다.[175]

빌려 쓰고
함께 쓰는 지혜

일회용 상품의 소비를 절제하고 쓰레기를 줄이는 또 다른 방법은 상품 대신 기능이나 서비스를 제공하는 대여전문회사를 애용하는 것이다. 전자제품의 대여, 수거, 유지보수뿐 아니라 부품의 재사용 시스템을 갖춘 회사가 있는데,* 대여기계 중량의 90퍼센트가 재활용한 부품이다. 대여회사는 대여제품의 수명을 늘리기 위해 노력한다.

---

* 네덜란드 제록스 사

물건을 공유해서 쓰면 물건의 이용도가 올라간다. 목공이나 원예용 연장이나 기계는 어쩌다 한 번씩 필요하므로 성능 좋은 최신 제품을 다양하게 갖춘 대여회사에서 빌려 쓰는 게 여러모로 이득이다. 파쇄기, 전기괭이, 소형 삽, 잔디 깎는 기계, 전기톱, 전지기구, 전기사포, 스크레이퍼, 카펫 물청소기, 벽지제거 기계, 고압 청소기 등을 빌릴 수 있다. 가구나 홑청, 파티나 행사를 위한 그릇 등을 빌려주는 곳도 있다. 세탁과 세척도 공장식 서비스를 제공한다. 이들 서비스를 이용하면 종이나 플라스틱으로 만든 일회용 접시나 컵, 숟가락 소비를 줄일 수 있다.

세탁방은 세탁기를 나눠 쓰는 곳인데 과거의 빨래터처럼 만남의 장소가 되기도 한다. 프랑스 북부 앙제 시의 '하이폰'이라는 단체는 2002년부터 어려운 처지의 소외된 사람들을 만나는 장소로 세탁방을 이용해왔다. 세탁방에는 다양한 용량과 기능의 세탁기와 건조기가 갖춰져 있는데, 회원들은 이곳의 이용시간을 미리 예약하고 싼 비용으로 홑청이나 카펫을 세탁한다. 세탁방은 일주일에 반나절꼴로 재봉교실이 되기도 하고, 자원봉사자들이 주축이 되어 지역축제나 연회, 또는 지역에서 가꾼 채소의 공동구매 등을 계획하는 곳이 되기도 한다.

미디어 자료실, 도서관, 놀이교육도구센터, 비디오클럽에서도 책이나 장난감, 게임시디 등을 대여한다. 놀이교육도구센터에서는 새로운 놀이나 게임을 사기 전에 미리 경험해볼 수 있다. 프랑스에는 800여 곳의 놀이교육도구센터가 있는데, 매우 다양한 놀이를 제공한다. 자전거대여 역시 같은 취지에서 소유보다는 나눔의 문화를 확산하는 데 이바지하고 있으며, 파리의 벨리브 Vélib'가 그 성공사례다.

장난감이 넘쳐나면서 쓰레기 역시 기하급수로 늘고 있다. 특히 영화개봉이나 유행을 타고 출시되는 장난감은 오래가지 않으며 아이들에게 소비 지향적 성향과 신상품을 향한 끊임없는 욕망을 갖게 한다.[176] 반면 튼튼하고 수리와 세척이 가능해 재활용할 수 있는 장난감은 오래간다. 하지만 무엇보다 좋은 장난감은 아이들이 자연에서 주운 것, 안 쓰는 물건이나 재료로 스스로 만드는 장난감이다. 이 장난감은 아이들의 창의력을 길러주는 이점 또한 있다. 이런 식으로 만든 장난감을 서로 빌려주거나 선물하고, 크리스마스이브에는 자선단체에 내놓기도 한다. 이런 과정을 통해 더 갖고 놀지 않는 장난감은 다른 아이에게 주고, 다른 장난감을 가져볼 수 있다.

산타클로스의 썰매를 가볍게 할 또 하나의 방법은, 식사초대나 공연관람, 잡지구독, 박물관 회원카드, 영화표, 화실이나 스포츠센터 이용권, 주말여행권, 기차여행과 같이 물건이 아닌 것을 선물하는 것이다. 2005년 12월 핀란드 수도에서는 "쓰레기가 아닌 기쁨이 되는 선물을!"이라는 문구가 라디오와 텔레비전에서 흘러나왔다. 헬싱키의 한 웹사이트는 네티즌에게 무형의 선물로 어떤 게 좋을지 아이디어를 모집했는데 연극티켓, 마사지 이용권, 가족사진 촬영권, 잠수 수강권, 동화구연 등의 답이 나왔다. 또 독신친구에게 남편이나 남자친구 빌려주기 같은 재밌는 제안도 있었다. 이 프로젝트는 크리스마스 직후 넘쳐나는 쓰레기를 줄이려는 유럽연합의 재정적 지원으로 이루어졌다.

쓰레기를 줄이는
친환경제품

⚫

친환경개념écoconception은 제품이 생산되면서부터 일으키는 환경파괴와 낭비를 줄이려는 방법이다. 원료나 에너지, 물과 같은 자원을 보존하고, 제품생산과 이용과정에서 쓰레기방출과 같은 폐해를 줄이는 것이 목적이다.

현대의 산업경제는 지금 사용하는 원료의 3분의 1에서 4분의 1만 쓰고도 효율적으로 기능할 수 있다는 여러 연구결과가 있다. 다양한 분야의 기업들은 생산과 포장에 드는 원료와 에너지를 줄이면서도 서비스나 품질에는 변화가 없는 탈물질화dématérialisation 전략을 적용하기 시작했다. 예를 들면, 생태계 보전과 양립 가능한 산업체계로 재구성하는 것이다. 이를 위해서는 재사용과 재활용이 쉬운 상품을 만들고, 더 적은 자원으로도 가능한 기술력을 개발하고, 쓰레기를 줄일 수 있도록 제조공정을 개선할 필요가 있다.

기업들은 제품의 생산과 포장에 드는 원료사용을 많이 줄이고 있다. 무게와 부피를 줄여 소형이어도 사용의 편리함과 효율성, 내구성은 그대로인 제품을 추구한다. 또한 기업들은 부피와 환경피해가 적은 포장기술의 연구를 시작으로 좀 더 총체적인 친환경 시스템으로 발전해간다. 내구성이 좋은 원료를 써서 더 오래 쓸 수 있는 제품을 만들면 쓰레기 또한 적게 배출할 수 있다. 튼튼한 실로 짠 원예용 장갑, 또는 백열전구보다 수명이 길고 에너지 소비가 적은 삼파장 전구 등이 이에 속한다.

친환경상품은 분해와 보수가 쉬운 예가 많고, 재활용할 수 있는 원료나 이미 재활용 처리된, 그리고 독성이 적은 원료를 써서 만든다. 디자이너들은 가구에 더 이상 못이나 나사를 쓰지 않으며, 해로운 염료를 쓰지 않은 대나무나 다른 식물성 섬유로 침구나 양말을 만든다. 가전제품은 너무 많거나 복잡한 원료사용을 줄여 분해와 수리가 쉬운 제품을 만들고 있다. 전자제품은 환경적 측면을 고려한 기술혁신이 가장 활발하게 이루어지는 분야다. 예를 들자면, 부품을 30퍼센트 정도 줄여 몸무게가 가벼워진 진공청소기, 두 배나 빨리 분해할 수 있는 텔레비전, 플라스틱 대신 스테인리스 통을 쓴 덕분에 재활용이 쉬워진 세탁기, 재생원료를 써서 고무와 금속으로 만드는 30여 개의 부품을 절약한 세탁기 등이 있다.[177]

하지만 환경보전을 상품선택의 최우선 기준으로 삼지 않는 소비자들은 친환경제품의 비싼 가격 앞에서 때로는 주저하게 된다. 소비자에게는 가격, 건강, 기능, 브랜드가 중요하다. 게다가 인증마크가 넘쳐나면서 소비자들은 판단하는 것 자체가 점점 더 어렵다고 느낀다. 이것은 소비자들을 현혹하는 품질마크와 광고로 공식인증마크가 설 자리가 줄어든 탓이다. 친환경 문화를 확산하는 데 정보제공이나 환경세감면과 같은 세제혜택은 큰 동기부여가 된다. 이는 일회용 상품에 높은 세금을 부과하고 친환경인증제품에는 세금을 줄여주는 제도로, 소비자의 선택을 바꾸도록 이끈다.

친환경인증마크는 품질이 우수하고 환경피해가 적은 제품임을 보장해주는 장치다. 요람에서 무덤까지, 즉 원료선택에서 최종목적지에 이르는 '생명주기' 타입의 총체적 평가*를 통해 인증마크를 부여하는데, 제조과정, 제품, 생산현장에서 발생하는 모든 영향을 분석한다. 최초의 친환경인증마크는 1978년 독일에서 태어난 '푸른 천사'다. 프랑스의 엥에프 엥비론망NF Environnement이나 꽃 모양의 유럽 '에코 라벨'은 이제 쓰레기봉투, 커피 필터, 가전제품, 세제, 페인트, 휴지, 구두 등에서 찾아볼 수 있다(7장 다양한 재활용의 세계 참고).

종량제,
버리는 만큼 내기!

쓰레기관리 비용은 날이 갈수록 늘어나 지자체의 재정을 갉아먹는다. 지자체들은 대부분 서로 연합하여 쓰레기의 수거와 처리를 기업에 위탁하고 공동으로 비용을 부담한다. '쓰레기학'이 규모 있는 산업대열에 오르자 이 시장은 다국적기업들이 경쟁하

---

* 전 과정 평가Life Cycle Analysis라고도 한다. — 옮긴이

는 장이 되었다. 프랑스의 쓰레기처리 비용은 두 가지 재원으로
충당한다. 우선 생활쓰레기 수거비용은 거주공간의 임대가격을
기준으로 계산하여 재산세에 포함하여 징수하는데, 국민 90퍼센
트가 이에 해당한다. 또 하나는 주민 1인당 정해진 수거비용을
징수한다. 하지만 쓰레기배출량과 무관한 이 두 방식의 징수로
는 쓰레기양을 줄이거나 분리수거를 독려할 수가 없다.

최근 일부 지자체에서는 세제혜택을 시행하여 주민의 쓰레기
배출량 감소를 유도하고 있다. 배출하는 쓰레기의 중량이나 부
피에 비례하여, 또는 쓰레기봉투나 쓰레기통 개수에 비례하여
쓰레기처리 비용을 내게 하는데, 이를 통해 주민의 소비습관을
바꿀 수 있다. 분리수거나 재활용을 많이 한 주민은 그만큼 비
용부담이 적어진다.

쓰레기배출량 계산방식은 다양하다. 쓰레기봉투에 스티커
를 붙이거나 종량제 봉투를 사는 방법이 있다. 수거비는 배출량
에 따라 낸 셈이 되어 수거인력은 봉투 안의 내용물만 처리하
면 된다. 전자인식장치가 부착된 쓰레기통을 설치한 지자체도
있다. 쓰레기를 수거할 때, 쓰레기통을 비우기 전에 내장된 칩
이나 바코드를 통해서 정보를 인식하는데, 이 정보는 쓰레기수
거 차량의 컴퓨터에 전달된다. 주민은 쓰레기통이 가득 찼을 때
만 길가에 내놓으면 되고, 쓰레기양에 따라 비용을 내는 셈이다.
'수거 시 계량제'는 수거차가 쓰레기통의 무게를 재고 비운 다음,
다시 무게를 재서 쓰레기배출량을 계산하는 방식이다. 수거차가
수집한 정보는 중앙에서 전산 처리하여 고지서로 배포한다.

1916년 캘리포니아의 리치먼드에서 이전까지의 습관을 뒤엎는 "버린 만큼 내자Pay as you throw", 즉 쓰레기종량제를 촉진하는 운동이 일어났으며, 이 운동은 서서히 번져나갔다. 1993년부터 미국 환경청의 적극적인 지원을 받아 2006년에는 샌프란시스코와 미니애폴리스를 위시해 미국 전체 지자체의 25퍼센트인 7,000여 지자체가 이 운동에 동참했다.[178] 캐나다, 스칸디나비아, 독일어권 스위스, 핀란드에서도 재정적 지원책을 실시 중이지만, 프랑스에서는 2007년 400여 지자체만이 같은 제도를 시행하고 있다.

프랑스 지자체 대부분은 이 징수제도를 꺼리는데, 그 이유로 내세우는 것이 바로 '쓰레기의 유람' 현상이다. 양심불량자들이 공터나 주차장 길가, 심지어 이웃집 쓰레기통, 빈 병이나 폐지수거함에 쓰레기를 몰래 버릴 수 있다는 것이다. 아니면 쓰레기를 뜰이나 벽난로에서 태워서 대기오염을 일으킬 가능성이 있다는 이유를 든다. 하지만 소소한 이익을 보자고 쓰레기를 갖고 술래잡기할 사람은 많지 않다. 저소득층의 비용부담이 증가한다는 우려 때문에 꺼린다는 지자체도 있다. 그러나 실제로 가장 큰 이유는 수거비 고지 및 납부 체계를 바꾸는 데 들어가는 비용일 것이다. 국세청에서 주민세처럼 일괄 징수하는 것과 달리 배출량에 따라 수거비용을 청구하려면 배출량 계량, 고지서 발급, 미납분 등을 처리하는 비용이 필요하다.

그러나 수도세나 가스사용료처럼 서비스에 비례한 비용부담은, 사용자의 책임감을 높이고 소비문화를 바꾸며 재활용할 물질을 분리하고 유기성 쓰레기를 퇴비화하도록 유도할 수 있다. 미국이나 다른 유럽 국가를 보면 쓰레기종량제를 시행했을 때 일반쓰레기는 15~50퍼센트 정도 줄고, 재활용쓰레기는 10~100퍼센트 증가하면서 전체 쓰레기양은 변동이 없거나 감소하였다. 하지만 종량제를 시행하지 않은 다른 곳에서는 오히려 쓰레기가 증가했다. 프랑스 오랭Haut-Rhin 지역의 포르트달자스Porte-d'Alsace에서는 1990년 연간 쓰레기배출량이 주민 1인당 375킬로그램에서 2007년 100킬로그램으로 감소했다. 분리수거가 효과적으로 이루어지고 퇴비상자를 무상이나 저렴한 가격에 제공하면 결과는 더욱 확실해진다.

쓰레기분리와 배출감소를 독려하려면 홍보와 정보제공이 효과적이지만, 무엇보다 금전적 보상이 큰 호소력이 있다. 쓰레기처리 수거비 부담이 달라진다면, 사람들의 습관 또한 달라질 수 있다. 금전적 보상은 쓰레기통의 무게를 줄이는 예방적 방법이다.

쓰레기 제로를 위한 온갖 노력

쓰레기양을 줄이기 위한 총체적 노력은 다양한 차원에서 이루어진다. 대형할인점에서는 쓰레기양을 사전에 줄이려고 노력한다. 예를 들면 프랑스 북부 노르 지방의 한 대형할인점은 "똑

똑한 구매로 쓰레기를 줄여요."라는 홍보를 펼쳤다. 리필제품, 대용량제품, 포장이 간단한 제품을 홍보하고, 식품은 포장용기에 담기보다 무게를 달아 팔았다. 쇼핑카트 안에 담은 물건의 무게를 예측해주는 서비스를 통해 고객이 쓰레기문제를 인식하도록 했다. 쓰레기를 적게 배출하는 물품을 구매하면 포인트를 받고, 포인트가 쌓이면 재활용할 수 있는 봉투나 비료 같은 '지속 가능한' 사은품을 받을 수 있다.

벨기에 플랑드르 지방의 딜베크Dilbeek와 왈로니 지방의 다른 지역에서도 이미 1990년대부터 쓰레기배출 감량을 위한 예방 정책을 시행했다. 쓰레기수거 비용의 혜택, 가정 내 퇴비화, 구매습관을 바꾸는 다양한 정책 등이 그것이다. 프랑스 일에빌렌Ille-et-Vilaine 지역의 푸제르Fougères에서는 2005년 "쓰레기를 줄여요."라는 캠페인을 시작했고, 30여 가구가 자발적으로 과대포장이 없는 물품을 구매하고 유기성 쓰레기를 퇴비로 만들면서, 우편함에는 "광고지 사절"이라는 스티커를 붙였다. 그 결과 다른 가구들보다 쓰레기배출량이 크게 줄었다.

지금은 더 많은 지자체에서 쓰레기배출량을 줄이기 위한 정책을 총체적으로 실행하고 있다. 2004년 되세브르Deux-Sèvres에서는 기업, 대형할인매장, 장인기술자, 시민단체와 지자체 그리고 주민 모두가 함께 모여 어떤 쓰레기를 어떤 방법으로 줄일 수 있는지, 그 해결책을 찾고자 머리를 맞댔다.* 이 프로젝트

---

* Projet IDEAL 79

의 방향은 "더 잘, 더 적게 그리고 다르게 고안하고, 만들고, 팔고, 사고, 쓰고 버리자."는 것이었다. 이 프로젝트에서는 구체적인 실천으로 친환경 아이디어를 홍보하고, 쓰레기양이 적은 상품을 알리고, 제품의 수리법을 배포하고, 가정 내 퇴비상자 설치를 장려하고, 광고전단 사절을 독려하고, 쓰레기를 덜 발생시키는 제품의 할인구매 쿠폰을 발행했다. 지자체와 시민단체가 공동으로 쓰레기 줄이기를 계획하고 준비하면서 경험을 공유한 것이다. 2005년 '리듀스Reduce' 프로젝트는 벨기에, 프랑스, 영국의 여러 지자체를 중심으로 다양한 주체의 협력 아래 최적의 전략을 마련했다.*

일부 지자체에서는 여기서 한 걸음 더 나아가 '쓰레기 제로' 정책을 펼치고 있다. 쓰레기가 전혀 없는 세상이란 꿈 같은 이상향이 아니라 쓰레기 매립과 소각을 최소로 줄이기 위한 총체적 노력을 의미한다. 시민과 기업, 농업과 상업 등 모든 분야에서 쓰레기를 점검해보고, 궁극의 목표인 '쓰레기 제로'에 다가가려는 방안을 함께 모색하는 것이다.

1996년 오스트레일리아에서는 처음으로 수도 캔버라에서 이런 취지의 프로젝트를 시작해 6년 만에 쓰레기양을 반으로 줄였다. 핼리팩스나 토론토를 비롯한 캐나다의 80퍼센트에 해당하는 도시와 캘리포니아, 필리핀의 여러 도시에서도 마찬가지

---

* 벨기에의 에스파스 엥비론망Espace Environnement은 쓰레기배출을 줄이기 위한 정책시행을 지원한다.

의 노력을 기울인다. 이들 도시 모두 발생원에서부터 쓰레기양을 줄이고, 버려진 쓰레기는 최대한 재활용하는 전략을 수립했다. 생산과정에 재활용원료를 투입하는 자원순환형 시스템 구축 또한 지향하기 때문이다.

'쓰레기 제로'를 위한 노력은 다양하게 진행 중이다. 이른바 당근과 채찍이라는 고전적인 방법을 통해서인데, 정보제공, 알맞은 설비제조, 법률적 제재, 세제혜택 등이 그것이다. 지원금, 세금감면, 분담금 부과 등의 방법으로 재활용과 재사용의 경제적 지속 가능성을 뒷받침할 수 있다. 하지만 노력은 대부분 재활용과 재사용에 집중되고 있다. 발생원에서 쓰레기를 줄이려면 여전히 친환경개념의 정착과 기업의 노력이 필요하다.

쓰레기를 줄이는 것은 물건을 아끼고 고쳐서 오래 쓰던 우리 조상에게는 자연스러운 일이었다. 이제 쓰레기정책에서 우선시되는 발생원에서의 감량은 복잡한 현실의 도전을 받는다. 쓰레기의 쓰나미를 막으려면 우리 삶의 근본적인 변화가 불가피해 보인다.

9장

쓰레기, 놀이, 예술, 축제

현대미술의 역사적 의미는, 한마디로 새로운 물질과 재료가 등장하여 기존의 조형재료를 보완하거나 아예 대체해버렸다는 사실에 있다. 버려진 물건을 쓰는 것은 비회화적 구상에서 새로운 도구로 자리 잡았다. 20세기 초 잡다한 쓰레기를 이용한 아방가르드적 작품들이 등장했을 때 사람들은 큰 충격을 받았다. 이후 세대 예술가들 역시 같은 길을 걸어갔다. 물론 쓰레기만을 소재로 쓴 예술가는 많지 않다. 예술가 대부분은 작품구성의 상황이나 작가적 영감에 따라 새로운 재료와 낡은 것, 또는 쓰레기통에서 건져낸 재료를 섞어서 썼다.

　무명의 작가 외에 저명한 미술가들조차 창작의 필요 때문에 또는 작가적 취향에 따라 도시의 산업문명이 내버린 것에 눈을 돌린다. 생산이 만능인 사회에서 소외된 사람들과 마찬가지로, 화가와 조각가 또한 사회의 찌꺼기를 복원함으로써 그것을 용도폐기의 운명에서 구해내고, 쓰레기를 독창적인 회화작품이나 기괴한 조형형태로 바꿀 뿐 아니라 다양한 놀이형태에 편입하여 새로운 삶을 부여한다.

플라스틱이나 깨진 접시조각, 식탁, 숟가락이나 포크, 옛날 연장, 낡은 신발이나 바구니, 필라멘트가 나간 백열전구, 이미 쓴 일회용 사진기 등 한 가지 재료만을 고집하는 미술가들이 있는가 하면, 쓰레기통이나 매립지, 또는 바닷가에서 주워온 온갖 쓰레기를 이용하는 예술가들도 있다. 작품을 구상하고 그에 맞는 재료를 찾아다니는 예술가도 있지만, 대부분은 무궁무진한 쓰레기 세계에 일단 들어가 거기에서 찾아낸 것을 작품의 모티프로 삼아 작업을 시작한다.

쌓고, 누르고, 포장하고, 찢고, 붙이고, 석회나 비닐을 덧입히고, 잘게 빻아 반죽하고, 염색하고, 켜켜이 올리고, 저절로 움직이게 하고, 해체 후 재조립하는 등 과감하면서도 생동감과 유머가 넘치는 작업을 통해 쓰레기는 다시 태어난다. 흔히 '쓰레기 양식'이 꽃을 피운다고 하는데, 도대체 무슨 말인가? 예술의 쓰레기, 아니면 혹은 쓰레기의 예술인가? 예술에서 전통과 '양식良識'에 대한 도전인가? 아니면 창작의 혁명인가?

인간에게 놀이와 창작을 향한 욕구는 원초적이라 할 수 있다. 인간은 이 세상에 번민과 불행과 비참함이 있음에도, 또는 그런 삶의 조건 때문에 상상의 세계를 만들고 싶어한다. 결핍의 상황에서도 버려진 물건이나 재료를 회수하여 용도를 변형함으로써 즐겁고 예술적인 행위를 할 수 있다. "쓰레기는 부자들만 쓰는 용어"인 셈이다.[179] 수명이 다한 물건은 소멸하지 않고 놀이와 예술이라는 새로운 세계에서 다시 태어난다. 그러나 쓰레기를 예술작품이나 수공예품으로, 또는 놀이로 탈바꿈하려는 의도는 다양하고 복잡하다. 예술가들은 쓰레기를 새로운 시선으로 보기를 바라며, 퇴락하는 것에서 아름다움을 찾기를 바란다.

놀이를 위한
쓰레기

&

흉내 내기 좋아하는 아이들은 전쟁의 시대든 평화의 시기든 어른들이 하는 일이나 직업을 모방하면서 자기들 스스로 원하는 모습의 가상세계를 만들어본다. 제대로 된 장난감 하나 없는 가난한 아이들은, 주위에 널려 있는 사물을 이용하여 단순한 방법으로도 훌륭한 장난감을 만들어내는 풍부한 상상력을 보여준다. 일상생활에서 나오는 쓰레기로 만든 장난감이나 놀이 중에는 역사가 매우 깊은 것들이 있는데, 헌 옷으로 만든 인형이나 낡은 판자로 만든 작은 손수레가 대표적이다.

동물의 뼈는 고대 그리스 시대부터 대중적인 놀이도구였다. 호머의 《일리아드》에는 양의 발목뼈로 만든 것을 던지거나 잡고 흐트러뜨리는 비극적 오슬레놀이partie d'osselets 장면을 묘사한 부분이 나와 있다. "아킬레스는 꿈속에서 친구 파트로클로스를 보았다. 파트로클로스는 암피나다스가 오슬레놀이 중에 테티스의 아들에게 살해당했음을 말해주었다."[180]

시골에서는 아이들이 다락방이나 창고에 쌓아놓은 낡은 물건들을 뒤져, 과거 누군가가 어떤 일로 입었을 헌 옷이나 버려진 그릇과 도구, 잡동사니를 골라내 이야기를 꾸미고 소꿉놀이를 한다. 시골 아이들은 장난감도 직접 만든다. 엘리아스P. J. Hélias는 고장 난 재봉틀을 직접 고쳐 팽이나 통조림 캔을 엮어 발목에 장대처럼 묶고 다니며 놀았다는 이야기를 회상한다.[181] 20세기 초 아이들은 동전 몇 닢만 있으면 동네 장인들이 쓰레기로 만든 장난감 기차나 트럭, 소꿉놀이 등을 살 수 있었다. 장인들은 넝마주이에게서 통조림 캔을 사들여 불에 달궈 용접 부위를 없앤 후 납작하게 펴서 원하는 모양의 물건을 만들어냈다.

누구나 쉽게 배우고 써먹던 쓰레기활용 기술은 이제 장인들만의 전유물이 되었다. 오직 가난한 나라의 아이들만이 어깨너머 배운 기술로, 그럼에도 아주 노련한 솜씨로 트럭과 자동차, 기차 등을 만들어서 논다. 도시에서는 천연재료 대신 공산품이 넘쳐나, 고철과 금속 포장용기, 플라스틱병, 고무 등이 주목받으면서 대나무 줄기, 호리병박, 야자수잎을 몰아냈다.

아프리카와 남아메리카를 여행하다 보면 샌들바닥을 잘라 바퀴를 달고 현란한 색의 통조림 캔이나 살충제 에어로졸 용기로 만든 장난감 차나 밀차를 만날 수 있다. 그뿐 아니라 플라스틱을 잘라 프로펠러를 만들어 단 장난감 비행기, 날개를 파닥이는 양철나비, 볼펜 안테나를 장착한 장갑차, 금속 용기를 잘라붙인 요란한 장난감 기차 등을 발견하기 마련이다.[182] 철사나 노끈으로 만든 자동차들을 가지고 아이들은 자동차 '경주'도 하고, '랠리'도 하면서 '사고'도 내고 '운전면허시험'도 본다.

학교가 끝나면 아이들은 함께 모여서 장난감을 만드는데, 손재주가 뛰어난 아이들은 나중에 이 일을 직업으로 삼기도 한다. 재료에 관한 기본지식이 있는 아이들은 각 재료의 수명이나 유연성, 탄력성 등을 따져가며 자동차의 제동장치, 앞유리, 보닛, 와이퍼, 그릴, 변속기, 운전대 등에 알맞은 재료를 잘도 골라낸다. 철사를 늘이고 캔을 두드려 펴고 폐타이어 튜브로는 자동차 바퀴를 만든다.

아이들은 통조림 캔과 철사, 나뭇가지 등으로 북이나 시타르, 심벌즈, 활 같은 악기도 만드는데, 특히 아프리카 어린이들은 모두 훌륭한 타악기 연주자다. 그들은 양철통이나 금속 용기를 북처럼 두드려 노래와 춤의 박자를 맞춘다. 한편 여자아이들은 헝겊으로 만든 인형이나 옥수숫대, 빈 병, 깨진 조각상, 심지어는 닭이나 양 뼈로 만든 인형을 버드나무 가지로 짠 바구니에 넣고 다니면서, 품에 안거나 등에 지고, 아니면 허리에 두르고 논다. 병마개를 납작하게 눌러 만든 동전으로 장사놀이도 한다. 브라질이나 중국 같은 나라에서는 아이들뿐 아니라 어른들도 명주 종이나 신문지, 사탕 포장지, 플라스틱조각들을 모아 붙여 멋진 연을 만든다. 알록달록한 브라질의 연 '파파개요papagayos'는 연날리기 시합에 나가 멋진 자태를 뽐내며 이리저리 날면서 관객을 매료시킨다.

쓰레기로 하는 놀이의 역사에서 가장 대표적인 것은 바로 '프리스비 frisbee'다. 프리스비는 약 100년 전 '프리스비 파이' 회사가 파이 밑판을 만들던 코네티컷 주 브리지포트Bridgeport에서 시작되었다. 윌리엄 프리스비 사장은 금속으로 된 둥근 틀에 파이 밑판을 구워 배달했는데, 근처 예일 대학교에 다니던 한 학생이 이 빈 틀을 손목에 힘을 주어 던지면 공중에서 미끄러지듯이 나는 것을 알게 되었다. 프리스비 파이 틀 던지기는 삽시간에 캠퍼스의 인기놀이가 되었고, 학생들은 파이 틀을 던지면서 사람들이 다치지 않도록 "프리스비!"라고 외치게 되었다. 얼마 후 제2차 세계대전에서 돌아온 프레더릭 모리슨은 당시 사람들이 우주와 비행접시에 관심이 많다는 점에 착안해 플라스틱으로 만든 접시 모양의 장난감을 만들었다. 그 후 모리슨은 다른 기업들과 제휴하여 '플루토 플래터Pluto Platter'란 이름의 장난감을 만들었지만, 처음에는 예상만큼 큰 성공을 거두지 못했다. 그러다가 '프리스비'란 옛 이름을 붙여 다시 생산하자 전 세계 사람들이 즐기는 놀이이자 스포츠가 되었다.

세련된 공산품 완구의 노예가 된 부자나라의 아이들은 번쩍거리는 새 장난감이 생기기가 무섭게 갖고 놀던 장난감을 내던지고, 조금 후면 새 장난감에도 싫증을 낸다. 하지만 이런 아이들도 버려진 물건을 모아 새로운 것으로 변신시키거나 공들여 무언가를 만들어보면 자기도 모르게 기쁨을 느끼고, 무엇보다 버릴 것을 다시 사용할 수 있게 만들었다는 자부심을 느끼기도 한다.

부유한 예술가, 빈곤한 예술가,
모두 쓰레기에 매료되다

～

서구의 일부 소외계층 가운데 경제력이 없는 수감자나 양로원 노인들, 그리고 정신질환자들에게 창작은 고립이나 격리 상황을 이겨내는 힘이 된다. 이때 흔히 쓰레기를 이용하는데, 격리의 무료함과 고통을 잊고자 주변에 버려진 하잘것없는 재료를 이용하여 그림과 조각 활동을 하고 가구도 만든다.

어떤 수감자들은 강제로 주어진 오랜 시간을 조각상을 만들며 보냈다. 쓸 재료가 다양할 때보다는 오히려 궁핍할 때가 대부분이었지만, 이런 활동 덕분에 교도소에서의 생활을 좀 더 즐겁게 보낼 수 있었다. 1928년, '발Bâle의 죄수' 조제프 지오바리니Joseph Giovarini는 사랑하던 여자를 죽인 죄로 6년 동안 감옥살이를 해야 했다. 형을 사는 동안 그는 빵가루로 작은 사람 모양을 빚어 풀에 담갔다가 꺼내서 인형을 만들었다.[183] 18세기 카옌Cayenne의 죄수들은 오랜 시간에 걸쳐 작은 칼이나 면도날로 과일 씨를 깎아 작은 조각을 만들었다.

양로원에서 생활하는 노인들 역시 쓰지 않는 물건으로 근사한 것을 만드는데, 값어치 없는 물건을 다시 가치 있게 만드는 일에서 그들은 보람을 느낀다. 가스통 셰사크Gaston Chaissac의 초기 작품 중에는 죽은 포도 덩굴과 구두 제조공으로 일할 때 갖고 있던 가죽으로 만든 가면이 있다. 버스안내원이던 알베르 사블레Albert Sablé는 퇴직 후 망통Menton에서 지내며 캔버스에 음악

상자를 붙인 움직이는 그림을 창작해 거리의 풍경을 재현했다. 그는 작품을 위해 병뚜껑, 팬티 고무줄, 성냥, 금박지 등을 주워 서 썼다. 양봉업자에서 파리의 식당주인으로 변신한 시몬 르 카 레Simone Le Carré는 플라스틱 장난감이나 그릇을 이용해 호화로 운 구성작품을 만들었는데, 그녀가 이용한 진한 눈썹 인형은 기 이한 분위기를 자아낸다.

빈곤은 예술가들로 하여금 기존의 소재를 뛰어넘도록 한다. 제1차 세계대전 당시 하노버에 살았던 화가 쿠르트 슈비터 스Kurt Schwitters는 잡다한 쓰레기를 모아 콜라주 기법으로 작업 했다. 그는 독일어로 '상업Kommerz'과 '미술bilder'이라는 말을 합 쳐 제목이 〈메르츠빌더Merzbilder〉인 제목의 추상적 작품을 제작 하였다. 그는 "전쟁이 끝나자 나는 해방감을 느꼈고, 세상을 향 해 그 기쁨을 드러내고 싶었다. 전쟁으로 나라 경제가 어려웠으 므로, 나도 주변에 널린 물건을 이용할 수밖에 없었다. 쓰레기 로도 얼마든지 예술작품을 창작할 수 있는데, 이것이 바로 내 가 하는 작업이다. 쓰레기들이 화폭에 담기는 순간 본디 모습과 더러움은 사라진다."고 말한다.[184] 버려진 보물, 그러나 다른 사 람의 눈에는 잘 띄지 않는 보물을 찾아 언제나 바닥만 바라보 며 길을 걷는 슈비터스는 전차 표, 못, 나사, 상표, 전단, 매트리 스 속, 헝겊, 찌그러진 캔, 깨진 도자기 등 화려한 쓰레기를 낚아 챈다. 비정형의 소박한 소재들을 골라, 물감을 마치 모르타르처 럼 이용해 이들 쓰레기조각을 화폭에 붙인다. 슈비터스에게 아 름다움은 폐허에서 싹트는 것이었다.

화가 알베르토 마넬리Alberto Magnelli는 1939년과 1944년 사이 궁핍의 시대를 겪으면서 종이와 골판지, 노끈과 갈퀴 등을 이용한 콜라주의 세계로 들어선다. 비시에르Bissière 역시 "전쟁 기간 동안 표면이 거친 소재로 조각을 만들고 헝겊으로는 양탄자를 만드는 등 재료효과를 극대화한 작품세계를 보여준다."[185]

하지만 예술가들이 작품에 쓰레기를 쓴 유일한 이유가 경제적 상황이었다고 보기는 어렵다. 현대의 미술가들은 의식적이건 무의식적이건 쓰레기에 매료되었으며, 알 수 없는 상징적 의미나 감정을 부여하는 듯하다. 피카소는 사물이 사라져버리는 것을 막고자 쓰레기통을 뒤졌다. 어느 날 이 천재 화가의 열성 팬이 천조각을 잔뜩 선물했지만, 피카소는 이를 거절했다. 일상에서 버려지는 소박하고 더러운 천조각에서 시적 감성과 신비한 매력을 찾고 싶었던 탓이다. 장 콕토가 지어준 별명대로 이 '넝마의 왕'은 이미 이 세상에 존재한, 그래서 시간의 손때와 땀의 흔적이 묻어 있는, 그리고 그렇게 시간의 길이에 따라 성격이 달라지는 물건을 좋아했다. 이런 물건에는 분명 새것에는 없는 이야기와 흔적이 있다고 생각했기 때문이다.

세자르César는 경제적 상황 때문에 어쩔 수 없이 생산과 소비에서 남겨진 것으로 작업했다고 밝힌 바 있다. 하지만 쓰레기가 품고 있는 '낡음의 미'를 늘 찬탄했고 경제적 여유가 생긴 후에도 여전히 쓰레기를 작품의 재료로 썼다. 세자르는 "내 눈에 쓰레기라는 것은 없다. 모두 고유한 표현성을 끄집어낼 수 있는 대상일 뿐이다. 시적 영감만 조금 있으면 된다. 무엇에서든지 시적인 것과 아름다움을 찾아낼 줄 알면 된다. 예술가라는 직업은 이렇게 사람들이 보지 못하는 것을 보여주는 것이다. (……) 우아하고 아름답다고 여겨지는 것보다 추하고 기괴한 것에서 더 많은 영감과 사랑과 시를 만들어낼 수 있다."라고 설명한 바 있다. 세자르는 물질에서 영혼을 발견하고 쓰레기와 작업하는 일이 즐겁다고 덧붙인다. "쓰레기에도 자신들의 이야기가 있다. 쓰레기란 결국 누군가에 의해 만들어지고, 존재하고, 그러면서 나름의 아름다움을 간직하게 된 것이다."[186]

예술가가 사랑과 우정의 관계를 맺는 사람에게서 나온 쓰레기로 작업할 때에는 쓰레기에서 감정을 이끌어내는 것이 더 확연해진다. 머리카락, 부러진 연필, 신발 끈, 담배꽁초, 부러진 의치, 빨간 매니큐어가 칠해진 여자친구의 손톱조각 등을 이용한 슈비터스의 〈메르츠바우Merzbau〉는 작가의 가족과 친구들과의 내밀한 추억에서 나온 작품이다. 이 작품은 엄청난 크기여서 작가의 하노버 집 지붕을 뚫어야만 했다. 각양각색의 다른 재료를 섞어 비참한 현실을 향한 애정을 표현한 이 작품은 나치즘이 주창한 광신적 순수주의와 대척점을 이룬다. 이런 예술을 '퇴폐예술'로 단죄한 나치주의자들은 〈메르츠바우〉를 파괴했고 결국 슈비터스는 망명길에 올랐다.

크리스티앙 볼탕스키Christian Boltanski는 살아 있는 사람이나 죽은 사람들이 입던 옷이나 버려진 옷들, 천조각이나 찌그러진 신발을 '헐벗은 영혼'으로 보았다. 홀로코스트를 다룬 〈캐나다Canada〉, 부활을 주제로 할렘에서 작업한 〈디스페르숑Dispersion〉

을 비롯한 작품에서 볼탕스키는 많은 옷을 사용함으로써 버려진 물건들에 새 삶을 찾아주었다.[187] 예술은 죽음과 소멸에 맞서는 투쟁이 될 수 있다.

하찮은 것에서 피어나는
광인들의 꿈

∾

정신질환자들이 쓰레기를 이용해 창작활동을 하는 것은 단지 재료를 구하기 어려워서만은 아니다. 더는 쓸모없다고 여겨서 버린 물건에 일반사람들과는 사뭇 다른 시각을 갖기 때문이다. 자신들이 만드는 작품의 평가에 별로 신경 쓰지 않는 이들은 주변에 있는 물건, 특히 쓰레기통에서 주운 것을 이용하는데 전혀 거리낌이 없다. 이들에게 쓰레기는 환상을 표현하고 꿈을 실현하는 매개체다. "마치 예측할 수 없는 효과를 내는 마법의 물건을 다루듯 광인들은 사물을 이용해 그들만의 언어를 빚어낸다."[188] 이들은 예술이 기존에 가졌던 재현이라는 틀을 넘어서고, 학술적으로 인정된 스타일과는 동떨어진 매우 색다른 작품을 만들어낸다.

20세기 초부터 환자들의 예술적 작업물을 보관해온 정신과 의사들 덕분에, 베른의 발다우Waldau 클리닉센터에 가면 환자들이 낡은 물건으로 만든 단도나 권총, 열쇠, 비행기, 낙하산 등 대표적 무기와 자유의 상징을 만나볼 수 있다. 정신질환자들의 작업은 즉흥적이다. 1887년 로제르Lozère 지방의 농가에서 태어나 정신병원에서 40년 이상을 보낸 오귀스트 포레스티에Auguste Forestier는 쓰레기통이나 봉제공장, 마구馬具공장에서 주워온 것들로 '보물'을 만들었다. 그는 예술적 영감에 따라 주워온 것들로 집과 의자, 장난감을 만들었으며, 자신이 쓴 재료들의 보잘것없는 출신을 절대 숨기지 않았다. 또 다른 정신병자 장 마르Jean Mar는 실과 나뭇잎을 빵가루로 섞어 화폭을 구성했다.

여성 정신질환자들은 쓰레기 중에서 특히 헝겊을 선호했는데, 1935년 '하얀 집'에 격리된 엘리사Élisa의 작품에서 이런 경향을 확인할 수 있다. 엘리사는 양털과 두꺼운 실, 얇은 천을 붙인 작품을 만들었는데, 헝겊을 붙이고 꿰맨 방향이 이리저리 어지럽게 흩어져 있고, 실은 가늘지만 격렬한 선을 그리고 있다. 화가는 난해한 상징을 담은 타피스리tapisserie(영어로는 태피스트리tapestry)와 흡사한 자신의 작품에 〈암탉〉, 〈쓰러진 말〉, 〈몽마르트르 언덕의 오래된 집〉이란 제목을 붙였다. 로제르 지방의 한 농부의 딸로 태어나 정신분열을 앓던 마르그리트 시르Marguerite Sir는 헝겊조각을 이어 붙이고, 신데렐라처럼 낡은 천을 풀어서 얻은 실만으로 멋진 레이스가 달린 드레스를 지었다.

장 뒤뷔페Jean Dubuffet는 제도권 미술 안에 속하지 않는 작가들의 작품을 소박한 예술이라는 뜻의 '아르 브뤼Art Brut'라고 명명하고, 양차 대전 사이 정신질환자들과 '일탈한 장인'들의 작품을 파리에 마련한 '아르 브뤼의 집*'에 전시했다. 뒤뷔페는 유머 감각이 넘치는 글에서 "무릎이 아픈 화가들의 미술이란 게 따로 없듯이, 미친 사람들의 예술이라는 것이 따로 있을 리 없다. 그러나 정신질환자들이나 정신분열환자들은 모든 인간에게 공통적으로 있지만, 학교 교육과 문화적인 틀 속에 갇혀 자란 탓에 사람들 대부분이 잃어버린, 새로운 창작능력을 잘 보여줄 뿐이다."라고 설명한다.[189]

'광인'들의 작품은 꿈과 무의식, 자유연상과 이에 관한 시각적 표현에 열광한 초현실주의자들을 매료시켰다. 1917년 군 정신병원에서 근무 중이던 앙드레 브르통André Breton과 같은 시기 본의 정신병원을 방문한 막스 에른스트Max Ernst도 이런 작품에 몰두했다. 1919년 미술가협회가 다다Dada라는 주제로 주관한 전시회에서 막스 에른스트는 자신의 작품 옆에 정신병원 환자들의 작품을 같이 걸었다.

이들 중 일부가 세상에서 인정받으며 경탄의 대상이 되자, 제도권 문화에서도 세간의 관심을 불러일으킨 아르 브뤼 작가들을 조금씩 받아들이기 시작했다. 1976년 장 뒤뷔페는 "자기와는 다른, 그래서 원시적이라고 여기는 남의 문화에 서구가 보여주는 연민, 그리고 자기 원칙이 정당하다는 믿음 위에서 서구가

---

* 이 집은 방돔Vendôme 광장에 있는 드루앵Drouin 화랑에 있으며 앙드레 브르통과 장 폴랑Jean Paulhan이 합류하여 1948년 '아르 브뤼 협회'로 발전했다. 그러나 파리 사람들의 몰이해와 무관심에 낙담한 뒤뷔페는 아르 브뤼 소장품들을 친구 오소리오Ossorio에게 맡겨 뉴욕 근교에 있는 그의 큰 건물에 보관하도록 했다. 1962년 프랑스로 되돌아왔다가 1971년 다시 로잔으로 쫓겨난 이들 작품은 로잔에 건립된 아르 브뤼 박물관에 보관되어 일반인에게 전시 중인데, 작품의 절반 이상이 정신병원에서 나온 것들이다.

드러내는 자신감은 놀라운 것이다. 아니, 놀라운 것이었다. 왜냐하면 얼마 전부터 구름 한 점 없던 하늘에 의심의 먹구름이 보이기 시작했기 때문이다."[190]

하지만 아르 브뤼 작가들이 모두 정신병원 출신은 아니다. 본디 미술을 하던 작가들 또한 성질이 다른 여러 물질을 소재로 콜라주, 어셈블리지의 방법을 통해 독창성과 환상의 세계가 어우러진 작품들을 창조해냈다. 바다에 떠 있는 나뭇조각이나 파도에 밀려온 온갖 것을 모아 작품을 만든 예도 있다. 1990년 무렵 자코트 Jacquotte 는 프랑스 모르비앙 해안에서 고무, 볼펜, 라이터, 또 늘씬한 게이샤를 떠올리게 한다며 주운 플라스틱 봉, 기마병의 머리장식과 비슷하다며 집어든 병마개 등을 모아 작품으로 표현했다. 또한 해안에 밀려온 표류물들로는 몽골인 같은 아시아 스텝 지역에 사는 인물이나 황후의 인형, 마리오네트를 만들기도 했다.

건축가 알랭 부르보네 Alain Bourbonnais 는 정신질환을 앓지 않은 아르 브뤼 작가들의 작품을 모았는데, 이를 통해 "보기에 상품성이 없는 만큼이나 예술성도 없어 보이는 작품을 만드는 가난하고 소외된 무명작가들을 알게 되었고", 공상이라는 뜻의 전시회 '라 파뷜로즈리 La Fabuloserie' 상설전*에 소개된 특이한 미술작품을 우연히 사들이면서 자신도 모르게 아르 브뤼 작가들의 후

---

* 시몬 르 카레, 알베르 사블레 등의 작품이 전시되어 있다. 로잔 박물관이 주로 '정신병동 예술' 위주라면 '라 파뷜로즈리'는 시골의 대중예술에 가깝다고 할 수 있다.

원자가 되었다.[191]

기성예술과는 거리가 먼 이 작가들은 작품을 만드는 것에 만족하지 않고 쓰레기를 이용해 자신들이 처한 환경을 완전히 바꾸어 일종의 마법의 세계를 만들곤 했다. 우체부 슈발Cheval은 우리 시대 가장 훌륭한 환상적 건축가 중 하나다. 그는 마흔셋의 나이에 자기 집 정원에 짐수레로 돌을 분주히 나르기 시작했다. 어느 시대건 누군가가 이해할 수 없는 행동을 하면 사람들은 미쳤다고 손가락질하면서 그 사람을 박해해왔다. 그 사실을 잘 알기에 우체부 슈발은 사람들의 비웃음에도 아랑곳하지 않고 1879년에서 1912년까지, 무려 34년 동안 집 정원에다 중세의 성과 이슬람 사원, 힌두교 사원, 스위스 산장 등 자신이 꿈꾸는 환상의 세계를 계속해서 만들어나갔다. 또한 건축이나 실내장식에 종사하던 노동자들, 수공예 장인이나 상인들은 퇴직후 교외 주택단지에 살면서 기이한 작품과 이국적인 창작품을 창조하여 집이나 뜰에 가득 채웠다. 잔디밭이나 자갈을 깐 뜰에는 공룡, 인어, 사자가 있었다. 자크 라카리에르Jacques Lacarrière는 다음과 같이 말했다. "콘크리트를 제외하고 주로 쓰레기를 주워 동화의 세계, 이국적 세계, 중세나 신기한 동물의 세계를 표현한 이들은 예술과 만들기 사이, 도시와 자연 사이, 놀이와 열정사이를 오가며 살았다."[192]

샤르트르 대성당 청소부였던 레몽 이지도르Raymond Isidore는 번쩍이고 빛나는 것이라면 모두 골라냈다. 그는 이렇게 말했다. "들판을 거닐다가 우연히 유리조각이나 깨진 그릇이 보이면 구체적인 계획은 없어도 반짝거리는 느낌과 색상 때문에 일단 주워온 다음 좋은 것을 골라내고 나머지는 정원에 가져다놓았다. 그렇게 하고 나서야 그것들을 모자이크처럼 이용해 집을 장식해야겠다고 생각하게 되었다."[193] 1930년 이지도르는 아담한 집을 짓고 제라늄 화분에 도자기와 유리의 조각을 붙일 때만 해도 자신이 어떤 익살스러운 일을 하게 될지 알지 못했다.

그가 만든 모자이크는 집 내벽과 외벽은 물론 난로의 연통을 지나 바닥을 덮더니 급기야 가구, 가스레인지, 라디오, 재봉틀로 이어졌다. 집 전체가 여자, 동물, 꽃 모양의 도자기와 조개 껍데기로 된 모자이크로 뒤덮였다. 이웃들은 모자이크의 피카소라는 뜻에서 그를 '피카시에트 Picassiette'라고 불렀다. 이지도르는 33년 동안 왼손이 마비된 채 오른손만으로 계속 작업해 자신이 꿈꾸던 낙원을 현실 세계로 창조해냈다. 모자이크를 당하지 않은 건 오직 그의 부인뿐이었는데, 1983년 피카시에트의 집은 역사적 기념물로 지정되었다.

퐁텐블로 숲의 은둔 조각가 로제 코모 Roger Chomo가 사람들이 버린 쓰레기로 만든 세계 또한 기이하다. 그가 만든 '태초의 예술마을'은 나뭇가지에 걸려 있는 인형 시체들, 다듬지 않은 많은 조각 그리고 "저승 통행증 요구"나 "사랑에서 포드를방 추라다"와 같이 알 수 없는 말들이 소리 나는 대로 적혀 있는 쇠뚜껑과 나무판 등으로 이루어져 있다. 로제 코모는 국립미술학교를 졸업하고 여러 차례 전시회를 연 후 20년을 시골 마을에 은둔해 살다가 1999년 세상을 떠났다.

브르타뉴의 리지오Lizio에 사는 '고철 시인' 로베르 쿠드레이 Robert Coudray도 매우 기이한 공간을 창조해냈다. 자동인형, 줄타기 곡예사, 비행기 제작자, 익살스러운 기계, 물이나 바람으로 움직이며 소리를 내는 장치 등을 모두 쓰레기매립지에 버려진 것들을 모아 만들었다. 이 '기이한 작업자'는 자신의 독특한 세계에서 버려진 금속이나 나뭇조각, 천조각들을 접착제나 용접으로 붙여 생기를 불어넣었다.

쓰레기의
조형적·시적·해학적 모습

콜라주는 아주 오래전부터 써오던 기법이지만, 예전에는 주류 예술이라기보다 일종의 놀이로 여겼다. 그러다가 큐비즘 작가들에 의해 현대적 감각으로 다시 태어났다. 그들은 화폭에 의외의 물건들을 집어넣음으로써, 그림은 단순히 재현하는 것이며 물질적이라는 고정관념을 깨고, 새로운 조형방식이라는 것을 보여주고자 했다. 브라크는 표면을 여러 층으로 나누려고 신문지를 붙였다. 피카소도 큐비즘의 엄격함을 보완할 수 있는 다양한 콜라주 작품을 창작했다. 1912년 피카소는 화폭에 등나무 의자처럼 방수포를 붙였다. 그 유명한 〈기타〉는 피카소가 낡은 셔츠를 화폭에 바느질해 붙이고 끈과 욕실용 걸레를 덧붙여 완성한 작품이다.

시인 기욤 아폴리네르는 큐비즘의 이런 진화를 환영하며 1913년 한 미술칼럼에서 "나는 예술에 두려움이 없으며 화가들이 쓰는 재료에 어떤 편견조차 없다. 〔……〕 그것이 파이프건, 우표건, 엽서건, 방수포건, 촛대건, 셔츠 칼라건, 벽지건, 신문지건 말이다."[194]라고 적고 있다. 다른 아방가르드 작가들 또한 볼품없는 쓰레기로도 미학적 창작이 가능하며, 기존의 우아한 재료들과 비교해도 부족하지 않다고 역설한다.

1914년부터 마르셀 뒤샹Marcel Duchamp은 '레디메이드'라는 새로운 개념을 만들고, 어떤 사물에 본디 기능을 벗어난 새로운 표현적 소명을 부여했다. 뒤샹은 자전거 바퀴, 병, 바구니, 눈 치우는 삽 등을 작품으로 소개했는데, 이 물건들은 그에 의해 미적 사명을 완수하며 박물관에 전시되었으며 관람객의 놀라움과 흥미를 자아냈다. 뒤샹은 예술작품의 미적 가치는 정신의 선택에 달려 있다고 주장하였고, 어떤 사물이 예술작품이 된 것은 단지 박물관을 운영하는 사람들에게 받아들여졌기 때문이라면서 이들 '사원의 수호자'가 지켜온 가치에 반기를 들었다. 뒤샹은 쓰레기를 이용한 도발적인 시도로 예술의 새로운 길을 열었으며, 현대작가들에게 큰 영향을 미쳤다.

피카비아Picabia 역시 마르셀 뒤샹과 마찬가지로 다다이즘 운동에 함께했다. 다다이즘은 독일과 프랑스가 대립해 싸우던 '야비한 참호전쟁'에 역겨움을 느낀 예술가와 작가들이 공통으로 보여준 경향이었다. 다다이스트들은 혼란에 빠진 세계의 근간이 됐던 기존의 가치들, 특히 전통적 미학을 조롱거리로 삼왔다. 피카비아는 전기램프를 이용해 거기서 소녀를 보도록 했는데, 이 '여인-램프' 또는 '램프-여인'을 통해 작가는 예술창작의 탈신비화를 감행했다.

초현실주의의 대부로 알려진 막스 에른스트는 판화와 신문, 광고지, 기술안내서 등을 모아 '현대의 경이'를 보여주려 했다. 여기에 쓰인 요소들은 새로운 의미를 지니게 되었다. 일상생활에서 쓰이는 물건들의 뜻밖의 결합은 사람들을 낯설게 했을 뿐 아니라 몽상과 공포의 비전을 자아냈다. 아라공Aragon에 따르면, "막스 에른스트는 환상의 화가로, 이 마술사는 그 어떤 모습도 재창조할 수 있었다. 〔……〕 그는 모든 오브제에서 본래 의미를 제거하고 새로운 현실을 끄집어낸" 작가였다.

1920년대 막스 에른스트의 시적 콜라주와 거기서 나오는 신비하고 환상적인 분위기를 발견한 브르통, 아라공 그리고 엘뤼아르는 자신들의 문학적 영감을 회화적으로 나타내주는 시각적 구성에 빠져들었다. 이미 로트레아몽Lautréamont은 사물을 본디 문맥에서 꺼내 초현실적 상황을 구성하려 시도한 바 있는데, 이는 그의 유명한 시구 "해부대 위에서의 재봉틀과 우산의 우연한 만남처럼 기이한 아름다움"에 잘 나타나 있다. 다른 초현실주의 예술가들도 우연과 아이러니, 그리고 뜻밖의 만남을 나타내는 기이한 콜라주와 어셈블리지 작품들을 만들어냈다. 호안 미로Joan Miró는 해학적인 '그림-오브제'를 만들었는데, 특히 모자핀과 깃털, 못, 리놀륨조각, 털 뭉치와 끈 등을 아무것도 없는 캔버스에 고정하여 창작한 〈스페인 여자무용수〉라는 작품이 유명하다.

피카소는 사람들에게 친숙한 사물을 결합하여 새로운 의미를 부여했다. 그의 〈염소〉는 대나무 바구니와 야자수잎, 통조림 캔들과 유기그릇 등을 모아 만든 것이다. 〈유모차를 끄는 여인〉은 발로리스Vallauris 쓰레기매립지에서 건져온 난로와 관으로 만들었는데, 이 여인은 진짜 유모차 안에 파이 틀을 뒤집어쓴 아이를 산책시키고 있다. "내가 어떻게 황소 머리를 만들었는지 맞혀보시오." 피카소가 사진사 브라사이Brassaï에게 묻고는 다음과 같이 설명했다. "잡동사니 속에서 우연히 자전거 안장과 녹슨 핸들을 봤는데 갑자기 내 머릿속에 이 두 개의 사물이 결합하는 장면이 스쳤소. 그러더니 미처 생각을 정리하기도 전에 황소 머리가 떠올랐소. 그래서 안장과 핸들을 용접해 붙였지요. 하지만 만약 황소 머리만 보고 안장이나 핸들을 보지 못한다면 이 조각은 의미가 없을 것이오."[195]

또 한 번은 낡고 녹이 슨 보행기를 분해하여 새를 만들었는데, 보행기 판은 몸체로, 고리는 머리와 부리로 탈바꿈했다. 미술책 전문출판사에서 이 '새-보행기'는 오브제이지 조각이 아니라면서 도록에서 빼려고 하자, 피카소는 화가 났다. "내게 무엇이 조각이고 무엇이 조각이 아닌지를 가르치려 들다니, 뻔뻔스럽구먼! (……) 조각이란 무엇이고, 회화란 무엇인가? 사람들은 낡아빠진 이론과 이미 쓸모없게 된 정의에 매달린다. 마치 새로운 정의와 이론을 만들어내는 것은 결코 예술가의 몫이 아니라는 듯이 말이다."

신사실주의Nouveau Réalisme 그룹은 프랑스 미술계를 중심으로 1960년대에 생겨났다. 창설자인 피에르 레스타니 Pierre Restany는 "신사실주의는 현실에 관한 조망적 접근이다."라고 피력했다. 신사실주의 작가들은 조금은 모호한 선언 속에서 저마다 독특한 접근방식을 보여줬다. 하지만 아르망Arman, 레이몽 앵스Raymond Hains, 스포에리 Spoerri, 빌글레 Villeglé, 팅겔리 Tinguely 같은 작가들이 공통적으로 보여준 것은 모든 게 창작재료가 될 수 있다는 사실이었다. "이 작가들은 우리가 쓰레기통을 대할 때 지금과는 다른 시각으로 바라보기를 바란다. 묻혀 있던 쓰레기의 회화적 성격을 발견할 수 있다고 생각하기 때문이다. 시각과 청각, 그러니까 우리의 모든 지각이 정화되기를 제안한다."[196]

몇 년 후 다니엘 스포에리는 여기저기서 주운 물건들로 삶의 단면을 고정한 〈함정의 회화〉 또는 〈우연한 정물화〉를 창작했다. 그는 테이블 위에 식사 후 모습을 구상하여 더러운 그릇까지 붙인 다음, 테이블을 그림처럼 벽에 걸었다. 그의 의도는 사물들이 상황 속에서 지니는 표현적·감정적인 풍자를 재미있게 보여주고, 일반적으로 사람들이 눈치채지 못하는 것에 눈길을 가게 하는 것이었다. 스포에리는 "움직임에 지나지 않는 삶을 순간으로 고정하고, 변화할 뿐인 현실을 그 한 국면에서 잡아보는 것이다."[197] 이 〈함정의 회화〉 중에는 유기성 물질이 있는 작품도 있어, 어느 날 이탈리아의 한 갤러리 지하창고에서 쥐들에게 잡아먹히고 있었다. 이를 알게 된 화가는 "쥐들과의 공동작품"이라는 근엄한 설명을 작품 옆에 붙인다. 스포에리는 현재 우리가 사는 환경이 만들어내는 현대적 자연을 새로운 눈으로 보게 하고 거기서 시적 세계를 찾아낸다.

신사실주의 작가들은 고철을 많이 썼는데, 그 이유는 용접이 쉬워 주철, 철, 납, 철강 등 서로 다른 금속조각을 손쉽게 모아 붙일 수 있었기 때문이다. 수세기 동안 지속하던 '꽉 찬' 조각의 시대가 가고, 이제 조각에서도 '비어 있음'을 표현하기 시작했다. 특히 콜더Calder는 1965년 슬레이트와 통조림 캔의 조각들로 〈사셰의 수탉〉 같은 동물 모양의 조각작품이나 모빌을 만들었는데, 이들 작품에는 작가의 삶이 묻어 있으며 새 밑에 매달려 있는 깡통따개는 작품재료의 기원을 익살맞게 보여준다.

가난한 나라의 예술가들도 고철을 작품으로 탈바꿈해놓는다. 1899년 아이티에서 태어난 대장장이 조르주 리오토Georges Liautaud는 철의 장인인 '바이오스메탈biosmetal'이 되었다. 리오토는 버려진 중유 통을 주워 아이티 수도 포르토프랭스 부근의 크루아데부케Croix-des-Bouquets로 옮겨온 뒤, 그것을 열로 녹여 납작하게 하고 표면을 간 다음 두드려서 금속판을 만들었다. 금속판에 작품의 주제를 분필로 그리고, 끌과 망치로 오려냈다. 자연이나 가공의 동물들로 나타나는 부두교 신화를 주제로 작업한 리오토 주위에는 추종자와 연습생이 적지 않았다. 이 중 세계적으로 잘 알려진 세르주 졸리모Serge Jolimeau, 가브리엘 비엥네메Gabriel Bien-Aimé는 조화로운 선을 보여주는 검은 조각물로 아이티 예술유산을 더욱 풍요롭게 하였다.[198]

공연과 축제에
파고든 쓰레기

예술적 재능에 자신이 없는 사람들은 깨끗한 종이나 새 물감 같은 새 재료와 맞닥뜨렸을 때 위압감을 느끼지만, 쓰레기를 대할 때는 억제된 무언가가 해방되는 것을 느낀다. 새것이 아니므로 버리거나 망칠지 모른다는 두려움 없이 과감하게 시도할 수 있기 때문이다. 어차피 버려질 것이므로 작품에 쉽게 임할 수 있고, 그 덕분에 상상력이 꿈틀거리고 거저 주어진 재료를 쓴다는 사실에 창작력이 자극을 받는다. 수많은 색과 형태, 형체를 알아볼 수 있거나 아니면 전에 무엇이었는지 도통 알 수 없는 온갖 종류의 물건이나 물질을 보고 있노라면, 창작의 영감이 살아나고 많은 이야기가 떠오른다.

공동으로 작업하는 사람들은 쓰레기를 변형함으로써 마지막 일탈의 여정으로 초대한다. 쓰레기로 놀이하고 색다른 것을 만들고 일탈을 꿈꾼다. 망가진 헬멧이나 물뿌리개, 구멍 난 드럼통, 새장, 난로의 연통, 기우뚱해진 전기스탠드, 고장 난 세탁기 속에서 사람들은 이것저것 찾아내고, 찾아낸 물건에 관해 서로 이야기를 나누고, 비교하고, 자르고, 겹쳐놓고, 그리고 웃음을 터뜨렸다. 쓸 수 있는 재료는 철, 나무, 유리, 천, 마루 바닥재 등 무궁무진하다. 게다가 금속조각들은 용접해서 붙일 수도 있다.

이런 공동작업 진행자들은 '비판적 각성'과 '공동체 삶에 긍정적 참여'를 위한 프로그램을 마련하면서 때로는 유희적이고 익살스러운 예술을 통하여 사회 비판적인 작업을 하기도 한다. 1970년대 스트라스부르에서는 앙부아즈 모노Ambroise Monod가 재활용예술이라는 뜻의 '레퀴프아르Recup'art*' 아틀리에를 조직 했는데, 이곳은 놀이를 통해 상상력을 계발하는 다양한 실습을 하는 곳이었다.

쓰레기와 친숙해지는 시도 속에서 창작욕은 "유머와 덧없는 것들을 만났다."[199] 사물에는 어떤 생각이나 추억을 끄집어내는 환기력이 있다. 모든 오브제는 그 이면에 다른 오브제를 품고 있는 법! 우연한 만남과 상상력으로 신기한 동물들이 탄생했으 니, "놋주전자 주둥이로는 금조琴鳥가, 쟁기 받침대에서는 비상 하는 독수리가, 집게를 손보면 암소 머리가 되었다."[200]

한때 파리 퐁피두센터가 마련했던 어린이 미술교실에서는 어린이의 상상력을 자극하는 놀이프로그램을 제공하였다. 이 프로그램에서는 버려진 재료와 물건으로 무언가를 발견하고, 만들고, 발명해냈다. 아이들은 분해된 자동차엔진 주위에 둥그 렇게 둘러앉아 여러 부품을 만져보고 진지한 몸짓으로 각 부 품에 새로운 삶을 선사하였다. 방수 고무패킹을 안경처럼 코에 걸치는 아이, 자동차 기화기로 사진을 찍는 아이, 케이블 두 개 를 이어 청진기를 만들어 꾀병환자를 진찰하는 꼬마의사도 있 었다.

---

* 앙부아즈 모노는 '레퀴프아르'를 상표 등록한다. 이는 모든 사람이 이 이름으로 작업 할 수 있게 하려는 결정이었지, 이를 이용해 돈을 벌거나 독점하려는 것이 아니었다. 상표등록은 이렇듯 올바른 이용을 보장해준다.

또 사물이 내는 소리를 들어보는 아이도 있었다. 두드리거나 마찰로 나는 소리, 말발굽 소리, 나무꾼이 도끼 찍는 소리, 아직 굳지 않은 시멘트를 흙손으로 다듬는 소리 등 여러 소리는 도시와 시골의 다양한 생활모습을 떠올리게 했다. 차갑게 식은 열풍기 날개를 복권 추첨판처럼 돌아가게 하고 막대기를 연결하면, 판이 돌아가는 속도에 따라 작고 부드러운 소리가 나기도 하고, 깨진 오토바이 머플러 소리가 나기도 한다. 또 낡은 샤워기 호스를 묶고 리듬 있게 잡아당기면서 벌레들의 열정적인 음악회를 흉내 내기도 했다.[201] 브르타뉴 지방의 카반Cavan에서는 음악소리 오솔길 프로그램으로 소리 생태학 체험을 제공한다. 자연에서 난 재료와 쓰레기에서 회수한 재료로 만든 기계를 손으로 긁고, 입으로 불면서 재밌고 다양한 소리를 낼 수 있다.

보잘것없는 재료로 이루어지는 창작에서 중요한 것은 결과물이라기보다 과정이다. 누구든지 관객이나 소비자에서 배우와 예술가가 될 수 있다. 그렇기 때문에 이런 프로그램의 전문진행자들은 물질적 요소를 가차 없이 파괴하고 훼손한다. 연극 주연배우가 관객들을 연극에 참여시키는 것과 같은 일이다.

짧은 길이의 시청각 '행위공연actions spectacles'은 주워온 소도구나 무대장치를 파괴하는 것이었다. 잠시 존재했던 설치물을 파괴하는 것은 예술가의 작업과정에 동참하는 것이다. 이는 관객을 놀라게 하고 자극하는 데 그 목적이 있다. 팅겔리는 뉴욕에서 라디오와 자전거, 수레 등을 집어넣은 거대한 규모의 고철 구조물인 〈뉴욕 찬가Hommage à New York〉를 전시했다. 구조물을 30분 정도 움직이게 하고는 원격조종으로 부숴버리는 행위를 통해, "팅겔리는 소비사회와의 애증 관계를 청산했다."[202] 관객이 참여하는 행위공연도 있다. 니키 드 생팔Nicky de Saint-Phalle이 빈 유리플라스크와 색 주머니 그리고 연막탄으로 된 과녁판에 엽총을 쏘게 하던 것이 그 예다.

행위공연이 약간의 흔적을 남긴다면 미국 작가들이 주창한 또 다른 형태의 일회성 예술인 '해프닝'은 아무 물체도 남기지 않는다. 해프닝이라 하면 주로 쓰레기를 가지고 화랑이든 길거리든 창고든 상점이든 아무 데서나 연출하는 짧은 행위를 일컫는다. '해프닝'은 전통적 의미의 이야기나 대사가 없는 공연으로, 마치 움직이는 콜라주 작품과 같다. 일종의 '오브제 연극'인 '해프닝'에서는 관객도, 언어도 모두 오브제이자 하나의 대상일 뿐이다.

해프닝의 귀재라 할 수 있는 클래스 올덴버그Claes Oloenbourg가 연출한 〈월드페어 II〉에서는 두 인물이 등장해 커다란 탁자 위에 창백한 얼굴의 세 번째 인물을 눕힌다. 두 사람은 시체 같은 인물을 한참동안 바라본다. 그리고 나서 둘 중 한 사람이 탁자 위로 올라가 누워 있는 사람의 주머니와 옷 솔기, 심지어 귓속까지 온통 뒤진다. 잠시 후 여자아이가 들어와 바닥에 뒹구는 물건을 다 쓸어모아 상자 안에 집어넣는다.

해프닝의 창시자 앨런 카프로Allan Kaprow는 이 새로운 예술형태를 프랑스에 소개했는데, 프랑스 시인 장자크 르벨Jean-Jacques Lebel은 이를 'performance', 즉 '행위예술'이라는 이름으로 자리 잡게 했다. 행위예술의 주인공에게 관객의 반응은 매우 중요하다. 퍼포먼스를 하는 예술가들은 고대의 공연이나 축제로 돌아가 카니발처럼 에너지를 맘껏 발산하고 싶어했다. 그리하여 상상력의 해방과 기존질서의 거부, 욕망의 분출이 무대 위를 지배했다. 몇 시간 동안 성별과 나이와 사회환경을 바꾸고, 관습적 행동과 규칙을 무시하면서 비참함을 없애는 기회이기도 했다. 잘게 찢어 만든 종이가면은 성전환자들의 익명성을 보호해주었고, 행사가 진행될 동안 낡은 유니폼과 헝겊조각, 포장상자 등을 이용해 부자와 권력자 등 모든 지도층을 맘껏 풍자했다. 참여작가들은 새 역할을 맡으면서 새로이 태어났고, 이를 통해 자신의 삶에 새로운 모습을 부여했다.

라틴아메리카의 카니발은 스페인 정복자들이 가져왔다. 19세기 볼리비아에서는 금속재료로 가면을 만들었는데, 특히 포토시Potosi와 오루로Oruro처럼 광산업이 발달한 지역에서 흔히 볼 수 있었다. 그러나 경제적 어려움을 겪으면서 금속 대신 통조림 캔을 가면의 재료로 쓰기 시작했고, 쓰고 버린 전구에 여러 색의 원을 그려 가면의 눈을 만들었다. 춤에 맞춰 고유의 의상과 가면이 등장하기도 했다. 광산과 코카나무 재배농장에서 원주민이 비인간적인 노동으로 죽어나가자 백인들은 원주민 대신 일을 시키려고 아프리카에서 노예들을 끌고 왔다. 검은 피부를 뜻하는 '모레나다Morenada'는 그들의 고통을 기리는 춤이다.

19세기 말 유럽에서는 카니발을 해오던 관습을 마치 쓰레기 버리듯 휴지통에 버렸다. 위생학자들은 감염위험을 들먹이며 축제 때 사람들의 접촉이 일으키는 폐해를 주장했고, 도시정화처럼 축제도 정화해야 한다면서 "길거리와 집 안의 쓰레기는 카니발의 해악 중 하나로 더 이상 웃음을 자아내지 않는다."고 목소리를 높였다.[203] 행정당국은 카니발을 '세척하기'로 하였고 쓰레기 대신 색종이가 등장하였다.

미국의 메인 주에서는 세균에 관한 강박관념이 없었던지, 여전히 쓰레기축제가 열렸고 심지어 '미스 쓰레기'까지 뽑았다. 출전자들은 특별한 주제에 맞게 쓰레기로 변장했는데, 1981년에는 고기잡이와 물고기를 나타내는 옷차림이 주제였다. 출전 여성들은 고기잡이 그물로 몸을 두르고, 대구나 참치 머리로는 허리띠를 만들어 매고, 바닷가재 껍데기로는 귀걸이를 하고 등장했다. 이 행사를 기획한 에드 마이요Ed Mayo의 목적은, 1년에 한 번 유서 깊은 케네벙크포트Kennebunkport 매립지를 기념하고 쓰레기는 길거리가 아닌 매립지로 모여야 한다는 사실을 환기하는 데 있었다.[204]

일회용 사회에 반기를 든 예술가들

❧

예술가들은 동시대를 지배하는 변화와 무질서 그리고 상상력에 의문을 제기하는 사람들이다. 현대작가들이 20세기 중반부터 즐겨 표현하는 주제가 바로 소비사회다. 소비사회가 낳은 쓰레기는 버려질 운명에 처했지만, 그것을 건져 새로운 의미를 부여하면서 무절제가 낳은 문제점을 지적한다. '영광의 30년*' 동안 유럽과 아메리카는 모두 소비가 지배하는 사회였고, 오브제와 쓰레기는 조형예술에서 주요한 역할을 맡았다. 이는 기술과 도시화로 변화를 잃는 사회에 대한 우려의 표시였을까? 아니면 기술진보를 향한 신뢰의 표시였을까?

아르망Arman은 유리로 만든 통 속에서 휴지통, 폐지 담는 바구니, 재떨이 등을 비우면서 사람들의 '초상화'를 그렸다. 쓰레기는 마치 개인의 삶을 그대로 드러내주는 거울처럼 그것을 버린 사람의 모습을 보여준다. 당신이 버린 것을 보면 당신이 어떤 사람인지 알 수 있는 셈이다. 아르망에게는 쓰레기를 보관하여 유리 속에 넣어서 보여주는 것이 초상화를 그리는 것과 같은 행위다. '현실의 직접적인 제시'와 '집적accumulations-쓰레기통'을 통해 아르망은 그 누구보다 쓰레기의 본질을 뒤집는 행위를 잘 보여준다. 아르망의 초기 집적 작품들은 부패성 물질을 담고 있지 않았다. 그러나 1970년부터 특수수지를 이용해 그 어떤 쓰레기도 작품에 넣을 수 있게 되자, 그는 콩깍지와 배춧잎을 무생물쓰레기나 포장용기와 결합했다. 통 안에 잡다한 재료를 잔뜩 집어넣은 그의 작품에서 물질이 갖는 개별적 특수성은 반복된 행위로 사라졌다. 같은 시기, 뉴욕의 신다다이즘 작가들 또한 대량생산된 공산품의 표현성에 몰두했는데, 공장작업처럼 같은

---

* 제2차 세계대전 이후 이어진 30년간의 경제호황기 ─ 옮긴이

것의 집적은 사물에 새로운 의미를 부여해주었다.

　1960년 아르망이 구현한 집적 작업의 극치는, 1958년 그의 친구 이브 클랭Yves Klein이 〈공백〉을 전시했던, 사방이 모두 흰 벽으로만 된 이리스 클레르Iris Clert 화랑에서 만날 수 있다. 그러나 아르망은 이브 클랭과는 정반대로 화랑 바닥에서 천장까지 쓰레기차의 내용물로 가득 채운 '충만'을 전시한다. 아르망은 이 작품을 통해 양의 문제가 직설적인 감정을 자극하는 언어임을 보여주려 했다. 실제로 물질의 확보가 안정과 힘을 느끼게 해주고, '소유'가 '존재'보다 중요해 보이는 문명 속에서, 집적은 하나의 가치로 여겨지지만, 세련된 제품과 최신유행의 신기한 제품을 소외시킨 집적이란, 단지 불편하고 성가신 물질더미일 수 있다. 1964년 아르망은 "내 작품은 산업사회가 낳은 결과물의 범람으로 우리의 공간과 땅이 점점 줄어드는 것에 불안감을 나타내고 있다."고 선언한 바 있다.[205] 1960년 5월 전시회 이전까지는 아르망 역시 다른 신사실주의 작가들과 마찬가지로 사람들의 비웃음과 무관심만 샀다. 그런데 5월 전시회에 세자르가 출품한, 1톤가량의 자동차들을 압축하여 쌓아올린 폐차기둥이 화제가 되었다. 이미 세상의 인정을 받던 세자르의 참여는 전통적 창작기법과 예술양식을 거부하는 작가들에게 큰 버팀목이 되었다.

　화가와 조각가들은 일탈하는 사물과 소비산업사회의 잔해를 회수해 다시 배치하거나 부수면서 창작작업을 단행했다. 미국의 팝아트 예술가들 역시 내용의 효과에 비슷한 탐험을 감행했는데, 특히 로젠버그는 작품에 코카콜라 캔이나 넥타이, 종잇조각 같은 일상생활의 물건을 집어넣은 것으로 유명하다. 앤디 워홀은 쓰레기, 즉 사람들이 쓸모없다고 버린 물건들로 작업하길 즐긴다고 밝히면서 "버려진 것들이 익살스러움을 표현할 수 있는 훌륭한 재료라고 생각해왔다."고 했다.[206]

사람들을 물건으로 짓누르고 번영이라는 이름으로 엄청난 낭비를 조장하는 이 사회를 비판하는 것인가? 재활용이 보편적이던 소박한 시골생활에 대한 향수를 보여주는 것인가? 과도한 소비사회에서 쓰레기를 이용하는 작가들의 작업을 보노라면 한 번쯤 이런 생각을 하게 된다. 쓰레기를 예술에 편입하는 행위에서 우리는 분명 절제 없는 과잉주의 문명을 바라보는 불편한 시선을 느낀다. 이 사회가 배출하여 이미 버린 것을 극단적으로 이용하면서 풍요의 사회를 조롱하는 작품들은 "쓰레기는 상품의 비극적 모습"[207]임을 여실히 말해준다.

창작의 재료로서 쓰레기가 지닌 매력은, 훼손과 더러움에 관한 강박관념, 편집증을 닮은 제거행위, 그리고 인간성 말살로 이어지는 처절한 소독제일주의에 대한 반발심에서 나온다. 쓰레기를 예술로 승화함으로써 늘 새것만을 좇으며 낡은 것은 쉽게 버리는 이 사회를 비판하는 것이다. 안토니 타피에스Antoni Tàpies는 "더럽고 망가진 물건은 때로 부르주아들의 위생적인 상품보다 훨씬 더 고결해 보인다."라고 설명한다.[208]

현대예술은 버려진 것을 기쁘게 쓴다. 쇠락한 현실의 파편을 집어넣어 그림이나 조각, 가구나 장식품을 창작하는 예술가들에게 쓰레기는 다양한 색과 형태, 질감과 감각, 리듬을 갖춘 훌륭한 소재다. 쓰레기를 이용해 도발적 창작을 시도하고 사람들에게 충격을 줌으로써 현 사회에 새로운 시각을 갖게 한다. 파울 클레가 얘기한 대로 "예술은 보이는 것을 재현하는 게 아니라 보이게 해주는 것"이기 때문이다.[209]

마르크 타르디Marq Tardy는 물건이나 쓰레기를 다른 것으로 변형했다. 버려진 일회용 사진기, 나무걸상, 가죽장갑 등을 이용해 신기하고 재미있는 물건을 만들었고, 통조림 캔은 우스꽝스러운 얼굴 받침대로 썼다. 사물을 변신시키는 데 놀라운 재능을 보인 타르디는 "주운 물건의 성격, 비에 젖어 굳어버린 신문 지더미에서 형태나 상상력의 영감을 얻는다. 신문을 압축하면 글자들이 갇히고 움직임이 멈추며 새로운 형태의 읽기가 시작된다."[210]고 설명한다. 재료와 형태의 순례자 타르디는 사물을 변형하며 새로운 시각을 갖게 한 작가다.[211]

작품을 만들 때 늘 쓰레기를 재료로 쓰고 심지어 쓰레기만 이용하는 예술가들도 있다. 장이브 페네크Jean-Yves Pennec*는 포장바구니를 해체하여 작은 조각으로 잘라 모자이크나 부조를 만들었다. 바구니 재질인 포플러나무의 나뭇결과 마디 질감을 이용하고 바구니에 새겨진 회사로고나 색을 입힌 그림과 문구 등을 골라 구상화나 추상화를 완성했다. 그는 이렇게 말한다. "내 작품이 지닌 분할하는 영감의 두 축은 사물의 질서를 흔들고 바꾸

---

* 프랑스 캥페르Quimper에 거주하며 작업하는 작가

는 것이며, 나는 초상화나 텍스트를 이용해 미술사나 자전적 이야기를 연결하여 표현하는 것을 좋아한다."[212]

가구나 전등 같은 일상용품을 제작하는 장인들도 버려진 물건으로 새로운 것을 만든다. 밀비아 마글리오네 Milvia Maglione 는 가구에 중고식기 이것저것을 붙이고 그 위에 래커를 칠했다. 엘렌 카리옹 지오르지스 Hélène Caryon Giorgis는 레몬 착즙기, 스테이플러, 자동차 전조등, 파이 틀, 크롬 도금한 진공청소기, 자전거부품으로 전등이나 다리가 접히는 전기스탠드를 만들었다.[213] 플라스틱 또한 현대작가들이 즐겨 쓰는 재료 중 하나다. 다양한 형태와 색을 띠는 플라스틱이야말로 소비사회의 상징이기 때문이다. 엘렌 드라 무레이르 Hélène de la Moureyre는 장애인과 함께 플라스틱으로 아프리카의 봇짐가방을 본뜬 '빌룸 가방'을 만들었다.

이제 공식문화는 엉뚱한 쓰레기가 예술작품에 쓰이는 것을 인정하며, 이 작품들을 박물관이나 갤러리에 전시한다. 그렇다고 쓰레기를 버리는 사람들의 양심이 가벼워질까? "대부분 기존질서에 편입·변질되면서, 20세기 초반의 혁신적 예술은 완화되어 유희적이고 화려하며 경박한 것이 되었다."[214]

그럼에도 이 작품들을 통해 쓰레기는 우리 사회에 울려퍼지는 강렬한 울림이 된다. 예술가들은 소비사회에 대한 예술적 반응에 머물지 않고 새로운 시각문화를 창조했다. 물건은 최초의 용도만으로 쓰이지 않으며, 그것의 다양한 모습만큼 새로운 시각으로 볼 필요가 있음을 보여주었다. 쓰레기는 삭막한 도구적 삶을 마치고 나면 아무 목적 없이, 또는 그저 즐거움과 놀이, 축제를 위해 존재할 수 있다. 폐기가 유예됨에 따라 쓰레기가 무대를 떠날 순간은 조금 더 늦춰진다.

결론

인간은 쓰레기와 만날 때 거부와 끌림, 죄의식과 열정이 섞인 기묘한 관계를 맺는다. 사람들 대부분은 쓰레기를 성가시고 혐오스럽고 불안하고 수익성이 없다고 여긴다. 반면에 실업자나 장애인, 수감자나 퇴직자, 정신질환자나 세상과 단절된 예술가처럼 사회에서 소외된 사람들과 가난한 나라의 사람들은 무시당하고 버려진 쓰레기와 일종의 특별한 공모관계를 맺는다. 이들은 모두 쓰레기를 재활용하며 본디 목적에서 벗어난 새로운 것으로 탈바꿈하기도 한다. 현재 이 공모관계는 선진국과 빈곤국, 그리고 신흥국을 가릴 것 없이 어디에서든 계속된다. 쓰레기의 분리수거와 재활용은 시골에서 도시로 이주했거나 다른 나라로 이민 간 가난한 사람들에게는 생존수단이 되기 때문이다.

1950년 이후 선진국에서 거의 사라진 넝마주이가 현재 제3세계에서는 활발히 활동 중이다. 마닐라에서 멕시코까지, 다카르에서 콜카타까지 제3세계 인구의 1~2퍼센트에 달하는 가구는 쓰레기 덕분에 살아가며, 심지어 쓰레기와 함께 살기도 한다. 선진국에서는 필요한 물건보다 많은 양의 과잉생산이 이루어지지만, 빈곤국은 버려진 물건으로 살아간다. 쓰레기도 유용한 물건이나 장식품으로 변신할 수 있기에, 그 어떤 것이든 가치 있는 물건으로 만들 줄 아는 사람들에게는 설령 버려진 것일지라도 요긴할 뿐이다.

가치관은 시대에 따라 변한다. 이미 사용한 물건이나 내용물이 없는 용기는 버려야 한다고 생각하는 사람들이 있는가 하면, 여전히 쓸모 있다고 생각하는 사람들도 있다. 대체 상품이 갖는 삶의 끝은 언제인가? 상품은 언제부터 쓰레기가 되는가? 가까운 곳에서 폐기해야 한다는 쓰레기와 자유롭게 어디든 유통될 수 있는 상품 사이의 경계는 모호하고 가변적이다. 이 지점에서 언어의 역할이 크다. 표현의 순화로 쓰레기와 이에 관련한 직업의 이미지를 개선할 수 있기 때문이다. 청소부, 더러움, 인분, 공중위생, 짐 싣는 직원 등 대부분 부정적인 표현을 버리고 긍정적이고 의미 있어 보이는 어휘를 쓰려고 시도할 수 있다. 쓰레기를 원료의 보고로 여기며 '쓰레기통 속의 황금'이라고 부르는 게 좋은 예다. 또한 쓰레기의 운명은 경제·사회적 상황에 따라 달라지기도 한다. 경제위기나 결핍의 시기에는 대접받고 재활용되지만, 풍요의 시대에는 버려지거나 연기로 사라져버린다.

생활쓰레기는 시대와 공간, 기후와 계절, 식생활 문화와 사용하는 연료에 따라 큰 차이를 보인다. 부자의 쓰레기는 가볍고 부피가 크지만, 시골이나 서민이 사는 지역의 쓰레기는 밀도가 높고 양 또한 그리 많지 않다. 같은 맥락에서 부유한 국가와 달리 빈곤국의 쓰레기는 볼품이 없다. 저개발국가 도시의 쓰레기는 대부분 채소로 이루어졌지만, 유럽 도시의 쓰레기는 종이나 판지가 30~35퍼센트고, 부패성 물질은 15~30퍼센트에 지나지 않는다.

고성장의 행복한 시대가 끝나버린 지금, 우리는 생활쓰레기가 재생원료와 에너지의 원천임을 깨달았다. 석유나 금속을 비롯한 자원의 고갈과 그것을 얻으려는 경쟁을 통해 희귀성의 의미를 되찾으면서 우리는 분리수거와 재활용에 적극 나서게 됐을 뿐 아니라 약탈적인 자원채취를 자제하게 되었다.

쓰레기문제에 직면한 지자체는 지역마다 다른 상황, 즉 쓰레기의 양과 성격, 선별과 처리에서 나오는 제품의 판로, 보관공간의 확보, 필요재원, 주민의 행동성향 등에 따라 알맞은 해결책을 마련해야 한다. 그 이유는 경제적 요인과 환경적 요인 그리고 사회 정치적 전통과 체제를 모두 고려하여 해결책을 찾아야 하기 때문이다.

점점 더 복잡해지는 쓰레기문제를 해결하고, 환경의 새로운 요구에 부응하면서 지역적 특성을 고려하려면, 총체적 접근이 필수적이다. 이를 위한 전략은 다음 네 가지 원칙에 기초해야 할 것이다. 쓰레기배출량을 줄이기 위한 사전예방 원칙, 배출량에 비례하여 비용을 책임지는 오염자-부담 원칙, 잠재적 문제를 예측하는 예방원칙, 쓰레기를 발생원 가까이에서 처리하는 근접성 원칙이 그것이다.

생활쓰레기 처리는 여러 방식과 산업의 적절한 협력이 필요하다. 서방 국가들은 주로 발생원에서부터 쓰레기배출량과 유해성을 줄이는 정책을 우선시하고, 그다음으로 재활용, 소각, 에너지회수를 위한 메타니제이션, 잔류쓰레기의 매립, 제거의 순서대로 처리한다. 물론 우선순위는 지역에 따라 다르지만 습한 음식물쓰레기가 많은 개도국에는 이를 적용하기가 어렵다. 음식물쓰레기는 소각하기 어려우므로 퇴비화하거나 불가피할 때는 매립한다.

과거에 '쓰레기학'과 '쓰레기 전문가'들은 쓰레기와 낭비를 감출 수 있는 다양한 처리시설을 제안하면서 본의 아니게 쓰레기와 대중소비의 황금기를 만드는 데 이바지했다. 역설적이게도 생활쓰레기처리 시스템의 발전은 일회용 상품이나 포장용기들에 탈출구를 마련해줌으로써 오히려 쓰레기양을 늘리는 결과를 가져왔다. 즉 사람들의 책임을 면제해주고 거리낌 없이 쓰레기를 버릴 수 있게 했다. 결국 쓰레기가 쌓이더라도 대량소비와 대량생산에는 아무런 걸림돌이 되지 않았다. 따라서 지금 이루어지는 재활용의 발달 또한 쓰레기 증가의 주범인 성장 지향적 경제체계를 합리화하는 도구가 돼서는 안 될 것이다. 재활용은 만병통치약이 아니다.

가장 좋은 쓰레기는 존재하지 않는 쓰레기다. 이를 위해 더 잘 생산하고, 더 적게 소비하고, 또 다른 방식으로 소비하는 다양한 방법을 시도한다. 친환경상품을 만들고, 한 번 쓴 물건을 재활용하고, 발효할 수 있는 쓰레기를 퇴비로 만들면 지구의 가용원료를 최적으로 이용할 수 있다. 불필요한 포장을 없애고, 더욱 견고한 상품을 만들고, 유지와 보수 기술을 개선함으로써 제품의 수명을 연장할 수 있다. 특별세를 부과해 일회용 상품의 소비를 제한하고, 상품구매 대신 서비스 이용을 장려할 수 있다.

쓰레기를 예방하고 관리하는 정책이 성공하려면 관련 주체들의 참여가 관건이다. 올바른 정책을 입안하려면 지역의원, 기업, 시민단체, 개인이 모두 머리를 맞대 반드시 협의를 이루어야 한다. 오염원으로 지목된 기업의 영향력은 이제 많이 줄었는데, 일시적이거나 만성적인 환경오염 사건들을 접하면서 사람들이 기업의 환경과 위생 정책에 민감해진 덕분이다.

주민의 의견을 무시한 지자체나 기업의 시설건립 계획은 주민의 불신이나 거부에 부딪힐 공산이 크다. 실제로 복잡한 환경문제를 이해하고 전문가와 토론하기 위해 정보를 얻고 공부하는 주민이 점점 늘고 있다. 기업이나 지자체의 계획이 성공하려면, 환경보전에 관심이 많고 쓰레기처리 비용을 줄이려는 소비자들의 동의가 필요하다.

지구가 쓰레기에 파묻히는 상황을 피하려면 쓰레기양을 줄이고 적절한 재활용과 처리는 이루어야 한다. 도시화가 점점 빨리 진행되고 쓰레기처리장 건립이 인근 주민의 반대에 부딪히면서 역시 쓰레기배출은 점점 어려운 문제가 되고 있다. 물론 쓰레기의 역사를 살펴보고 나니 쓰레기를 다른 것으로 이용하고 변형할 가능성이 무궁무진해 보인다. 다양한 재활용방법, 새로운 생산과 처리 기술의 도래에서 우리는 희망을 엿볼 수 있다. 게다가 쓰레기는 예술과 놀이 세계에서도 전성기를 누리고 있다. 하지만 우리는 여전히 고민해야 한다. 과연 인간의 재능과 상상력으로 쓰레기문제를 해결할 수 있을지, 과연 인류는 지구를 훼손하는 이 현대의 역병을 극복할 수 있을지 끊임없이 성찰해야 할 것이다.

| 참고문헌 |

1   Jean-Pierre Goubert, *La Conquête de l'eau*(물의 정복), Laffont, 1986.

2   A. Franklin, *Paris et les Parisiens au XVIᵉ siècle*(16세기 파리와 파리 시민), Émile-Paul frères, 1921.

3   P. Deyon, *Amiens, capitale provinciale*(지방수도 아미앵), Mouton, 1967.

4   A. Franklin, 같은 책.

5   A. Corbin, *Le Miasme et la Jonquille*(악취와 수선화), Champs-Flammarion, 1982.

6   M. F. Jolot, *Notice sur le nettoiement des rues de Paris*(파리 도로청소 개요), 1830.

7   P. Chauvet, *Essai sur la propreté de Paris*(파리 위생 시론), 1797. A. Corbin의 책에서 인용.

8   L.-S. Mercier, *Tableau de Paris. L'air vicié*, tome I(파리의 풍경, 오염된 공기), Hambourg et Neuchâtel, S. Fauch, 1781. 1994년 Mercure de France(메르퀴르 드 프랑스 출판사)에서 재발행.

9   S. Dupain(센 현의 도로담당관), *Notice historique sur le pavé de Paris*(파리 포장도로의 역사적 개요), Charles de Mourgues frères imprimeurs, Paris, 1811.

10 J. N. Biraben, *Les Hommes de la peste en France et dans les pays européens et méditerranéens*(프랑스와 유럽 및 지중해 국가에서의 흑사병과 인간), Paris, Mouton, 1975.

11 L. Girard, *Le Nettoiement de Paris*(파리의 청소). 1923년 1월 6일 파리 시청 토목기사들에게 했던 강연.

12 A. Franklin, 같은 책.

13 A. Bréchot, *Collecte, tranport et traitement des ordures ménagères*(생활쓰레기의 수거, 운반 및 처리), Paris, 1924.

14 G. Férec, *Petite chronique de Paris*(파리 약사略史), 1973.

15 A. Corbin, 같은 책.

16 L.-S. Mercier, *Tableau de Paris. Les boueurs*(파리의 풍경, 도로청소부), Amsterdam, 1788.

17 P. Chauvet, 같은 책.

18 L.-S. Mercier, 같은 책.

19 J.-H. Ronesse, *Vues sur la propreté des rues de Paris*(파리 도로의 위생상태 소고), 1782.

20 L.-S. Mercier, 같은 책, 제5권.

21 P. Chauvet, 같은 책.

22 J. Brunfaut, *Assainissement de la ville de Paris*(파리의 정화), 1880.

23 R.-H. Guerrand, *Les Lieux, histoires des commodités*(화장실, 편의시설의 역사), Paris, 1985.

24 L. Girard, 같은 강연.

25 Y. Rougier, 〈Grenoble à l'heure de la collecte hermétique des ordures ménagères(생활쓰레기 밀폐식 수거 때의 그르노블)〉, *Technique et Sciences Municipales(TSM)*, 1971년 1월호에서 인용.

26 A. Corbin, 같은 책.

27 L. Dorré, *Infection de Paris et de la banlieue*(파리와 근교의 전염병), 1881.

28 A. Corbin의 같은 책에서 인용. 파리 법의학 교수이자 의학학술원 회원, 공공위생위원회 회장이던 폴 카미유 이폴리트 브루아르델Paul Camille Hyppolite Brouardel(1837~1906)은 장티푸스와 결핵 예방에 많은 관심을 쏟았다.

29 L. Paulian, *La Hotte du chiffonnier*(넝마주이의 채롱), Hachette, 1896.

30 M. Postel, 〈La Question des ordures ménagères dans la maison(가정에서의 생활쓰레기 문제)〉, *TSM*, 1929.

31 A. Bréchot, 같은 책.

32 R. Nouaille, 〈La Destruction des déchets urbains(도시쓰레기의 파괴)〉, *TSM*, 1933.

33 1975년 7월 15일 법 〈Relative a l'élimination des déchets et à la récupération des matériaux(쓰레기제거와 자원순환에 관한 법)〉.

34 Frédéric Potet, 〈Arrête de te plaindre, tu aurais pu être éboueur!(그만해, 징징대면 청소부밖에 안 돼!)〉, *Le Monde 2*, 2007. 11. 24.

35 Elizabeth Royte, *Garbage Land*(쓰레기의 땅), Hachette Book Group USA, 2005.

36 Jean-Lois Andréani, 〈Le cheval reprend du service(마차 업무, 다시 시작하다)〉, *Le Monde*, 2007. 11. 17.

37 프랑스 국립종마사육장연합과 SITA(수에즈그룹 계열사)의 파트너십 체결, Actu-Environnement, 2008. 5. 7.

38 유럽 경제협력기구(OECD 전신), *Collecte et évacuation des ordures*(쓰레기의 수거와 폐기), 1953.

39 *Environnement et technique*(환경과 기술), 1995년 4월호.

40 D. W. Gade, *The World Cambridge History of food*(케임브리지 음식 세계사); Ed. Keneth F. Kiple et Kriemhild Conee Onelas, 2000.

41 L. Mumford, *The City in History*(역사 속의 도시), 1961(프랑스어판: *La Cité à travers l'histoire*, Seuil, 1964).

42 B. Geremek, *Les Marginaux parisiens aux XIVᵉ et XVᵉ siècle*(14세기와 15세기 파리의 소외계층), Flammarion, 1976.

43 A. Franklin의 같은 책에서 재인용.

44 J. Diwo et I. karsenty, *Le livre du cochon*(돼지 백서), Philippe Lebaud, 1984.

45 A. Joulot, *Composition des ordures ménagères, collecte et traitement*(생활쓰레기의 구성과 수거 및 처리), Berger-Levrault, 1946.

46 S. Petitjean, 〈Utilisation des déchets en agriculture(쓰레기의 농업재활용)〉, *Courrier de l'environnement*, 28호, 1996.

47 O. de Serres, *Le Théâtre d'agriculture et le mesmage des champs*(농업지역과 농경지 관리), Actes Sud, 2001(1600년에 초간).

48 〈Premiers mémoires des habitants de la banlieue sur leur droit aux boues(진흙 사용권에 관한 근교 주민의 첫 번째 논고)〉, C. L. Chassin, *Paris hors les murs*(파리 외곽), Paris, 1888.

49 S. Barles, *L'Invention des déchets urbains. France, 1790-1970*(프랑스 도시쓰레기의 발견, 1790~1970), Champs Vallon, 2005.

50 V. Hugo, 〈L'Intestin de Léviathan(리바이어던의 뱃속)〉, *Les Misérables*(레미제라블), livre II, cinquième partie, 1862.

51 É. Zola, *Le Ventre de Paris*(파리의 뱃속), 1873.

52 H. Blerzy, 〈Études sur les travaux publics: l'assainissement et la fabrique de nos villes(공공토목공사 연구: 도시의 정화와 건축)〉, *Revue des Deux Mondes*(르뷔 데 되 몽드), 1867년 1월 1일.

53 A. Bouchardat, *Rapport présenté par M. le docteur Bouchardat au nom de la sous-commission du chiffonnage*(넝마주이 조사위원회 소속 의학박사 부샤르다 보고서), Paris, 1876.

54 M. Mazerolle, *Le Traitement des déchets ménagers à Paris*(파리의 생활쓰레기 처리), 1912.

55 Liebig, *Les Lois naturelles de l'agriculture*(농업의 자연적 이치). H. Noilhan, *Histoire de l'agriculture à l'ère industrielle*(산업화시대 농업의 역사), Boccard, 1965에서 인용.

56 H. Noilhan, 같은 책.

57 R. Humery, *Les Ordures ménagères de la région parisienne*(파리 지역의 생활쓰레기), Dunod, 1935.

58 E. Rousseaux, *Le Terreau de gadoue*(부식토), 1939.

59 A. Lenglen, 〈La Question des composts industriels(산업퇴비의 문제점)〉, 1943년 3월 16일 자 농업부 보고서.

60 A. Lenglen, *L'Engrais*(비료), Payot, 1948.

61 C. Basalo, 〈Compost ou pas compost(퇴비인가 아닌가)〉, *Génie rural*(농촌의 정수), 1969년 10월.

62 프랑스 자연환경연합(FNE), *Lettre industrie déchets*(뉴스레터: 산업쓰레기), 2005년 5~6월호.

63 C. Darwin, *La Formation de la terre végétale par l'action des vers*(지렁이의 작용에 의한 부식토의 형성), 1880.

64 L. Ferraud, 〈L'Agriculture pratique(실용농법)〉, *La Revue des agriculteurs*, 1950년 7월.

65 Moll, 〈L'assainissement des villes par la fertilisation des campagnes(농촌 비옥화에 의한 도시의 정화)〉, *Annales du Conservatoire des arts et métiers*(국립기술대학 연보), tome IV, 1863.

66 〈Le compostage dans tous ses états(퇴비화의 모든 것)〉, *La Revue durable*(르뷔 뒤라블), 22호, 2006.

67 〈L'Industrie du vieux chiffon(헌 옷 산업)〉, *La Nature*(자연), tome I, 1892.

68 J.-H. Jugie, *Poubelle-Paris(1883-1896): la collecte des ordures ménagères à la fin du XIXe siècle*(푸벨 시대의 파리(1883-1896): 19세기 말 생활쓰레기 수거), Paris, Larousse,

1993.

69 프랑스 상공부, *L'Industrie du chiffon à Paris*(파리의 넝마산업), 1903.

70 J. Bedel, *Les puces ont cent ans*(벼룩시장 100년사), 1985(재판: *Les puces sautent les siècles*(벼룩시장, 한 세기를 넘다), Dorotheum, 2003).

71 L. Paulian, 같은 책.

72 프랑스 상공부, 같은 책.

73 A. Esquiros, 〈L'Angleterre et la vie anglaise. XII. L'industrie du papier. Les boutiques de chiffons, les fabriques de Kent et la poste de Londres(영국과 영국생활 12편. 종이 산업, 옷감가게, 켄트의 공장들과 런던우체국)〉, *Revue des Deux Mondes*, 1861.

74 L.-S. Mercier, *Tableau de Paris*(파리의 풍경), tome I, 1781.

75 L. Paulian, 같은 책.

76 A. Esquiros, 같은 책.

77 G. de Scoraille, 〈La fertilisation d'hier et d'aujourd'hui(토양 비옥화의 역사)〉, *Culture technique*(농경기술), INRA, 1986.

78 L. Paulian, 같은 책.

79 V. Hugo, *Les Miserables*, 1862.

80 프랑스 상공부, 같은 책.

81 〈Le Monde où l'on chiffonne(넝마주이의 세계)〉, *Le Monde moderne*(몽드 모데른), tome XII, 1900.

82 G. Meny, 〈Le Chiffonnier de Paris(파리의 넝마주이)〉, *L'Action populaire*(악시옹 포퓔레르), 95호, 1956.

83 J. Bedel, 같은 책.

84 Madeleine Fernandez, *La Zone*(파리 경계지역, 라 존), 문화부, 1983.

85 Edmond et Jules de Goncourt, *Germinie Lacerteux*(제르미니 라세르퇴), 1865.

86 G. Renault, 〈Les Rois du ruisseau(개천의 왕들)〉, *Le Livre moderne*(리브르 모데른), 1900.

87 A. Franklin, *Dictionnaire historique des arts, métiers et professions exercés à Paris depuis le XIIIe siècle*(13세기 이후 파리의 직업과 기능공의 역사 사전), 1906.

88 J.-H. Ronesse, *Vues sur la propreté des rues de Paris*(파리의 청결에 관한 견해), 1782.

89 G. Meny, 같은 글.

90 *Annales d'hygiène publique et de médecine légale*(공공위생 및 법의학 연보), 1832.

91 J. L'Héritier, 〈La peste des chiffonniers(넝마주이 흑사병)〉, *L'Histoire*(역사), 1982년 12월.

92 C. Lancelin, 〈Le Monde où l'on chiffonne. La cité Doré(넝마주이의 세계, 도레 지역)〉, *Le Monde moderne*, tome XII, 1900.

93 V. Fournel, 〈Portrait du chiffonnier-philosophe Liard(철학자 넝마주이 리아르의 초상)〉, *L'intermédiaire des chercheurs et des curieux*(탐구자의 신문), 1901.

94 G. Renault의 〈Les Rois du ruisseau(개천의 왕들)〉에서 인용한 V. Fournel의 글.

95 G. Meny, 같은 글.

96 A. Privat d'Anglemont, *Paris anecdote*(파리 일화), 1860.

97 G. Meny, 같은 글.

98 1909년 시의회에서 Giron 의원이 발표한 내용, P. Razous가 재인용.

99 〈Au milieu des chiffonniers(넝마주이들과 함께)〉, *L'Action populaire*, 1906.

100 같은 글.

101 World Bank, Urban Management Program, *Private sector - Participation in municipal solid waste services in developing countries*(민간부문 - 개발도상국의 고형폐기물 수거 작업 참여도), 1994.

102 Yann-Ber Kemener, *Pilbouer et Pillotou, chiffonniers de Bretagne*(브르타뉴의 넝마주이, 필라우에와 필로투), Skol Vreizh, 1987.

103 Jo Ani, 〈Le Roi de l'ordure tué par une décharge(처리장에서 암살당한 쓰레기의 제왕)〉, *Libération*, 1987년 3월 24일.

104 중국 도시건설디자인연구소 수석연구원 하이윤 추Haiyun Xu와의 인터뷰. 〈Recyclage des déchets en Chine: du porte-à-porte aux solutions à grande échelle(중국의 쓰레기재활용: 방문수거에서 대규모 해결책까지)〉, Galileo 5-Veolia propreté, 2008.

105 *Zhongguo dili*(중국 지리) 2003년 2월호에서 발췌. *Au cœur de la China*(중국의 중심에서), Albin Michel, 2007에서 Franoise Grenot Wang이 재인용.

106 AFP, 〈Lu Bingzou, l'architecte devenu chiffonnier(류빙주, 넝마주이가 된 건축가)〉, 2008년 5월 19일.

107 Mélissa Monteiro, 〈La Bibliothèque du squat(무단거주지의 도서관)〉, *Arte reportage*, 2006년 9월.

108 Éric Sarner, 〈Istanbul, la terre, le ciel et l'eau(이스탄불, 땅과 하늘과 물)〉, 다큐멘터리 영화, 2004.

109 출처: 미국 환경보호청(EPA).

110 F. Brégis, *Ah, les belles décharges! Déchets*(오, 아름다운 처리장이여! 쓰레기들), Centre national Georges-Pompidou(국립조르주퐁피두센터), 1984.

111 *Libération*, 1986년 10월 9일.

112 〈Déchets high-tech(하이테크 쓰레기)〉, *National Geographic*, 2008년 1월

113 M. Tournier, *Les Météores*(유성들), Gallimard, 1975.

114 〈The Fascinating World of the Trash(놀라운 쓰레기의 세계)〉, *National Geographic*, 1983년 4월.

115 Eric Lipton, 〈The long and winding road followed by New York City's trash(뉴욕 시 쓰레기의 멀고 험한 운송길)〉, *New York Times*, 2001년 3월 24일.

116 J.-J. Bozonnet, 〈Les mines d'ordures de la Camorra(카모라의 쓰레기 광산)〉, *Le Monde*, 2007년 4월 25일.

117 Roberto Saviano, 〈J'accuse(나는 고발한다)〉, *La Repubblica*, 2008년 1월 7일. 같은 날짜 *Le Point*에서 재인용.

118 J.-J. Bozonnet, 같은 글.

119 〈Production ou Récupération de biogaz produit par les oudures ménagères enfouies en décharge(쓰레기처리장 매립 생활쓰레기가 방출하는 바이오 가스의 회수 및 생산)〉, *TSM*, 1985년 9월.

120 AGHTM, 〈Les Déchets ménagers. Collecte en milieu rural, broyage et compostage(생활쓰레기. 농촌에서의 수거, 분쇄 및 퇴비화)〉, *Technique et documentation*(기술과 자료), 1980.

121 L. Mumford, *The City in History*(역사 속의 도시), 1961(프랑스어판: *La Cité à travers*

l'histoire, Seuil, 1964).

122 G. Guigon, 〈Histoire des poubelles, poubelles de l'histoire(쓰레기통의 역사, 역사의 쓰레기통)〉, *Le Point*, 1985년 8월 19일.

123 S. Morita, 〈La Récupération de terrains sur la mer par déversement de déchets(쓰레기매립에 의한 바다 공간 활용)〉, ISWA(국제고형폐기물협회) 총회 발표, 1980년 6월.

124 A. Joulot, *Les Ordures ménagères*(생활쓰레기), Berger Levrault, 1946.

125 M. Mazerolle, *La Question des ordures ménagères*(생활쓰레기문제), 1921.

126 R. Nouaille, *La Destruction des déchets urbains*(도시쓰레기 처리), *TSM*, 1933.

127 J. Defech, *Destructions des résidus urbains aux États-Unis*(미국의 도시쓰레기 처리), *TSM*, 1964.

128 INVS, 〈Étude d'mprégnation par les dioxines des populations vivant à proximité des usines d'incinération des ordures ménagères(생활쓰레기 소각장 인근 주민의 건강과 다이옥신)〉, 2006년 11월, 2007년 3월.

129 Elisabeth Lacoste, Philippe Chalmin, *Du rare à l'infini*(희소성에서 무한으로), Economica, 2006.

130 COPACEL, *La Collecte sélective des FCR*(선별수거), 1985.

131 DTI(영국), *Energy From Landfill Gas*(매립지 가스로부터 얻는 에너지), 1995년 2월.

132 Agence internationale de l'énergie(국제에너지기구), *Biogas From Municipal Solid Waste*(시의 고형쓰레기에서 나오는 바이오 가스), 1994.

133 Philippe Allienne, 〈La métropole lilloise transforme les déchets en gaz pour faire rouler ses bus(쓰레기를 재활용한 바이오 가스로 버스를 운행하는 릴)〉, *Le Monde*, 2007년 9월 22일.

134 Julien Buissou, 〈En Inde, une technologie permet de transformer les déchets en carburants(쓰레기를 연료로 만드는 인도의 신기술)〉, *Le Monde*, 2007년 12월 11일.

135 J. H. Ronesse, *Vues sur la propreté des rues de Paris*(파리 거리의 청결에 관한 시각), 1782.

136 *TSM*, 1952.

137 *Prospective Déchets dans le monde à l'horizon* 2010(2010년 세계의 쓰레기 전망), Étude MRT/Ademe, 1992년 4월.

138 Elizabeth Fee, Steven H. Corey, *Garbage! The History and Politic of Trash in New York City*(쓰레기! 뉴욕 시 쓰레기의 역사와 정치), The New York Public Library, 1994.

139 M. Rieger, 〈Le Japon et ses déchets(일본의 쓰레기처리)〉, *TSM*, 1983.

140 Frédéric Denhez, 〈Qui fait de l'or avec nos ordures ménagères?(누가 생활쓰레기를 황금으로 만드는가?)〉, *Ca m'intéresse* 2008년 6월호. "Ademe에 따르면 '에코앙발라주'는 포장쓰레기 재활용비용의 56퍼센트를 조달하는데, 이는 적지 않은 수치다. 다만 여기에는 재활용에서 나온 물질을 구매하는 쪽에서 지자체에 내는 금액이 포함돼 있다. 따라서 이 금액은 포장제조회사가 애초부터 투자하지 않은 것이며, 이를 고려하면 실제 기여는 36퍼센트에 불과하다. 다시 말하면 오염자가 부담하는 몫은 3분의 1에 지나지 않는다."

141 Éco-Cycle, 1985년 3월, 1987년 9월.

142 Reuters, 2000년 10월 17일.

143 Robert Solé, 〈N'en jetez plus!(아무렇게나 버리지 마시오!)〉, *Le Monde*, 2008년 2월 9일.

144 Civic Amenity Act, 1967.

145 Abbé de Marbot, *Maîtrise métropolitaine d'Aix*(엑스 지역 계획), 1883.

146 B. Simon, *Les Chiffonniers d'Emmaüs*(엠마우스의 넝마주이 형제들), Seuil, 1954, 1971.

147 A. Corbin, *Déchets, généalogies des pratiques*(쓰레기처리 가계도), Centre Georges-Pompidou, 1984.

148 Olwen Hufton, *Histoire des femmes en Occident, tome III; Le travail et la famille*, 1991(한국어판《서구 여성사 3권, 일과 가정》).

149 Manuel Charpy, 〈Formes et echelles du commerce d'occasion au XIXe siècle. L' exemple du vetement a Paris(19세기 중고거래 규모와 형태, 파리 의류시장을 중심으로)〉, *Revue d'histoire du XIXe siècle*, 2002.

150 Philippe Perrot, *Les Dessus et les Dessous de la bourgeoisie. Une histoire du vêtement au XIXe siècle*(부르주아의 상부와 하부, 19세기 의복의 역사), Fayard, 1981.

151 Véronique Lorelle, 〈Mannequins d'un jour(단 하루의 모델)〉, *Le Monde*, 2007년 7월 1~2일.

152 AFP, 1992년 11월.

153 〈The Fascinating world of the trash(놀라운 쓰레기의 세계)〉, *National Geographic*, 1983년 4월.

154 Energy Information Administration, 2006년 세계전기소비통계.

155 버클리 소재 국제하천네트워크(IRN) 남미지부장 Glenn Switkes의 발언.

156 Alain Faujas, 〈Les mines, objets de convoitise et de compétition(욕망과 경쟁의 대상, 광산)〉, *Le Monde*, 2007년 11월 27일.

157 INIST-CNRS, 2006.

158 Container Recycling Institute, 2006년 5월.

159 출처: Éco-Emballages, 2006년 주요 수치.

160 Elizabeth Royte, *Garbage Land*(쓰레기 땅), Hachette Book Group USA, 2005.

161 Éric Leser, 〈Écofrictions - Les déchets, ressources américaines(Écofrictions - 쓰레기, 미국의 자원)〉, *Le Monde*, 2007년 9월 12일.

162 J.-P. Géné, 〈Tendance gourde(명청한 경향)〉, *Le Monde 2*, 2008년 7월 6일.

163 WWF(세계자연보호기금), 2001년 4월.

164 Yves Eudes, 〈La Californie contre l'eau en bouteilles(생수와 싸우는 캘리포니아)〉, *Le Monde 2*, 2007년 11월 2일.

165 Paul Goettlich, *The Sixth Basic Food Group*(제6의 기초식품 그룹), 2003년 11월 16일.

166 Sushi Das, 〈Dirty Old Bags(더럽고 낡은 가방들)〉, *The Age*, 2004년 6월 29일.

167 Lester R. Brown, *Plan B 2.0- Rescuing a planet under stress and a civilization in trouble*, p 241; Earth Policy Institute, 2006.

168 BBC, Liam Allen, 2005년 4월.

169 Erwin Wagenhoffer 다큐멘터리 〈We Feed the World〉, 2006.

170 〈Ça ne se jette pas, ça se mange(버릴 게 아니라 먹읍시다)〉, *La Revue durable*, 22호, 2006.

171 Corentine Gasquet, 〈Qui sont les champions des couches pour bébés?(아기 기저귀 분야 1위 기업은?)〉, *Le Journal du management*, 2005년 11월 10일.

172 Sandrine Balnchard, 〈Le bien-être de bébé version écolo(아기를 위한 친환경 웰빙)〉, *Le Monde*, 2007년 11월 7일.

173 Rachel Carson, *Silent Spring*, Boston, 1962(한국어판《침묵의 봄》, 2011).

174 Heather Rodgers, *Gone Tomorrow, The hidden life of Garbage*, New Press, New York, 2005.

175 Elizabeth Royte, 같은 책.

176 Elizabeth Laville et Marie Balmain, *Achetons responsable!*(책임 있는 구매!), Seuil, 2006.

177 Olivier Lagadec, *L'Écoconception en actions*(실천하는 친환경개념), Ademe, 2003.

178 Environmental Protection Agency; Skumatz Economic Research Associates Inc. Surveys.

179 Louis Pons, *Louis Pons par Louis Pons*(루이 퐁스), Éd. Cercle d'Art, 1998.

180 M.-M. Rabecq-Maillard, *Histoire du jouet*(장난감의 역사), Hachette, 1962.

181 P. J. Hélias, *Le Cheval d'orgueil*(자랑스러운 말), Plon, 1975.

182 M. et J.-P. Greneau, *La Route des jouets en Afrique et en Amérique*(아프리카와 미국의 장난감 경로), Arthaud, 1982.

183 *Fascicule de l'art brut*(아르 브뤼), 5권, Compagnie de l'art brut, 1965.

184 Max Henri de Larminat, *Objets en dérive*(일탈의 오브제), Centre Georges-Pompidou, 1984.

185 B. Ceysson, *25ans d'art en France*(프랑스 미술 25년), Larousse, 1986.

186 S. Fauchereau et J. Ristat, 〈Intervista à César(세자르와의 인터뷰)〉, *Diagraphe*, 29호, 1983년 3월.

187 Lea Vergine, *Quand les déchets deviennent art*(쓰레기에서 예술로), Skira, 2007.

188 C. Schaettel, 〈Les Bricoleurs de l'imaginaire(상상력을 빚는 사람들)〉, 라발Laval 박물관 도록, 1984.

189 M. Thévoz, *Catalogue de la Collection de l'Art Brut*(아르 브뤼 도록), Musée de Lausanne(로잔 박물관), 1976.

190 J. Dubuffet, 〈Préface au catalogue de la collection de l'art brut(아르 브뤼 도록 서문)〉, Musée de Lausanne, 1976.

191 Michel Ragon, 〈La Fabuloserie(라 파뷜로즈리)〉, 1983년 욘Yonne 지방 디시Dicy에 개관한 상설전시관의 도록 서문.

192 J. Lacarrière, *Les Inspirés du bord des routes*(도로변의 예술가들), Seuil, 1978.

193 G. Ehrmann, *Les Inspirés et leurs demeures*(예술가들과 그들의 집), Éd. du Temps, Paris, 1962.

194 G. Apollinaire, *Chroniques d'art 1902-1918*, (1902-1918 미술 시평집), Gallimard, Folio-essai.

195 Brassaï, *Conversations avec Picasso*(피카소와의 대화), Gallimard, 1969.

196 Sacha Sosno, *Tendances du Nouveau Réalisme niçois*(니스의 신사실주의 경향), Sud-communication, 1961년 6월.

197 P. Restany, *Le Nouveau réalisme*(신사실주의), Union générale d'éditions, 10/18 총서, 1978.

198 Michèle Grandjean, *Artistes en Haïti*(아이티의 예술가들), Association pour la promotion des arts du monde, 1997.

199 P. Issenmann, *Rencontres*(만남), 258호, 1979.

200 A. Monod, *Rencontres*, 258호, 1979.

201 이 프로그램의 기사가 막스 앙리 드 라르미나Max Henri de Larminat의 잡지 *Objets en dérive*(일탈의 오브제)에 실린 바 있다. Centre Georges-Pompidou, 1984.

202 P. Restany, *Le Nouveau Réalsme*(신사실주의), Christian Bourgeois, 10/18 총서, 1976.

203 A. Faure, *Paris, Carême-prenant*(파리, 생각하는 사순절), Hachette, 1978.

204 〈The Fascinating World of the Trash(놀라운 쓰레기의 세계)〉, *National Geographic*, 1983년 4월.

205 니스Nice 전시 도록, 1982.

206 Andy Warhol, *Ma philosophie de A à B et vice-versa*, Flammarion, 1977(한국어판《앤디 워홀의 철학》, 2007).

207 Lea Vergine, 같은 책.

208 Collectif sous la direction d'Anne-Marie Mascheroni, *Tàpies*, Fabri, Milan, 1990.

209 Paul Klee, *Credo du créateur*(예술가의 신조), 1920.

210 Emmanuelle Chapuis, 1996년 5월.

211 Jacqueline Ducerf, *Voile de calvaire volé ou Marq Tardy dévoilé*(도난당한 십자가의 베일 또는 베일 벗은 마르크 타르디), Malaucène, Vaucluse.

212 Bois-forêt infos, 2002년 11월 21일.

213 Hélène Caryon Giorgis, 아비뇽 아틀리에.

214 Gérard Bertolini, *Art et déchet*(예술과 쓰레기), Aprede, Le Polygraphe, 2002.